傾聽・我說

穿透躁動不安、孤獨迷茫的空谷回音

吳懷堯 著

目錄

序

黑暗的深處有什麼？一顆傾聽的好奇心

十三年前，我問為什麼：人生有一萬種可能，為什麼我不能用自己喜歡的方式，去認識這個世界？

十三年前，我二十三歲。世界於我是一顆糖，充滿甜蜜的夢想，我想和一些心儀已久的人聊一聊，聽一聽他們的人生經歷和奇思妙想。

十三年前，一個兩手空空的年輕人，不依附任何新聞機構，不追逐任何新聞熱點，單槍匹馬，只憑熱愛，如何才能讓文化領域符號性人物敞開心扉？

這本書的誕生，就是這些「為什麼」獲得的空谷回音。歷經一次又一次的深度溝通，我逐漸發現，溝通的「祕訣」在於傾聽——人與人在溝通過程中，聆聽、理解和領悟對方話語的能力，我稱之為「傾聽力」。

傾聽力不僅僅是簡單的傾聽，還包含著四項基本要素：心懷溫柔對人真正尊重和關心，讓對方感受到自己很重要和被需要；站在對方的立場思考，不指責不抱怨不排斥；溝通時盡量多微笑；提出問題後，讓對方多說話。

傾聽力，感覺多麼平常、多麼簡單、多麼神奇。

「傾聽力」從此成為我的溝通法門，不少初次見面的人，聊過一次，從此成為至交，建立了長期的友誼。

這些透過報刊雜誌、互聯網媒體廣泛流傳的「傾聽力案例」，不久，獲得首屆「新漢語文學傳媒大獎」貢獻獎。二〇〇九年一月由中國人民大學出版社初次出版後，同年又被媒體評為「年度十大好書」。

面對不虞之譽，我知道真正的原因——不在於我的提問有多麼好，我的思考有多麼深，而是我對話的這些人，這些有血有肉的人和我們一樣，他們經歷過孤獨迷茫，遭遇過人生低谷，懷揣著暗夜星火，最終衝破了重重艱難，成長為自己想要的模樣。

他們看上去是別人，其實也是不甘平庸的我們自己。

他們心智成熟的歷程、人生經驗和說話之道，為我打開了新思路，相信也會讓您耳目一新。

感謝書中出現的每一個人，感謝即將開始閱讀這本書的您。願每一顆傾聽的心，都能遇到對的人。

／於白馬

推薦序
溝通之難與傾聽之美

人與人之間的區別遠大於人與猿猴的區別。

區別在於溝通之難。

《聖經》中說，人類本來要造一座通天塔上天，因為被上帝破壞了語言而不能彼此溝通，最終不得不半途而止。

《古文觀止》打頭一篇，說的是鄭莊公與母親武姜因王位繼承產生隔閡，鄭莊公發誓，不到黃泉，不見母親。不久他後悔了，但不知道該如何挽回。智慧老人潁考叔給鄭莊公出了個主意，讓他挖一條地溝，放上水，乘船見到了母親。

因為這條溝，通向了愛，鄭莊公與母親恢復了母子之情。我沒有考證過，總覺得「溝通」這個詞語，應該是從這裡來的。

這兩個上天入地的故事，說的是溝通之難與傾聽之美。

那溝通是否有祕訣？如果有，它的祕訣在哪裡？

作家岳南是個「百科狗」，他說有，在舌頭。

蘇秦說合六國，孔明舌戰群儒，劉向老師表揚顏率，說：一人之辯，重於九鼎之寶；三寸之舌，強於百萬之師。不是靠的舌頭嗎？

有道理，也不盡然。憑舌頭賺錢，靠舌頭賣藝。能令公怒，能令公喜。當然好。但那是脫口秀，是逗你玩。

生活中，困擾我們的不是娛樂，而是親朋，是同事，是師長，是情侶，是心儀已久渴望一見的人物，是滾滾而過的陌生人。你歡天喜地看完一齣相聲專場或脫口秀節目，也不會懂得與他們如何相處。

所以，盧梭老師說，**人生而自由，又無所不在枷鎖中。這個枷鎖就是各種阻礙，各種隔閡，各種拘束，就需要您去突破、去解決、去溝通。**

而真正的溝通，在傾聽力，所以戴爾・卡內基說，**世上最好的談話對象是那個悉心傾聽的人。**

看過太多的問答、訪談，太多的人都只帶著舌頭去，最終就難免成了囂聲。

但吳懷堯不一樣，他有破壁之功，他的溝通之道，是傾聽的耳朵，是敏感的心靈。相信我，這是吳懷堯的獨特魅力，是每個受訪者都樂於對他敞開心扉的原因。

何三坡

／於雲間

曠世狂狷。李敖

你對李敖有什麼看法，
可以反映出你是什麼樣的人。

第一次「見到李敖」，是在地攤上。

那一年我十五歲，剛上高中一年級。

一天中午，天氣酷熱，一名書販到學校擺攤，百十來本書隨意擺放在地上，很多同學圍觀，我是其中一員。

「中國文壇五百年前五十年內，寫白話文排在前三名的都是我李敖、李敖、李敖。嘴巴上罵我吹牛的人，心裡都為我供了牌位。」看到這段用粗號字體打在封面上的醒目文字，我驚詫萬分，暗想：這廝是何方神聖，憑什麼如此狂妄？

拿起這本又厚又舊的《李敖大全集》，翻開後，站著讀完了一篇名為〈老年人和棒子〉的文章。這本書定價奇高，書販居然只要價六元，可我口袋裡總共才五元，我試著問了問：「師傅，少一塊錢行不行？」

不承想，書販大手一揮，豪情萬丈地說：「行！」

接下來整整一週，我沉迷在這本收錄了李敖大部分代表作的「全集」之中。閱讀過程中發現大量錯別字，這才明白原來這是一本盜版書，但這絲毫沒有影響當時我對李敖作品的喜愛，反而逢人說項，向身邊愛好文學的同學極力推薦李敖。

李敖，一九三五年生於黑龍江哈爾濱，一九四九年隨父赴臺定居。十二歲開始發表文章，三十五歲坐大牢，一生筆耕不輟，著作一百一十餘種，累計超過兩千一百五十萬字；做過兩千場電視節目；口誅筆伐過三千多人，影響力橫絕一時。

一千個人眼中，有一千個李敖。正如李敖自己所言：「我本像一顆鑽石，是多面發光的人物！」

第一次「對話」李敖，已是初讀李敖的十年之後。因為創立了文化品牌「作家富豪榜」，我有機會和李敖深入聊一聊，結果鬧出了「烏龍事件」。

我撥打李敖家中電話後，很快聽筒中傳來李敖的聲音：「喂。」

「李敖先生嗎？」

「是、是。」

「上週我們通過電話，約定今天上午十點聊一聊。十點鐘的時候，我給您打過電話，您家人說您外出，讓我晚一點再打一次，很高興您在家……」

「咦，我怎麼記得約的是下午三點啊，我還一直在期待您的電話。」

「有可能是我記錯了，沒關係、沒關係。」

「謝謝！很抱歉，怎麼搞的，錯了錯了。上次我們談話，我覺得您對我很瞭解，您已經知道的細節我們就不聊了，您特別想知道的事情您就問我。」

接下來，在長達一百零七分鐘的電話溝通中，李敖有問必答，言無不盡。溝通內容確定發表之前，李敖的朋友、攝影師賴岳忠，發來八張李敖的照片，供我挑選使用。

若干年後我才知道，這可能是李敖生前最後一次和內地傳媒人的深度對談。

二〇一八年三月十八日上午十點五十九分，李敖在臺北因病逝世，享年八十三歲。

我一生爭的是道理與是非，不是世俗的權與利

吳懷堯　二〇一〇年八月底您在上海參觀世博會，有媒體記者注意到，無論是誰，給您端茶送水的服務員，還是靈隱寺的住持方丈，或者政府官員，給您拿過來什麼東西，您都會恭恭敬敬地站起來，說：「怎麼敢當！怎麼敢當！」我們第一次通電話的時候，我記得五分鐘內您說了四次「謝謝」。生活中的李敖如此謙卑和氣，文字中的李敖卻張牙舞爪盛氣凌人，到底哪個才是李敖的真實面目？

李　敖　（笑）都是真實的，因為我在現實生活中，不太跟人家有是非上的爭執，但是寫文章的時候就會發生衝突。通常我們反對一個人，是反對他的思想，而不是反對他個人。**我一生爭的是道理與是非，世俗的權與利，我不放在眼裡。**

吳懷堯　您曾說如果自己在電視上或者寫文章時表現得太客氣，大家就不怕您了。我很好奇，為什麼要讓大家怕您？怕您什麼？

李　敖　有時候我們可以以德服人，或以理服人、以錢服人，沒有這麼多條件的時候，讓人家怕你，就可以解決很多問題，減少很多麻煩。人事上的交往我耐心很差，因為我無法容忍笨蛋，我覺得很浪費時間。我這個人很怕麻煩。

吳懷堯　您說自己很怕麻煩，但過去幾十年您打官司變成家常便飯，或原告、或被告、或告發人、或代理人，進出法院，幾無寧日，這又是為什麼？

李　敖　這是人事之外的另外一個原則問題，**凡是涉及是非與真理的爭執，我是不厭其煩、據理力**

爭，寫文章找證據也是不厭其煩、斤斤計較。

吳懷堯　看《李敖回憶錄》和《李敖快意恩仇錄》，我感覺李敖真是生氣勃勃、一往無前；不知道隨著年齡增長，您自己是否有力不從心、英雄遲暮的慨歎？

李　敖　這是自然現象，我不會感傷和慨歎。老實講，現在年紀大了，我的工作量減退了，不像以前精神頭十足，現在有點遲緩。

吳懷堯　十多年前看您的《李敖的情話》，讀您寫給咪咪的情書，看您寫給Y的四十八封信，都能感覺到您和對方兩情相悅，用情至深，但在一些媒體報導和關於您的書中，李敖是放蕩不羈的花花公子，風流成性，真實狀況是什麼樣？

李　敖　事實上，我一生女朋友並不多，一來我很挑剔，二來機會也少，三來我們那時候還沒有資格放蕩，因為那個時候社會比較保守，跟女朋友去旅館開房間都要被員警抓的（笑）。

吳懷堯　您的作品《坐牢家爸爸給女兒的八十封信》在大陸再版，這本書最打動我的地方，是您透露的一個細節：在給女兒李文寫信時，為了增加趣味讓她更容易理解，您盡量配以插圖，這些插圖都是從書上一點一點割下來的。牢裡面沒有剪刀、刀片，您就把破皮鞋中的鋼片抽出來，在水泥臺上磨出鋒口，用來切割插圖——這個細節讓我感受到親情在您心中的分量；李文接受採訪時說，您是不希望有親情的人——您對親情究竟是怎麼樣的態度？

李　敖　不是說不希望有親情，而是我沒有把親情看得那麼重。看得太重，對年輕人也不好，容易變成他們的負擔。我舉愛因斯坦的例子，愛因斯坦死了十年（一九五五年四月十八日逝世），他的第二個兒子（愛德華・愛因斯坦）還在世（一九六五年十月二十五日逝世）。他這個兒子是有精神病的，一直住在瑞士的精神病院裡，所以一般人都不曉得愛因斯坦有這麼悲痛的事情。愛因斯坦生前也很少去看他兒子，不去看的原因，他說看了以後大家痛苦，所以有的人對親情的看法和常人不一樣。

吳懷堯 您現在對親情包括家庭的看法，和您年輕的時候相比是不是有滿大的改變？

李敖 沒有，本來我這輩子家庭關係就比較弱，因為我年輕時大部分時間坐牢，本來就是有落差。有的家庭關係很緊湊，我沒有這種情況。

吳懷堯 在《坐牢家爸爸給女兒的八十封信》中，您給李文推薦了三本書：《格林童話》、《三國志》和《紅樓夢》，為什麼推薦這三本書？您的孩子平時讀您的書嗎？

李敖 在我們那個時代，這三本書都是很普通的書。他們不一定會讀我的作品，大概讀的也有限度，也不是每本都讀，我也不清楚，我也不問（笑）。

買賣舊電器，賣節目，鑑定古董，間有版稅

吳懷堯 自一九四九年到臺灣，您在窮苦中長大，從寫蠟版到送報，到省下早飯錢買書，到發表文章靠稿費救急……相比之下，您的孩子就生活得輕鬆舒適，李文去美國念書，李戡到北大就讀。從一個父親的身分來講，您會在經濟條件允許的情況下，給子女最好的生活嗎？

李敖 這個沒有錯。人遇到窮困有兩個結果。一個是使人奮發向上，打破難局，像我這樣子，我

就經過窮困。還有**窮困會使人浪費時間、精力和激情，花很多時間去打工，去賺錢，去謀生，浪費青春，使人沒有信心。**你看那些有錢人家的小孩，他不曉得天高地厚，可是他很有信心，這也算是一個優點。我個人窮苦過，所以現在對小朋友們的態度，就希望他們不要那麼窮困，窮困是很不愉快的，我自己經歷過，所以這方面我會特別注意。

吳懷堯 您寫作五十年、成書百餘種，照外國標準，理應巨富。可惜您的作品由於某些原因很難正常銷售，書名也不能如您所願。迄今為止，您的版稅收入情況如何？

李　敖 我是大作家，可是惹了政府，成了大坐牢家。著作被禁數目，世界冠軍，又如何能靠寫書有正常收入呢？六十一年來，我賴以維生的，不是版稅，出版社都倒閉了、嚇呆了。我靠的，是買賣舊電器、跑帶子賣節目、鑑定古董，贏得江湖薄富名。事實是守點小錢以保自由而已，寒磣極矣！大家知道我外出多半是坐計程車嗎……間有版稅收入，五十年一除，扣掉查扣損失，每日約得九十元。

吳懷堯 作為一個著作等身的寫作者，您如何看待作家和財富的關係？

李　敖 咱們過去的說法叫「文窮而後工」，人在窮困窘迫的境地，有時反倒能寫出成功的作品來，這是一種老式的說法。寫文章，大規模地寫東西，要很多的條件，我覺得有一些財富是好的。我能挺直腰桿，跟我薄有財富，可以不求人、不看老闆臉色、不怕被封鎖有絕對關係。錢對我而言，代表的就是自由。每見有些窮光蛋奢談抱負，我就鄙視他們。這種人，連一己生計都弄不好，又如何能獨來獨往做獨立的人？

吳懷堯　有一種觀點認為對於寫作者來說，當他有錢或者有很多錢的時候，會影響到他的創作，讓他變得安逸，寫不出好作品，對此您怎麼看？

李　敖　沒有出息的寫作者才會這樣。作品好不好，與作家有沒有錢關係不大。沒錢他也在幹，有錢他也在寫。**如果寫作者被財富多少影響，說明這個人很淺薄。**

吳懷堯　我看到過您寫的一段話：「二十多年前，動物園給三隻小獅子命名，我和小屯跑去了，擠在人堆裡，搶住半個，合照一幀。我生平第一私願是陪小獅子長大，看牠在每天和我假裝打鬥中長大。終於有一天，大到必須分開。只有養小獅子，才有那種茁壯、短暫與必須分開的失落。小獅子呢，牠也許記得我，但我不忍再去看牠了。」在您眼中，您兒子是一隻這樣的「小獅子」嗎？

李　敖　有的家庭對子女盯得很緊，我是順其自然。我對李戡的感情，從文字上不能完全看出來，每個人表現感情的方式不一樣，我不是那種看起來很熱乎的人。他大了以後，和我一定會有距離。

吳懷堯　因為您的影響力，李戡就讀北大曾引起各界廣泛關注，但大家提到他的時候，通常會說這是「李敖的兒子李戡」，您有沒有一種擔心，李戡以後如果無法達到您的成就或名聲，他會一直背負著「李敖的兒子」的稱號？

李　敖　這種現象，任何人如果他爸爸很有名的話，一定不能脫身的。可是對他不一定是壞事，像替達爾文宣傳「進化論」的湯瑪斯・赫胥黎，他們家三代都是很有名的知識分子。所以他們說誰是誰的兒子，誰是誰的父親，他的祖父是誰，對他沒有壞處，不一定是「我的爸爸是李剛」，可以是別的嘛。這種情況是好是壞，要因人而異，要看個人成績才能決定一切。好比說居里夫人她女兒也是那麼優秀的科學家，結果一談到她就談到她是居里夫人女兒，可是她在科學界的成就也是非常了不起的，就是居里夫人女兒又怎麼樣呢，不是說一定是壞事。

吳懷堯 接受媒體採訪時，您說李戡過幾年可能會翻江倒海。在您內心深處，您是希望李戡按照自己的興趣過一生，還是像您這樣笑傲江湖？

李　敖 我希望李戡做一個自由大學裡面的教授，我希望他能夠這樣。跟著那些媒體去賺錢沒有什麼意思，做不到老闆，都做夥計，有什麼意思？**我覺得痴迷賺錢是一個壞習慣，因為沒完沒了的，一個人賺了錢以後不會停止的。**因為我這樣代價很大，而我又變得很凶悍，衝突面太大了，不一定好。

知識使我能夠脫於逆境

吳懷堯 二〇一〇年八月，您在上海時談到韓寒，批評韓寒「一進入知識的境界就出局了」，有人對此表示不解，一輩子嬉笑怒罵追求言論自由的李敖，為什麼在七十多歲時警告另一位年輕人少說為妙？我注意到，甚至有媒體發表署名評論「李敖，您忘了〈老年人和棒子〉？」。對這些爭論您作何感想？

李　敖　這是奇怪的，這些人書沒念通。第一個我從來沒有接到過棒子，接到棒子以後才能給別人。第二，對韓寒的部分，嚴格說起來，是聊天的時候談到他，媒體發表的部分與事實有些出入，我也不便怎麼更正。

吳懷堯　韓寒的確是一個現象。他本身有很多優點，我個人對韓寒沒有任何惡意，長得滿好的一個小朋友。

李　敖　二〇〇五年您的「神州文化之旅」引發轟動效應，當時媒體徵集提問，網友最想知道您當年在獄中思考什麼，當時您為什麼避而不答？

吳懷堯　這個問題有些籠統，在獄中忘掉那個環境是很重要的，就是人在牢裡面，可是心在牢外面，如果整天跟牢裡糾纏的話，就會不愉快。

李　敖　有些人遇到挫折的次數多了會變得消沉，您是如何保持鬥志的？

吳懷堯　因為我能夠在知識上面始終保持興趣，並且持續不斷地深入研究，這使我能夠忘掉眼前那些烏煙瘴氣的事情，知識使我能夠脫於逆境，這點很重要。如果我沒有這種對知識的樂趣，整天也會陷在牢裡面，叫我整天坐在那裡我也沒有辦法，我也不相信什麼打坐這種事情。

批評我的人水準很糟糕，有些指責是小人之心

吳懷堯　我注意到，在二〇〇五年後，部分媒體人和知識分子對您的評價有所改變，有人認為您晚

李　敖　年變得比較油滑，「特別會審時度勢的聰明人」。對於此類批評的聲音，您本人聽到過嗎？

我聽到過，可是我很奇怪。我覺得有這些看法的人太不懂事了。為什麼在臺灣我可以這樣子，因為我在臺灣曾經有九十六本書被查禁的紀錄，換句話說這個紀錄是古今中外的世界紀錄，被查禁還照樣寫，直到查禁我的力量沒有了。

吳懷堯　如果要對這些批評正面回應，您會說些什麼？

李　敖　我有這樣的感慨：對我李敖的看法可以作為一個標竿。什麼標竿呢？反過來不是說我李敖如何如何，而是你們如何如何，你們的水準，你們辨別是非的能力，原來是這個樣子。問題不在我，問題在別人，他辨別是非能力不夠，或者他沒有這個資訊，看不到我在大陸之外出版的作品和發表的言論，以致不能辨別是非。

我認為大陸有很多不瞭解我的人，我不在乎他們不瞭解我，而他們對我的批評，正好反射出來他們是什麼樣的人。我是一個七十六歲的老頭子（二〇一一年），不重要了，重要的是批評我的人是為什麼，他們批評的方法和標準是那樣的糟糕，輕易給人戴帽子，戴帽子的時候戴得那麼凶狠，問題出在這裡。

吳懷堯　大陸的知識分子，有沒有您特別欣賞的人？

李　敖　有，死掉了。馬寅初就是我欣賞的，曾經的北大校長馬寅初。

吳懷堯　說到北大，我想到您父親當年是北大的文學新生，您去臺灣念了臺大。中間隔了一代人，李戡又回到了北大，他是不是幫您完成了一個心願？

李　敖　從感覺上面有，我的父親和兒子都在北大，很好，其實我個人沒有這個機會。李戡同時考上臺灣大學跟北京大學，但他選擇了北京大學，他去北大完全是靠分數進去的，有人罵我給兒子鋪路，鋪什麼路？這些指責都是小人之心。

吳懷堯　嗯，另外我想問問，做電視節目時您時常自稱「李大師」，為什麼要自封「大師」呢？

李　敖　（笑）我老喜歡拿冰山來比喻：冰山有八分之七在水底下，所以才能浮出來八分之一，我總覺得大家看到我的就是那八分之一，我的八分之七大家忽略了或者看不到，大家捧我捧得還不夠，所以我覺得這個很可惜，就自己捧自己一下。在我表現狂氣的時候，看起來有大頭症、是自大狂，其實我內心深處，謙虛得很。大家看到的只是我的一些噱頭，一些皮毛，真正的李敖大家無法完全知道。我苦心思慮的一面大家看不到，或者沒有感覺出來，有點可惜，那是屬於我的八分之七部分。

吳懷堯　您曾經對藝人小S提出加重誹謗罪，要求上庭前先上小S的節目《康熙來了》辯論三場。這件事被媒體報導後，有很多人覺得您變成了娛樂界人士。

李　敖　（笑）那不是八分之一的李敖，那是十六分之一的部分。

吳懷堯　大師都有傳世之作，在您已經完成的作品中，您認為哪些作品有望傳世？

李　敖　我覺得我晚年的東西應該愈寫愈好，可惜你們看不到。我已經出版了四本新書，一共寫了一百六十萬字，《陽痿美國》、《大江大海騙了你：李敖祕密談話錄》、《第73烈士》、《你笨蛋，你笨蛋》。

證明一個作家的實力，必須長篇作品才算數

吳懷堯 您今年（二〇一一年）已經七十六歲了，為什麼依然筆耕不輟？

李　敖 我對自己過去的作品不是否認，而是興致不高了。人要進步，我希望自己不斷進步。對文字工作者來說，整天努力寫作，寫出來的，卻是一篇篇雜文；印出來的，是一本本雜文集，這是不夠的。儘管寫的字數不少，但不是專書，也不算「一以貫之」的著作。我著作等身，但直到《北京法源寺》問世，我才真正肯定我寫出了專書，而以前問世的實在不夠看。很高興我顛覆了自己。

吳懷堯 如果讓您給大陸的年輕人推薦一本您的必讀書，您會推薦哪一本？

李　敖 推薦三本，沒有推薦一本的。

吳懷堯 為什麼推薦三本呢？

李　敖 （笑）因為每一本都好。

吳懷堯 好，請問具體是哪三本？

李　敖 《紅色11》、《北京法源寺》，還有《上山．上山．愛》。這是我比較得意的作品，如果不是純粹的文學作品，都不夠看。

吳懷堯 證明一個作家的實力，必須長篇作品才算數？

李　敖 那當然，短篇能代表一個感想而已。我那個《虛擬的十七歲》就是長篇小說，很厚一本書。

跟《上山．上山．愛》、《紅色11》，都是並駕齊驅的。

吳懷堯　在文學作品之外，您做了很多有影響的電視節目如《李敖笑傲江湖》。我發現您上鏡時特別喜歡紅色，一襲紅夾克從未改變，您為什麼喜歡紅色？

李　敖　（笑）那是很偶然的事情，因為我要做電視節目，我到現在為止沒有西裝，我就去買個夾克，希望買正點的，不要怪形怪狀，也不要看起來很像年輕人的。最後就買了一件紅夾克，還是個滿貴的名牌。我年紀大了，穿上紅顏色的夾克，顏色鮮豔一點也不錯，看起來很快樂，就穿上了癮。

吳懷堯　您始終保持特立獨行，法國心理學家勒龐在他的著作《烏合之眾：激情、非理性、領袖崇拜，盲目群體的心理陷阱》中提出一個觀點：個人一旦進入群體中，他的個性便湮沒了，群體的思想占據統治地位，而群體的行為表現為無異議、情緒化和低智商。就您的經驗來說，您認同勒龐的觀點嗎？

李　敖　他這個不算什麼觀點：事實就是這樣子，個人進入群體以後，就會變得沒有個性了，如果你要有個性的話，你就要付代價。

人不可靠，晚年概不交遊

吳懷堯　我想到一個問題，您批評別人的時候非常嚴厲，但是對待自己的時候就有一種輕輕放過的感覺，在中國的傳統文化裡面，向來提倡嚴以律己，寬以待人，您好像正好是反過來的，您自己覺得是這樣嗎？

李　敖　不是寬嚴的問題，而是事實的問題，該寬就寬，該嚴就嚴，這是事實問題。對方是豬八戒，你怎麼樣美化他還是豬八戒，這就是事實問題。

吳懷堯　也有人說您藉貶低他人抬高自己。

李　敖　這種觀點是沒有見識的觀點，我抬高自己還需要貶低別人嗎？

吳懷堯　魯迅重病時擬定的遺囑中有一條是：「我的怨敵可謂多矣，倘有新式的人問起我來，怎麼回答呢？我想了一想，決定的是：讓他們怨恨去，我也一個都不寬恕。」您對昔日的「怨敵」，也是「一個都不寬恕」的態度嗎？

李　敖　魯迅那種太狹窄了，他跟別人糾纏不清才發生這個問題。我跟別人不來往，可是來往的時候才知道人也有王八蛋的，基本上人是經不得考驗的，所以我對人的評價很低，盡量跟人不來往，也不太相信別人，原因就是覺得人不可靠。

吳懷堯　「人不可靠」是您年輕時就有這種感覺，還是後來總結的人生經驗？

李　敖　愈來愈覺得人不可靠。你看我最近在微博中寫道，司馬光《涑水記聞》裡提到一個怪人，叫王嗣宗。傳說他有本「恩仇簿」，上開名單，有恩報恩，有仇報仇，報完了，就打個勾。後來他老了，更火了，「晚年交遊，皆入仇簿」。所有人，都變仇人了。我的聰明是晚年概不交遊，個人關心的大部分都是文字的，不需要跟別人來來往往。

吳懷堯　您的這些人生經驗會傳給您兒子嗎？

李　敖　這些經驗很難都告訴他，因為給年輕人這些對人生灰色的想法，不一定是正確的。他待人接物可能會有吃虧上當的時候，這也很合理常見。**人生成長的過程裡面，第一次朋友騙你可以怪朋友，第二次他騙你就只能怪你自己，第二次就不要給朋友騙你的機會，這要看你個人的智慧了。**第一次不可避免的。

吳懷堯　最後冒昧問一下，您曾說自己死後千刀萬剮，這是什麼意思呢？

李　敖　早在十多年前，我就公開捐出遺體，送給臺大醫院「大體解剖」了。一般提供「大體解剖」的人，最後仍收回遺骨；但我連遺骨都奉送了。死後可移植給別人的器官有心、肺、肝、腎、胰臟、眼角膜，還有皮膚及骨骼，還有小腸，甚至國外還有移植四肢和「變臉」的，如果成功，就有人「貌似李敖」了。我雖愛心廣被，但是畢竟老了一點，「廉頗老矣，尚能捐屍否？」由醫生決定。臺灣有七千人等待器官移植呢，將就點吧。

吳懷堯　李敖先生，感謝您接受這次對話，請多保重！

李　敖　你能夠有資料深入地瞭解一些問題，謝謝。你最成功的一點就是如果你把今天聊的問題集中澄清，包括我所說的關鍵——**對我的批評，重點不是我李敖如何，而是讀者對我的看法會反彈回去，你本人什麼樣，你對李敖有什麼看法，可以反映出你是什麼樣的人，**這是最重要的觀點——你把這個傳播出去就很了不起。

吳懷堯　好的，沒問題。

南渡北歸。岳南

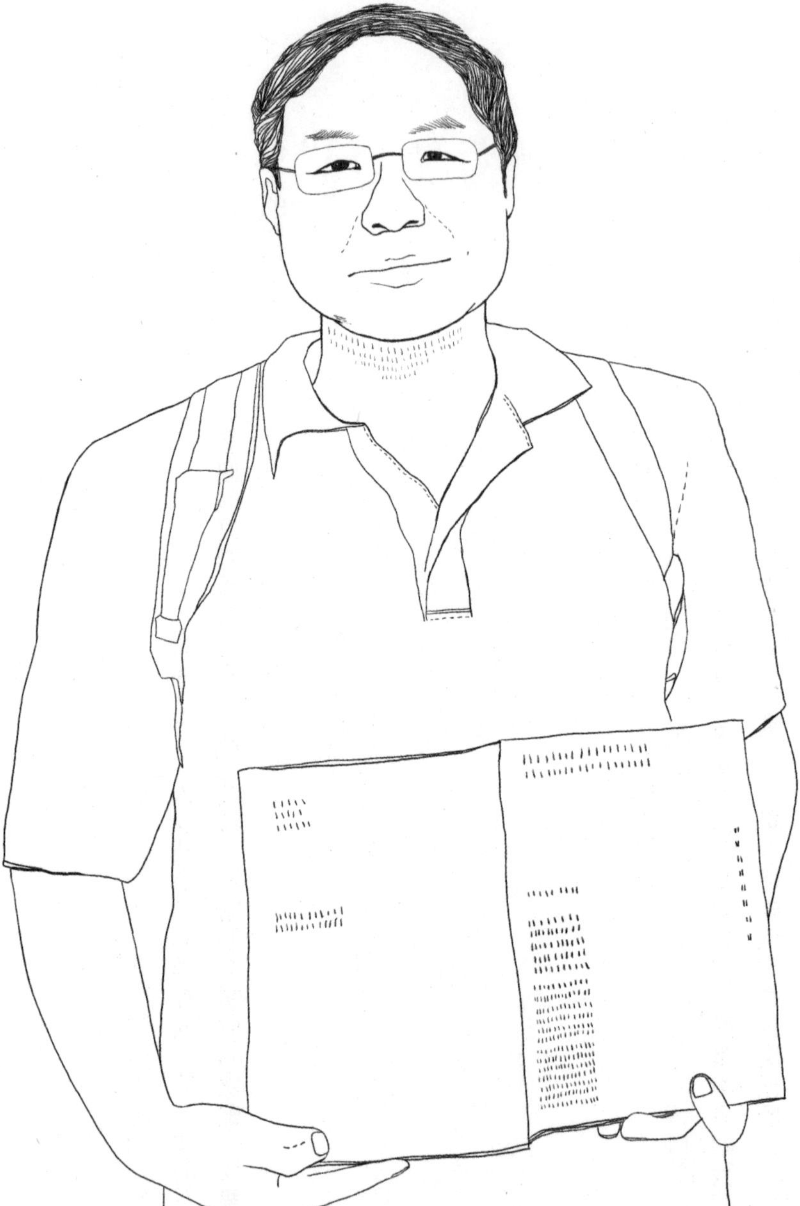

這個世界上，
有些東西是可以懷疑並推翻重來的，
有些卻不能。

二〇〇八年八月的某一天，岳南在位於北京亞運村的居所接待我。他的家擺設古樸，進門右手就是一排書架，上面擺放的大多數是他的著作。書房門半開著，能看到裡面堆滿書稿，門上貼著《南渡北歸》的海報。

從陽臺遠眺，可以看到鳥巢與水立方。在客廳臨窗的餐桌邊，我們促膝而談，空調吐出冷氣，茶杯冒著熱氣，聊到傍晚時分，夕陽照射，滿屋子金燦燦。

岳南，中華考古文學協會副會長，臺灣新竹清華大學駐校作家。一九六二年生於山東諸城，一九九一年畢業於解放軍藝術學院文學系，現居北京。其考古紀實文學系列「考古中國」，洋洋灑灑十一卷，將考古發掘與史海鉤沉熔於一爐。

說起民國名家，岳南滔滔不絕如數家珍，溝通的過程漫長，原因很簡單：他的山東諸城版普通話，有時候我實在聽不懂，就需要不時打斷他激情飛揚的敘述，請他放慢語速，「請您再說一遍吧。」如此再三，直至夜幕低垂……

英國歷史學家赫．喬．威爾斯，在其著作《世界史綱》中談及中國唐初諸帝時期的文化騰達時，既滿懷景仰又充滿疑惑，似乎如此輝煌燦爛的文化景象有些像天方夜譚。

讓人欣慰而刮目的是，三十多年來，作家岳南始終以嚴謹考究、處處有典的態度書寫史著，為讀者在古今交織與中外錯綜的敘事宏構裡重現華夏文明。

二〇〇〇年夏，岳南曾擔任中央電視臺「老山漢墓考古發掘現場直播」嘉賓，因準確預判出老山漢墓墓主身分和兩千多年前被盜過程的細節，轟動一時。

岳南近年以新作《陳寅恪與傅斯年》和《南渡北歸》系列，步入暢銷書作家之列，持續榮登作家富豪榜，莫言、楊振寧、俞敏洪等各界名人均成為《南渡北歸》讀者……

既然妳喜歡，我就寫本書給妳

吳懷堯 您的文學啟蒙是來自家教還是來自社會，還是來自身邊的師友？您目前在寫作上的追求與您當初的文學啟蒙有多大關係？

岳　南 我的學生時代，有很長一段時間適逢亂世，當時中國已取消了透過考試繼續到大學讀書這一方式，主要靠階級成分推薦上大學。

談到文學啟蒙，家教有一點，更多的應該是齊魯之地厚重的文化積澱的原因。我們村儘管偏僻一點，但有些老頭、老太太能口述中國歷史和傳奇小說，比如《三國演義》、《隋唐演義》、《水滸》、《七俠五義》，甚至一般人不太瞭解的《礦山英雄傳》等等，還有一些民間傳奇故事。

我自小有聽別人講故事的嗜好，也就是家鄉說的「把瞎話兒」（講故事）。在不同的時間和地點，斷斷續續聽了一些「瞎話」。記得有一年冬天，每天晚上吃過飯都到一個七十多歲的老太太家裡聽她講古書。這個老太太我喊她叫舅媽媽，人很慈祥，很能說，我一邊聽一邊幫她扒棉花桃子——秋後不開的棉桃，採到家中扒開再晾晒——結果一個冬天下來，一部《隋唐演義》加半部《礦山英雄傳》就聽完了，現在我所知道的隋唐歷史人物與故事，大多是從她那裡來的。類似這樣的民間「把瞎話兒」，對我後來舞文弄墨並當這個空頭文學家發揮了相當大的啟蒙作用。

不過，當時畢竟還是一個學生，從小學到高中，老師的傳教當然是最令我受益的。好像一種天意，我上學的時代，遇到的語文老師都特別有水準，有幾位後來還成為省內外頗有影響的作家，如我在中學時候的王良瑛老師，後來到了山東省作家協會，並一度出任過《山東文學》主編，曾以長篇小說《野色》奠定了他在文學界的地位。這些小學與中學的老師傳授給我的知識，是後來能夠從事文學創作的基礎和最基本的條件。

還有一些課外書和文章，都成為滋養我文學創作的一部分。比如說一九七三年，遼寧省興城縣白塔公社棗山大隊第四生產隊隊長、下鄉知識青年張鐵生，他在參加當年六月份全國高等學校招生文化考試時，幾乎交了白卷，語文三十八分，理化六分。他自知錄取無望，便將事先準備好的一封信抄錄在理化考卷的背面交了上去。這封信被發現後，他作為「白卷英雄」轟動全國，一時成為大紅大紫的風雲人物。《人民日報》曾以〈一份發人深省的答卷〉轉載了這封信，全國師生組織學習，我自然也要參加。

當時我感到這封信文采很好，讓我很感動，完全可以當作模範文章來讀，有些段落就背了下來。張鐵生君這封信開頭的第一句話是：「書面考試就這麼過去了，對此，我有點感受，願意向領導上談一談。」這是迄今為止我所見到的文章中最好、偉大的開頭，乾淨利索，不卑不亢，擲地有聲。後來聽說法國女作家瑪格麗特．莒哈絲於一九八四年創作完成並獲當年龔固爾文學獎的《情人》，開頭第一句就是「我已經老了……」。

吳懷堯　莒哈絲和張鐵生……我第一次聽到有人把他們倆聯繫在一起。人們常說，以史為鑑，可以知得失。您涉獵考古文學多年，得到了什麼，失去了什麼？

岳　南　準確的說法應是「以古為鏡，可以知興替」，這是唐太宗李世民的話，他主要是從政治角度來說這話的。至於我的感受，這個有點複雜，所謂失，沒有什麼感覺，寫了就寫了，沒有失去什麼。

說到得，就是把自田野考古學引進中國以來，在這塊土地上所發生的最偉大和具有代表性的考古發掘事件，在當事人還活著的時候，透過採訪、調查寫出來了，給後人留下了一段較為真實的史實。比如說再過二十年、五十年，後人來到北京周口店，來到安陽殷墟，來到十三陵或者法門寺或者兵馬俑坑，那個時候所有親身發掘的人都死光了，來龍去脈也不清晰了，如果我或我的朋友如楊仕、商成勇等人不寫這個發掘經過，可能後人就不知道當年發生了什麼。但這本書現在寫出來，五十年後的讀者看過之後就會說：「噢，原來是這麼回事！」讀者或觀眾知道了歷史真相，這就是我的所得。

吳懷堯　我很好奇，您在軍藝讀的是文學系，後來怎麼對考古感興趣了？

岳　南　我是一次偶然到十三陵去旅遊，看到了定陵的地下宮殿，覺得寫一寫發掘過程應該有些意思，於是就開始採訪和寫作了。這就好比莫泊桑與大小仲馬寫妓女一樣容易理解。

我已經說過，在我少年時代，曾聽到家鄉不少老頭老太太講過歷史小說，比如對朱元璋、永樂皇帝等等明代的人物、事件也有所瞭解。所以說到寫十三陵的定陵地下宮殿發掘，並牽涉明代的一些事，並不覺得突兀，反而感覺很自然。

吳懷堯 我還從您的朋友處聽到一種說法，您寫《風雪定陵》是為了獲得一個女孩的尊敬和愛情，這是奇聞還是逸事？

岳　南 剛進軍藝沒多久，我想交女朋友，但是因為我的山東口音太濃一時難以得逞。後來我在某雜誌上看到各種交友資訊，就給杭州一個自稱愛好旅遊、寫作的女孩拍電報：「速來京，解放軍藝術學院作家岳南邀請妳。」沒想到，這女孩過了兩天還真來了！我就帶她去十三陵遊玩，她看完後很激動，覺得非常美。我說既然妳喜歡，那我就寫本書給妳看吧。我與定陵考古隊長趙其昌夫人楊仕共同努力，花費近一年的時間，終於合作完成了《風雪定陵》。

吳懷堯 看來歌德說的還是很有道理，偉大的女性引導我們上升。回到創作，通常您是否經過增添刪改反覆打磨才能完成一部作品？當一部作品殺青時，您心情怎麼樣？

岳　南 我是二〇〇〇年之後才開始用電腦寫作的，此前出版的八部作品全部是一稿成功，基本不改動，送到出版社後由編輯刪削加工，沒有我的什麼事了。海明威說他每寫一部作品，就像與獅子搏鬥一樣，當把獅子打倒的時候，自己也累趴下了。我的感覺沒有這麼酷烈，但也感覺很累，一旦作品完成，真有一種被捆綁後突然釋放的感覺，身心俱感輕鬆。

哲學是邏輯的詩

吳懷堯　我看過一篇叫〈圓明園畫家村筍記〉的文章，說作家岳南基本不讀外國書，真是這樣嗎？

岳　南　言重了，外國書還是讀的，只是讀得較少。這個與興趣有些關係，但主要還是沒有時間。因為在我二十八歲之前，基本上是當學生、農民，當兵。當學生的時候沒有好好學習讀書，當農民的時候，由於體力勞動很重，很難再讀書，加之當時農村也沒有什麼書可讀，所以純文學的書特別是外國文學書自然就不會讀得太多。但像當年流行的《鋼鐵是怎樣煉成的》與高爾基的作品，甚至蕭洛霍夫的《靜靜的頓河》，契訶夫的《草原》，去世不久的索忍尼辛的《古拉格群島》等等是讀過的。

吳懷堯　據我所知，百年來，在紀實文學作家中，只有《羅馬史》的作者蒙森在一九〇二年獲得過諾貝爾文學獎。而這一年的競爭異常激烈，有享譽世界的文壇大家托爾斯泰、左拉、斯賓塞、葉慈、卡爾杜齊、顯克維奇等人，但諾貝爾文學獎評委會最終選定了同樣傑出又易讓人接受的蒙森，其獲獎的理由是：「既有完整而廣泛的學術價值，又有生動有力的文學風格……他的直覺能力與創作能力，溝通了史學家與詩人之間的鴻溝……今世最偉大的纂史巨匠，此點於其巨著《羅馬史》中表現無遺。」您希望成為中國版蒙森嗎？

岳　南　好像還有邱吉爾的《第二次世界大戰回憶錄》也得過這個獎。此著分六卷在倫敦出版，一九五三年獲諾貝爾文學獎。儘管這個獎對邱氏來說，有為他此前沒有得到和平獎而彌補、平衡的味道，但畢竟是以文學獎的面目出現的，所以這部著作也應看作是紀實類的諾貝爾文學獎受益者。至於做蒙森，沒想過。蒙森是考古學家、歷史學家、古文字學家、哲學與文學家，屬於百科全書式的大學者。

蒙森與後來的傅斯年一樣，都是受蘭克史學影響很深的人，從他的身上，我們可以看到蘭克學派的影響，也可以看到實證主義史學的痕跡。然而，他與傅斯年的幾乎全盤照搬又有所不同，蒙森卓然樹一家之幟，不屬於任何一個學派，因而曾被柯林伍德稱作「實證主義時代遙遙領先的最偉大的歷史學家」。我與蒙森出生的環境、受的教育和訓練等等皆不同，寫不出像《羅馬史》那樣深沉博大又文采斐然的《中國史》。

吳懷堯　考古在中國方興未艾，這是否表明人們喜歡懷舊，對舊事物情有獨鍾？近百年來，大多數創新都來自西方，對此您如何看？

岳　南　不只是在中國，考古這個行業在世界各地都是熱的。與你的提問恰恰相反，**中國人並不喜歡懷舊，恨不得把舊事物特別是舊的文化遺產全部砸掉焚毀，扔入歷史的垃圾堆才感到舒服痛快。**

中華民族確實創造過光輝燦爛的文化，有過鼎盛之時，但通觀歷史，對世界文化的發展做出的貢獻卻與這種光芒極不相配。當新的王朝推翻舊王朝的時候，勝利者所做的第一件事就是把前朝的廟宇、宮殿、樓堂館舍一把火燒個精光，然後是城牆拆除，器物砸掉，這種文化滅絕式的浩劫從著名的項羽率江東子弟兵火燒阿房宮、秦始皇帝陵園開始，一直延續到二十世紀。

所以說，中國文化自身破壞性大，對世界貢獻小。談到西方的發明創造，在遠古的時候就很了不起，近幾百年主要是在地理大發現的基礎上，刺激並引發了工業革命。東方或中國沒有做，閉關自守，所以就落後了。

吳懷堯　盜墓小說一直是中國古典文學的保留品種之一，《搜神記》、《太平廣記》、《聊齋志異》，這些家喻戶曉的古代作品裡都有「盜墓」的身影。盜墓類「懸疑小說」也頗受年輕讀者喜愛。對這些透過網路走紅的新銳作家的作品，您看過嗎？他們中的一些人曾公開或私下表明受過您的影響，對於他們的作品您能否評價一下？

岳　南　如你所言，有的作者公開說受到我的作品一些啟發，但他們的東西與我的不是一回事。所謂考古紀實文學再有幾年就寫完了，因為這個東西主要依賴考古大發現，且是有意思的大發現。像這樣的大發現沒有幾個，所以頂多再有十年就該謝幕了。這個品種也就算枯萎了。以後只能作為古董式的文本為讀者所見到。當然，我所指的是紀實類的，若是虛構的小說還是可以寫下去的，延續多少年沒有底，至少在中國是如此。

心是有弦的

吳懷堯　據我所知，您創作生涯中的長篇處女作《風雪定陵》出版即引驚歎，在臺灣出版後獲得一九九六年《中國時報》十大好書獎，與王安憶的《長恨歌》同時獲獎；繼之又被美國《世界日報》評為年度華文最佳非虛構文學作品，其情形與王小波的《黃金時代》頗為相似。

而當時您還是解放軍藝術學院的一名年輕學生。我希望您先講講個人經歷和家庭背景，這對於那些不瞭解您的讀者，相信會有所幫助。

岳　南　我的個人經歷和背景都比較簡單，一九六二年農曆十二月出生於山東諸城賈悅鎮一個有著三道小河穿越、號稱「西伯利亞」的偏僻村莊，在村子和鎮上完成了小學與中學學業。一九七九年高考落榜後，回到莊裡生產隊種了一年地，當了一年小學預備班的老師。

一九八一年秋參軍入伍，到山東日照武警邊防支隊藏家荒邊防派出所服役。先後在派出所與支隊機關當過戰士、打字員、公務員等，後來考入武警濟南指揮學校，當時叫教導大隊。畢業後回到原部隊當了一名司務長，主管伙房飯菜與炊事員工作。

再後來因為我經常寫點小詩或新聞稿在報刊發表，就被作為「人才」調到濟南武警總隊機關做電視宣傳工作。一九八九年考入解放軍藝術學院文學系，開始《風雪定陵》、《復活的軍團》（又名《世界第八奇蹟》）兩部考古紀實文學的創作。這兩部書於一九九一年、一九九三年由解放軍文藝出版社出版。一九九四年調入北京武警部隊機關工作。同年考入北京師範大學魯迅文學院文藝學研究生班。一九九五年轉業到中央國家機關某雜誌工作。

吳懷堯　您的《陳寅恪與傅斯年》我很喜歡，透過您開啟的歷史門縫，我得以領略民國初年蔚為壯觀的知識分子群落的命運劇變，是什麼機緣促使您寫這本書？

岳　南　我上中學時，對中國知識分子這個群體的人與事就比較感興趣，那個時候「文化大革命」結束不久，號稱「科學的春天」已經來臨，報紙刊物上開始宣傳知識分子與他們的生活、理想、事業、信念與追求等等，像數學家陳景潤，「文化大革命」時期獨自窩在北京中關村一間小屋裡，默默地證明「哥德巴赫猜想」，這是知識分子群體中的典型，是我心中的偶像。

還有事業加愛情的，如《第二次握手》主人公的生活與淒美的愛情故事，透過《中國青年報》連載，讓我知道了原來沒有聽說過的人和事。當然，真正產生要為知識分子寫點什麼的想法，是二十世紀八〇年代末、九〇年代初的事了。

隨著改革開放，一批民國時期自由知識分子的身影開始出現在大眾視野並在我眼前晃動，當我靜下心來較為詳細地研究一番時，這批自由知識分子的人格魅力與淵博學識，令我深受感動，覺得自己有話要說，不吐不快，這就是後來你所看到和我正在創作著的自由知識分子系列作品創作的初衷。

吳懷堯

在二十世紀初葉的學術大家中，梁啟超、王國維、胡適、魯迅、陳寅恪、傅斯年、錢穆……個個大名鼎鼎，許多人的成就至今都無人能及，您為什麼對陳寅恪與傅斯年情有獨鍾？

岳南

寫作這種事，不能說誰的世俗名氣大就寫誰，也不能說寫大總統就比寫小人物更有意義和更受讀者歡迎。主要還是看作者與所寫的傳主是否在感情上有所共鳴。

心是有弦的，沒有撥動你的心弦，再偉大、重要的人物也激不起你創作的欲望與衝動。這一點我想你能理解，比如曹雪芹的《紅樓夢》，法國小仲馬的《茶花女》、莫泊桑的《脂舫球》等等，他們所寫的並不是多麼了不起的大人物，應該說大都是些社會中的小人物，甚至是在世俗社會看來最底層的妓女，但就是這些小人物的命運感動了一代代人，這些作品也在世界文學史上放出了不朽的光芒。

我對陳寅恪與傅斯年兩位自由知識分子情有獨鍾的原因，在於他們的學識特別是人格魅力，比之前面列舉的其他幾位作者更能打動我，更容易令我的心弦為之跳動。或者說，在潛意識裡，我覺得這兩個人更能使我產生一種親近和溫暖的感覺，心靈更容易溝通。就這幾個人論，梁啟超的色調有點冷，也就是給人冷冰冰的感覺；王國維有點軟，有的時候你看他處理的那些公事私事，我都替他著急，真是像魯迅所說的「老實得像火腿」一樣的人物，對於這種性格的人我不喜歡；胡適與魯迅嘛，此前寫得已經夠多了，我不願意再去炒別人的剩飯，或者是在渾水裡摸魚；趙元任與李濟的專業有點深奧，要解釋起來難度大，讀者不容易弄清楚，一時還不好動筆；陶希聖給我的印象就是一個政客，可佩的地方不多；錢穆與顧頡剛學問當然是沒得說，但總覺得缺點什麼，要寫一部傳記，興趣不大。

在上面列舉的人中，我最喜歡傅斯年，他的性格和為人處事的方式、方法很稱我意，這可能牽涉我與傅公同為山東老鄉的地理關係，骨子裡都有一點山東響馬與梁山好漢遺風的關係吧。

吳懷堯　對於傅、陳而言，他們各自的經歷都跌宕起伏，可獨成專著，您把他們放在一起寫的原因是什麼？

岳南

傅、陳均出身清代名宦世家，傅斯年是大清開國順治朝首位狀元、武英殿大學士、掌宰相職的傅以漸七世孫，陳寅恪是晚清湖南巡撫陳寶箴之孫，兩人都有顯赫的家族史，陳寅恪嫡親表妹、曾國藩的曾外孫女俞大彩是傅斯年的妻子。陳寅恪自十三歲起就赴日本留學，後來又赴美國哈佛大學與巴黎、瑞士、德國等歐洲國家高等學府留學，時間長達十六年。

在中國歷史上，有名有姓的留學生，留學時間達十六年的，除了唐代的玄奘，就是陳寅恪了，無出其右者。傅斯年是著名的五四運動北京學生遊行總指揮，北大畢業後赴歐洲留學，與陳寅恪在德國柏林大學共同度過了四年時光。

陳寅恪與傅斯年二人學成歸國，陳進入清華國學研究院，成為名聞天下的「四大導師」之一；傅斯年出任中山大學文學院院長，開南國一代學術新風。國民黨北伐成功後，傅斯年出任中央研究院歷史語言研究所所長，陳寅恪兼任中央研究院史語所歷史組主任。這個關係從一九二八年始，一直保持到一九四八年底，長達二十年之久。而傅、陳二人在中央研究院史語所這一歷史性的聚合，開創了一個舉世矚目的學術流派，為海內外學術界敬佩。但最後的結局是：傅斯年、陳寅恪這對同學兼同事，外加姻親關係的曠代天才，遙天對望而不能相聚。最後，一個無聲地倒斃在臺灣會議大廳，一個死於大陸嶺南病榻。

《陳寅恪與傅斯年》一書將兩人放在一起寫，不僅僅是因為兩人是同學，是戰友，是姻親，更主要的是因為兩人在國學大師群中的「雙子星」地位以及他們「獨立之精神，自由之思想」的光輝人格。前者依靠本身的研究成果對學術界產生了巨大影響，後者除了個人輝煌的學術造詣，還留下了制度性的遺業，在學術界維持著長遠彌久的影響力。

需要補充的一點是，傅斯年本人從來沒有因為自己是大清開國第一位狀元的後代而自豪，相反，他以為是一種恥辱。他不願意在人前提起這位狀元公，偶爾提及，也是大為不滿。傅斯年認為清軍入關，南明政權依然存在，他這位祖先不該與清軍合作，應該與他們鬥爭到底，血染疆場才符合君子之道。

大師之後再無大師

岳　南　為了寫好《陳寅恪與傅斯年》，您曾奔赴長沙、昆明、重慶、成都、李莊等地調查採訪，並耗時四年完成這部著作，百歲高齡的北師大史學名家何茲全教授撰文，稱您的寫作難能可貴，「此書涉及不少史事屬首次有理有據、條理清晰地對外披露，填補了陳、傅兩位大師研究領域的空白」；福建師大文學博士生導師王珂，甚至將這本書列入文學院研究生的必讀書。對於學界的回饋您是否感到滿意？

吳懷堯　幾年的辛苦換來這樣一個評價和實際效果，我自然是滿意的。除了滿意，更多的是感激，感激那些為我的採訪與創作提供材料並給予各方面支援的人。

岳　南　金庸先生生前在廣州大學講學時透露，儘管自己未能親自受業於陳寅恪，但敬仰其學術並尊之為師，自稱「私淑弟子」。相比之下，今天的年輕一代對傅斯年與陳寅恪已不是特別瞭解，您覺得是什麼原因造成大眾對傅斯年及他那一代知識分子菁英的「漠視」？

岳南　原因很多，但主要的還是一九五七年反右擴大化之後，特別是「文化大革命」十年，將歷史文化命脈割斷了，使其失去了傳承的土壤和條件，因而年輕一代不知道二公的學問與事業是正常的。現在這種狀況稍好一點了，但還是感覺不到位。

吳懷堯　在您的這本書出版之前，已有為數不少的民國知識分子個人傳記面世，並形成了民國知識分子史熱。易中天先生稱之為「不該熱的熱了起來」、「勸君免談陳寅恪」，理由是「陳寅恪是了不起，可惜我們學不來」，您是否同意他的觀點？

岳南　這是大勢所趨也是民心所向。人類進程有曲折坎坷，但總體來說是向上求進的，這種現狀其實是反映了一種世道人心。我不同意易中天的觀點。什麼是該熱的，什麼是不該熱的？陳寅恪了不起，學不來，就不該熱了？難道曹操就是一個該熱起來的人物？

吳懷堯　在《陳寅恪與傅斯年》書中提到，針對陳寅恪詩「食蛤哪知天下事，看花愁近最高樓」的理解時，您說「後代有學人錢文忠者」、「至於後生小子如錢文忠者」；您可以不同意錢氏的解釋，但沒有必要在著作中用這種尖酸刻薄的口氣評述吧？

岳南　我是從《讀書》雜誌上看到一個叫錢文忠的人考證陳寅恪與蔣介石的關係，說陳寅恪的父親三立先生在廬山做壽的時候，蔣介石曾提著禮物專門前往拜壽，而陳三立拒收其禮。又說陳寅恪在重慶與蔣介石初次見面，認為蔣是一隻癩蛤蟆，不足成事云云。因為這則小文排在雜誌的後半部，而且是在很不起眼的地方，這就證明《讀書》雜誌的編輯沒有把其人其文太當作一回事。

我讀過此文，又將這段史實考證之後，認為錢姓作者所說根本不是那麼回事（蛤蟆之說，最早來源於吳宓）。於是我斷定這個作者功力不足，可能是個二十多歲的大學生，或蹲在哪個地方寫些報章文章用以打發無聊時間的青年文學愛好者，就作如此稱謂。

當然，所謂後生小子，也含有後生可畏的意思，是對錢文忠的一種鼓勵。

吳懷堯 我是否可以這樣理解，傳記作品，特別是寫大學者的傳記作品帶有學術研究的性質，它的作者不僅是作者，更應該是學者，他應該有作家的感受力，更應該有學者的洞察力。在您看來，外界對您的這種關注度，是來自公眾對「揭祕」過程的興趣，還是對您研究功力的認可，抑或話題本身就具有足夠的看點？

岳　南 我想兩者兼而有之吧。其實所謂「揭祕」也談不到，只是由於政治因素，使陳、傅二公的生活經歷與事業成就湮沒於歷史的風塵之中，現在靠著一些最新「出土」和披露的資料，我盡了最大努力復原了陳、傅二公那段歷史事實，因而有些人覺得新鮮，就當作「揭祕」來看待。這個事情與臨潼的兵馬俑發現有些相通的地方。事實上，當年的兵馬俑從製作到埋葬，是許多普通人都知道的史實。只是一朝湮沒，一朝發現，時間的轉換就使看到它的人在心理和視角上感到不同。

吳懷堯 人類學家克魯伯曾問過這樣一個問題：為什麼天才成群地來？中國近現代史上，我們也有過一個「天才成群地來」的時代。可是後來，那些成群而來的天才又結隊而去，您稱之為「大師之後再無大師」，您覺得問題在哪裡呢？這種遺憾如何才能解決？

岳南

天才成群地來的時候，與他們所處的歷史階段、環境、社會風氣等密切相關。就人文科學來說，這批人在少年時就打下了深厚的國學功底，後來又有機會到東洋或西洋學習現代知識，二者如同兩塊不同的磁石，一旦碰撞，必然產生耀眼的火花和能量。但這批大師之後，社會風氣變了，人們的價值觀變了，後起者受世風的影響和條件的限制，既缺乏深厚的國學功底，又很難有機會到國外深造、潛心苦讀，所以就產生了大師之後無大師的遺憾。

真正意義上的科學探索，是對真、善、美三位一體的追求。就自然科學而言，由於人類生命和智力的侷限，以及社會迫切需求，使人文與科技的隔閡愈來愈大，學科分化愈來愈繁雜又愈來愈精細，新一代學人都把精力集中到各科的分支獨徑上去了，很難有通才產生。

如果說十九世紀與二十世紀初葉還有通才的話，那麼在這之後就只有專家了。就物理學來說，有人稱恩里科·費米是現代物理學的最後一位通才，這個說法是有些道理的。當然，就中國的情形論，十幾年的運動與改造，有成就的學人被打倒在地，當翻身坐起來的時候已經垂垂老矣，而新一代人又沒有好好讀過書，別說出大師，就是出小師也困難了。

中科院古脊椎動物與古人類研究所的研究員徐欽琦先生，曾給過我一個他最新的研究材料，大體是說文學藝術與科技成果的發明與進步，與氣候有很大關係，歷史上每一次群星燦爛的時期都是一種特殊的氣候所致。文中他舉了若干事例加以證明，如希臘文化的發展奠定、羅馬文化的興起，以及著名的文藝復興等等。我認為他的研究有一定的道理，但氣候的原因只能代表一個方面，遠不能包括一切因素。重要的因素仍然是人的意識和精神狀態，不是環境與氣候。

希望之光

吳懷堯　十九世紀末，德國哲學家威廉．尼采喊出「上帝死了！」，這個從他嘴裡吼出的警句引起近一個世紀以來歐洲知識分子的深思，您希望「大師之後再無大師」論產生類似的作用嗎？

岳　南　有一天我在院子裡遇到了一個傳教的人正在向作家鍾亦非傳授教義，鍾亦非對他說：「尼采不是說上帝已經死了嗎？」傳教者把嘴一撇，頗不以為然地道：「你說錯了，是尼采死了。」

我說的「大師之後無大師」，不是預言，更不是像尼采一樣的宣判，而是一種感歎，這個感歎暗含一種希望和期待，就是希望在人類文明進程中仍有大師出現，這個大師是民眾的一分子，他與芸芸眾生共同努力，使人類走向更加民主、自由、光明的大道。

吳懷堯　什麼樣的人才算得上是真正的知識分子？自五四運動以來，誰有資格被譽為大師？您認為他們對今天的文化人有哪些啟示和值得借鑑的地方？

岳　南　按照一般的解釋，知識分子是指具有較高文化水準，從事腦力勞動的人，如科學工作者、記者、教師、醫生、工程師等。但我心目中的知識分子定義有所不同，除了有較高文化水準外，還須有「獨立之精神，自由之思想」，且為人類文明進步思考、實踐、做出貢獻的一個特殊群體。

關於誰有資格稱大師，前面列舉的那幾位都是有資格的，當然這只是人文方面。

但不管以什麼標準來劃分，陳寅恪與傅斯年都是應該進入此列的，他們給後人留下的啟示，首先是才華、學問方面的，更重要的是他們的人格力量，也就是前邊說的「獨立之精神，自由之思想」之人格風範。試想一下，假如中國大陸十年「文化大革命」期間，沒有陳寅恪等為數不多的知識分子以生命為代價在苦苦堅持與支撐，而全部像有些人一樣隨風而倒，去為「四人幫」效力，那就證明一個民族的自信心與文化大廈全部塌陷了，知識分子群體的人格力量與精神意志也就陷入萬劫不復的深淵。

正是由於陳寅恪等極少數自由知識分子所顯示的傲然風骨與精神意志，才令世人看到一個民族的希望之光，並由此得出，只要這一火種存在，任何強權與暴力都只能逞凶一時，最後必將被這一火種引燃的文化良知與道義之火燒得粉身碎骨。傅斯年隨國民黨去了臺灣，且早早地死掉了，大陸上發生的「文化大革命」他沒有看到。陳寅恪不但看到了，且是親身感受了，但陳寅恪卻充當了十年浩劫中那一顆蟄伏的火種和支撐民族文化的基石與奮起的動力。

在人們心目中，當然包括我自己在內，陳寅恪作為「火種」的價值和意義已遠遠超出了他的學問以及在學術事業上所做出的貢獻，他成了「獨立之精神，自由之思想」的一個符號和豐碑，他的良知和勇氣，使冰冷殘酷的鐵幕終於顯露了一絲縫隙，使後世人類在為那場浩劫感到哀傷與恥辱的同時，多少感到了一絲欣慰。要探討陳氏內心的道德力為何如此強悍比較困難，不是三言兩語能說得清楚的，但有一點是肯定的，如果陳寅恪前半生沒有受到優秀的中國傳統文化與先進的西洋文化薰陶與浸淫，在他病臥嶺南之後的一系列殘酷政治桎梏與對人性的戕害中，面對險惡環境，很難設想他還能成為一顆不滅的「火種」。

吳懷堯　您的作品始終建立在細緻入微的採訪和對檔案資料的廣泛研究之上，其中蘊含大量細節與文獻，揭示了許多不為人知的史實；同時我注意到，也有人指出，像您這樣的紀實文學作家，作品並非完全原創，只是在拼湊和疊加史料而已，對於此類觀點，您怎麼看？

岳　南　傅斯年在組建中央研究院史語所的時候，就提出過這樣的口號：「我們要科學的東方學之正統在中國」、「史學就是史料學」、「把些傳統的或自造的『仁義禮智』和其他主觀，同歷史學和語言學混在一起的人，絕對不是我們的同志」。

儘管傅氏提出的這個「史學就是史料學」的觀點曾遭到不少人的質疑和批評，但若平心靜氣地思考一下，還是具有重大意義的。

在傅斯年與史語所那一代學者的身上與學術成果中，我們可以看到普魯士學派的影子、蘭克學派的影響，也可以看到實證主義史學的痕跡。史學如此，紀實文學很大一部分就是史學，延伸一下就是傅斯年所說的「史料學」。因而在史料搜集上下功夫，是紀實文學作家首要的不可或缺的一環，這個過程將直接影響到作品的成色。史料收集後，當然是要進行拼接融合，就像一個木匠把木頭弄來經過一番手續，做成一個櫃子或箱子一樣，用文學語言的膠水把它們黏合成一部成型的作品。

換句話說，什麼樣的紀實文學才算完全原創？如何去寫才稱得上是完全原創？以《羅馬史》獲諾貝爾文學獎的蒙森曾在一篇文章中指出：「歷史學說到底只不過是關於實際事件的清晰知識，它一方面發現和檢驗可獲得的證據，另一方面依據對造成事件產生主要作用的人和當時環境的理解把這些證據編寫成敘事文。」蒙森是受蘭克學派影響很深的學者，他這番話我是贊成的。

我所創作的紀實文學與別人之不同就在於不是憑空想像的「原創」，而是透過當時的人所見所聞與回憶，將這些材料原原本本地排列出來，一個消逝的歷史場景就復原了，死去的人物也由此而鮮活生動起來，任何在現代與時俱進的憑空想像與「創作」，與這些發黃的材料比起來都是缺乏血肉與生命力的。因而，對於缺乏「完全原創」這一條建議或說批評，我到現在還沒有認識到它的益處並不準備接受。

用一生時光修築

吳懷堯　您在文學創作方面的雄心究竟是什麼？

岳　南　古人說「立德、立功、立言」乃男子漢的三大理想或追求。我現在的寫作，屬於「立言」一類。既然如此，就要在自己喜歡的領域，把這個「言」立得正、立得直、立得真一些，為這個世界留下一些別人沒有發掘過的歷史史實和真相，用一生來發掘湮沒的材料，為修築一道新的文化長城出自己的一分力。

因而，每一分材料、每一個朝代的史事在我筆下都是一塊磚石。如果這些都不能實現，至少做到在良心上能過得去，不要給別人添堵或出賣文化良知。

吳懷堯 您認為網路會帶給文學什麼樣的影響？

岳　南 網路是個新生事物，以前對它認識不足，自從開通博客、微博後，感到網路的力量很強大，相互間交流起來更快捷更方便了，許多資訊採集起來也方便得多，有些資料不用到圖書館就可以查到，這對增加知識面，提高創作效率是很有益的。

如果沒有網路，要寫一本書肯定要付出比現在多得多的時間與力氣，這是網路時代給創作者帶來的好處。當然，就我在網上看到的文章而言，特別是博客文章，大多是膚淺的八卦文章，有的跟「文化大革命」的大字報差不多，看上去沸沸揚揚的，迎風招展，很有氣勢，但看過也就看過了，像風沙掠過面頰，基本上留不下什麼印象。

吳懷堯 此前有媒體報導，年近七旬的南京建築學家陳景元為查證兵馬俑的真實來歷，獨自調查研究三十餘年，認為兵馬俑的主人根本不是秦始皇，而應當是秦始皇的祖先秦宣太后的陪葬品。您也出過關於秦始皇陵的專著，對於陳景元的觀點，您作何評價？

岳　南 我與陳先生是朋友，經常通郵件交流這方面的看法。對他提出的觀點大多數不贊同。我覺得陳先生的研究，「想像、猜測」的成分居多，理由並不能完全令人信服，目前還只是停留在「猜疑」的層次上。

這個世界上，有些東西是可以懷疑並推翻重來的，有些卻不能，我本人還是更相信司馬遷的《史記》與現代田野考古成果。也就是現在史學界提出的要從「疑古」轉到「釋古」上來。

陳先生後來又發表了一系列文章，認為二十世紀七〇年代在驪山腳下秦始皇陵園出土的兩組銅車馬，也不是為秦始皇帝陪葬的。繼而又說驪山秦始皇帝陵埋葬的只是他本人的衣冠，真正的秦始皇帝屍體被埋在了河北井附近的大山中。他列舉的主要理由是，秦始皇帝出巡途中在河北邢臺的沙丘死掉了，按常理，秦始皇帝的靈柩，應當向南，取道洛陽，經崤函古道，直接返回咸陽。可是，這條四百八十里長的道路，非常地狹窄，「車不同軌，馬不並轡」，地上車轍寬度只有一百零六公分，根本不能通行四馬駕馭的、車輪輪距為二百零三公分的「輼輬車」。

《史記》裡說：秦始皇的靈柩車，是從邢臺向北，經井陘、進太原、入雁門、過雲中、抵包頭，然後沿著「直道」回到咸陽。這一路的行程，大約兩千五百多公里，以每天五十公里的速度去計算，也需要超過五十天時間。因而秦始皇帝的屍體和車隊將會遇到四個方面的難題：

一是路途遙遠；二是天氣太熱，容易使屍體變腐生蟲；三是因軌道太窄，載秦始皇帝屍體的車子過不去；四，路途遙遠又遇暑熱難當的月分，屍體不入棺無法保存，而入棺後人抬不動，車拉不走。在這種情況之下，秦始皇帝屍體出不了河北地界，唯一可行的解決辦法是就近尋找一個「合適」的地方，盡快將屍體進行祕密埋葬。因而陳景元先生認為，秦始皇帝的屍體在李斯與趙高的主持下，令人在井附近的大山凹穴處，開挖不長的水準隧洞，運進趕製的棺木，封死入口之後，山上駐軍奉命扔下大量土石，使墓室融進山體之中。一些直接知情的工匠，被統統生埋在這個隧洞裡。一個千年的隱祕就這樣消失於歷史的視野之中了。

吳懷堯

對於陳先生這種推測或考證，我本人不敢苟同。眾所周知，秦始皇帝的一大功績就是「車同軌、書同文」，他會允許出巡的唯一道路上存在這種不能走的路嗎？假如載秦始皇帝的車真的由於車軌的原因不能前行，那麼把他的屍體拖出來裝入一個麻袋，找幾個親信背過去，再找輛車載到咸陽不就行了？如果秦始皇帝到了井附近沒有死，仍然好好地活著會怎麼辦？是不是因為車不同軌就回不了首都咸陽了？因而我感覺這個猜測有點太離譜，甚至有點荒誕意味，像《西遊記》中的唐僧與孫悟空師徒四人去西天取經差不多了。

「君子和而不同」，受教了！目前，無論是出版界還是網路，歷史題材的作品都非常受歡迎，有些作者還成功躋身中國作家富豪榜，但嚴肅厚重的作品似乎並不多見。作為在國內外具有廣泛影響的紀實作家，是什麼觸動您從敦煌石窟到漢墓，從定陵到秦兵馬俑坑，從大國衰榮到滄桑歷史，去寫這一段被掩蔽了的歷史歲月和塵封了的人物？

岳　南

引發我創作熱情的是自己對這個題材的興趣，有一種天然的表述的衝動和欲望，當真沉下心來打開歷史塵封的黃卷，以及觀看歷幾千年而沉默地等待我到來的文物時，內心生發出一種親近感、使命感與光榮感，認為自己該為這分珍貴的文化遺產做點什麼，為後世人類傳承點什麼，於是就開始一部接一部地寫作起來。

我這個說法不是對你說無中生有的大話、空話與套話，是真實地表達內心的情感。人這種動物，有的時候內心確實會生發出一種使命感和對文化的敬畏與自豪感。當我為尋找秦始皇時代修建的長城，獨自一人冒著嚴寒在冬日的西部地區黃沙翻騰的野外奔波時，望著起伏的溝壑與無垠的大漠戈壁，心中會生出許多感慨。

記得二十世紀初，瑞典的探險家與地理學家斯文・赫定到羅布泊探險之時，說過這樣一句話：「我來了，我看見了，我征服了。」他說這個話不是指對文化與地理的征服，是指對一隻看不見的企圖蓄意掩蔽歷史與文化之手的抗爭與征服。就在這次探險中，斯文・赫定發現了迷失千年的樓蘭古城，這一發現震驚了世界。

就我自己的情況而言，如果從一九九〇年採訪定陵地下宮殿考古發掘隊隊長趙其昌並與其夫人楊仕合作撰寫《風雪定陵》開始，到現在（二〇〇八年）已是近二十年，之所以能堅持下來，與讀者的關注以及整個社會的關懷是分不開的，其中包括海外的出版商與讀者。

吳懷堯　最後一個問題，當您離開這個世界的時候，您希望碑石上鐫刻什麼樣的字句？

岳　南　這是岳南先生的墓，這個為學術和文化的進步，為思想和言論的自由，為民族的尊榮，為人類的幸福而苦心焦思、敝精勞神以至身死的人，現在在這裡安息了。

日常百態。易中天

資訊的準確傳播和即時獲得，
有可能改變一個人的生存狀態和人際關係。

二〇一四年二月五日，也就是馬年正月初六，我冒雨拜訪易中天。從上海開車，前往他隱居的江南小鎮家中，大約需要一小時。易中天的家乾淨整潔，雖為別墅，但並不奢華。在滿屋子書香氣中，他過著閱讀、閉關寫作的生活。

聊著聊著就到了午飯時間，易中天要請我吃個便飯。

我開車載著他，轉了兩條街，那些看上去還不錯的飯店酒樓基本爆滿，最終我們拐進一家小麵館。飯後我送易中天返回寓所，他繼續寫作《易中天中華史：秦併天下》。

易中天，一九四七年生於長沙，曾在新疆工作，在武漢大學、廈門大學任教，長期從事文學、藝術、美學、心理學、人類學、歷史學等多學科和跨學科研究；二〇〇五年登上中央電視臺開講歷史，妙說漢代風雲人物，受到觀眾熱捧；二〇〇六年開品三國，掀起收視狂潮，一夜間成為大眾熟知的明星學者；二〇一一年出版十六卷的《易中天文集》；二〇一三年五月二日，宣布以一己之力創作「易中天中華史」引發爭議；同年十二月五日，「易中天中華史」第六卷《百家爭鳴》在第八屆作家富豪榜文化盛典首發，活動中，易中天還同著名歷史學者吳思，進行了一場主題為「歷史向我們隱瞞了什麼？」的現場對話，易中天妙語連珠之餘也不忘自我調侃：「我的情商很低，原因是，我的智商真是太高了！高得讓老天不願多給我一點情商！」

面對媒體的提問，易中天顯得很激動：「很多人質疑我，說我只是一個學中文的，對我講歷史很不屑，認為我就是一個《百家講壇》說書的。今天，我就要給大家看看：我是怎麼做學問的！」易中天還坦言：「我可以大言不慚地在這裡說，我對我這一套中華史充滿信心的原因，在於我的歷史知識雖然不如很多歷史學家，但是我有特棒的史觀，我也有特棒的史感。」

談到易中天「單槍匹馬著史」，吳思評價：「客觀地說，如果要在當今中國，寫一部通俗易懂又有理論系統性的中華史，我還真想不出，有比易中天更能做好這個事的人選。」

拋開光環，易中天是一個怎樣的存在？我試圖透過一次日常化的溝通，去瞭解日常生活中易中天的「真實面目」。

不做有意義但沒意思的事

吳懷堯 《秦併天下》出版時間定了嗎？

易中天 按照計畫是四月十五日在西安首發。

吳懷堯 您對重寫中華史為什麼抱有這麼大的激情？

易中天 我比較看重兩點，一個是做這件事要有意義；第二，做的這件事還得有意思有趣。只有意義沒有意思的事我是不做的，只有意思沒有意義的事情可以偶爾做一點，最好是既有意義又有意思，寫中華史就是既有意義又有意思的事情。

吳懷堯 以一己之力寫完整的中華史確實很酷，寫作過程中會有讓您不爽的事嗎？

易中天 如果某一段或者某一節，我自己寫得不爽，我一定要廢掉不可，哪怕寫得再多也把它廢掉，不怕浪費這個時間，重寫！

吳懷堯 我想起武俠小說裡面的高手，渾身冒著白氣，跟自己比拚內力。

易中天 如果作者自己都不感動都不爽，你怎麼能感動讀者？不可能的。你如果寫得磕磕絆絆的，說明你自己沒弄清楚；如果你寫得很不順，可能切入點是錯的，一定要找路。

吳懷堯 舉個例子吧。

易中天 第八卷第一章我開了四、五次頭，每次都是覺得這條路走不下去，感覺不對，最後換了一個誰也沒有想到的切入點。我一個字一個字讀《史記》，找到一個歷來被史學界忽略的人物，就是漢惠帝劉盈，他是劉邦和呂后的兒子，西漢的第二個皇帝，在西漢的皇帝中算是比較弱的，一直在呂后的羽翼之下，一般寫史的人都把他忽略不計。

我在史料中發現一個問題，漢惠帝是十七歲登基當皇帝，在當時算未成年人，那時候男子成年年齡是二十歲。據史料記載，漢惠帝當了四年皇帝，才舉行成年禮；相比之下，漢武帝劉徹十六歲登基，比漢惠帝還小一歲，但是在登基前幾天加冠舉行了成年禮，也就是說，他父親漢景帝知道自己不久於人世，就為這個未成年的兒子劉徹提前舉行了成年禮，讓他直接當皇帝，直接親政掌權。

從常理上說，惠帝登基以後要給他加冠，要行冠禮，為什麼拖了四年？這是沒有人注意到的問題。

吳懷堯 只有深入歷史的細節，才能看到真相。您發現的祕密是什麼呢？

易中天 一定要發現細節，**細節決定成敗，很多祕密往往就在那個細節裡面。**這後面是有祕密的，當然我會揭曉，請看中華史第八卷，現在不要講，留點懸疑（笑）。我們來寫歷史，如果我們寫的歷史是把人家寫過的換一種語言重說一遍，有多大意義呢。你必須要有所發現，若要有所發現就一定要到場，我們現在到歷史現場的唯一辦法就是去讀原著，可能司馬遷或者班固在原著的某個地方就那麼一個字，祕密就藏在其中。

吳懷堯 我能不能這麼理解：您單槍匹馬殺到歷史現場為讀者做直播，現場直播歷史？

易中天 這個說法我非常認同，中華史的特點就是現場直播，我一定要求它現場直播。當然還不是所有的歷史都可以直播，有時候也要當一下歷史新聞評論員，可能有些片段就是新聞評論員的口氣，畢竟還要體現史觀，光有史感是不行的。

吳懷堯 當您寫作感到疲憊時，怎麼放鬆自己？

易中天 看偵探小說或者看一部爛電影。

吳懷堯 爛電影您看得下去呀？

易中天 我現在不是隱居江南某鎮嗎？我們鎮上是沒有電影院的，平時我到了上海，有空看電影的話，肯定首選美國大片。我家電視機是可以點播電影看的，有時候實在是累了，我就看一部爛片。你不知道啊，一般好的片子片庫裡沒有，特別好的都是老片子，新推出的都是爛片。我後來就明白一個道理，每年有那麼多人拍電影，電影到哪去了呢？到網站了，五塊錢看一部，奇爛無比啊，終於知道一部電影可以爛到什麼程度了，真爛！

吳懷堯 您這是噁心自己，成全導演。

易中天　我就要看它有多爛，很爛的電影一定是不動腦子的，你不用費任何腦子，歪在沙發上看唄。

吳懷堯　您這心態好，我進電影院看三十分鐘，要是覺得片子太爛了，就會拔腿走人。

易中天　在電影院肯定是的，片子太爛了我也會退場，我也退過場，也不方便點名，實在是太爛了，還是所謂大片呢，還是大製作呢。

不裝X

吳懷堯　據我所知，此前您的新書首發式，您會提前去現場走臺，親自與主持人溝通活動環節及注意事項，講臺高度如果超過一二〇公分，還會讓主辦方增加腳墊，您這樣狂抓細節好嗎？

易中天　抓細節的人有一個問題，往往會變成事務主義者。

吳懷堯　什麼是「事務主義者」？

易中天　就是瑣瑣碎碎，過分注重細節，進入另一個誤區，變得婆婆媽媽。

吳懷堯　您覺得自己有這樣的問題嗎？

易中天　我沒有……做事就像建設城市，先做規劃，蓋房子先打地基，然後按圖施工，這是所謂的工程師思維。工程師思維一定是先規劃，然後再搭框架，穩步推進，有條不紊。還有一種思維，叫藝術家思維，藝術家思維是倒過來的。什麼樣的人是藝術家？音樂家，畫家，不是文藝理論說的那樣，內容決定形式。真正的藝術家是這樣的，（打手勢比畫）一張宣紙，鋪在案子上，拿起一枝筆來，蘸了墨以後，一不小心一滴墨滴到紙上了，然後他因勢就形，把這個墨點畫成什麼東西，這是藝術家。開宗明義要畫條魚，然後去畫，那是工程師。工程師思維和藝術家思維，這兩種思維我們都得要。

吳懷堯 您的演講方式有點像藝術家思維，您每次上場前已經想好了講什麼和怎麼講嗎？

易中天 每次要講的主題和內容，我像工程師一樣是提前規劃好的，但是我怎麼開這個場，我不到現場是不知道的，我更多的是現掛（即興發揮），針對現場的情況，臨時發揮的內容。

吳懷堯 從來不會有大腦一片空白的尷尬時刻？

易中天 到現場之前肯定是一片空白的，到了現場就不空白了。我以前受邀參加西安華山論劍活動，開場的第一句話我完全沒有準備，主持人說她到西安來因為她是西安人，然後問我為什麼到西安來，我就用西安話說，額（我）也是陝西滴（的），額（我）是大差市滴（的），大家都是額（我）滴（的）鄉黨……現場氣氛馬上就很活躍，接下來的交流效果，你可以去想像。

吳懷堯 您這麼說我倒想起來一件事，您的《從春秋到戰國》在武漢大學首發，當地媒體報導，一萬三千多人擠爆武大梅園操場，為了瞧一瞧活的易中天，沒有拿到入場票的學生，上演了「男生爬院牆，女生急得哭」的大戲。人上一千無邊無沿，人上一萬徹地連天，當時您上臺後，面對黑壓壓的人群，第一句話是怎麼現掛的？

易中天 武漢大學一百二十週年校慶，校友易中天前來報到！

吳懷堯 開口就點燃現場，您為什麼能做到這一點？

易中天 我告訴你，只有四個字——坦誠相待。很多人達不到自己想追求的效果的原因，不在術，在道。我們講術講得太多了，職場三十六計，成功學，這些都是害死人的術，最根本的就是一個道——坦誠相待——如果你可以發表，再加三個字：不裝X。尤其是這個年頭，誰也不比誰傻，現在人多聰明，尤其是「九〇後」，你裝X就看出來了。一開始就坦誠相待嘛，知之為知之，不知為不知，是知也，如果你提出的問題我答不了，我就老老實實說我回答不了，這個問題我沒有研究過，我不敢亂講，這是坦誠相待。技巧肯定也有，我認為技巧不重要。

吳懷堯 我看到您開通了微信公眾平臺，有專人負責打理嗎？

易中天 對。微信是一個新生事物，對我來說非常非常陌生，而我又很笨很笨，還需要好好學習，與時俱進。這世界變化太快，雖說長江後浪推前浪，前浪死在沙灘上，我這個前浪還是不想死在沙灘上，要前浪跟上後浪。二十多年世界的變化證明，我們已經進入了一個與農業文明和工業文明區別很大的新時代。**在這個新的時代和社會，資訊的作用無法估量。資訊的準確傳播和即時獲得，有可能改變一個人的生存狀態和人際關係。**掌握了這個大方向，前浪就不會死在沙灘上。透過博客、微博、微信，我也可以更好地與公眾溝通和交流。

易中天的時間管理

吳懷堯　聽說您很少給人添麻煩，甚至吃飯的時候，從來不要別人幫您夾菜？

易中天　這是文化問題，西方人都是自己來，有些中國人不知道為什麼非要別人來。有一點地位了叫別人夾菜，這多無聊。求人不如求己，我一貫的主張就是要各人自掃門前雪，每個人都把自己門前雪打掃乾淨，就沒有他人瓦上霜需要操心，每個人把自己的事情做好，天下就太平了。很多問題的出現就是因為很多人自己的事情做不好，專門管別人的閒事。

吳懷堯　有次聚會，我碰到某位喜歡對暢銷書品頭論足的專家學者，我問他幾部他點評、批評過的暢銷書封面大概什麼顏色，結果他一個都答不上來。

易中天　懷堯啊，這種人的意見可以不聽，你幹麼要理睬他呢。我認識一位老先生，一生一直受到不公正的待遇，從一九五七年開始，然後到一九六六年，一直是不公正的待遇。老先生活得很好，有人問他，你一生受到不公正的待遇，為什麼心情還是這麼好？他回答得很好，他說我為什麼要用別人的錯誤來折磨自己呢。所以你說的有些批評，我的回答也是一樣的：我**為什麼要用別人的錯誤來折磨自己呢？**至於要我去糾正他的錯誤，對不起，我沒這個義務，我為什麼要免費給他上課呢？

吳懷堯　不屑一顧？

易中天　說不屑一顧嚴重了，更準確一些的說法是你顧不顧都一樣，一個人的看法是可以改變的，但是對於存心找碴的人來說是不可改變的。他這種所謂誤解或者誤判有兩種情況。第一種他就是存心找你的碴，你做什麼他都反對，他不是反對你做的事，也不是反對你寫的書，他就是反對你這個人，他跟你槓上了，那你休想改變他。第二種情況他是根本不瞭解，他看都沒有看，他就想當然下一個判斷，你去跟他解釋，是他不屑一顧。你為什麼要去對一個對你不屑一顧的人苦口婆心呢？對你的表揚也好，對你的批評也好，都是上帝的恩典，幹麼要拒絕？上帝把你派到這個世界上來，如果真的是看重你的話，會讓你嘗盡人生的酸甜苦辣。

吳懷堯 您平常的作息規律嗎？

易中天 規律，基本上是八點鐘起床，起床後第一件事情是把水壺打開燒開水，燒開水的時間就去上廁所，廁所上完了以後水開了泡茶，茶泡上了以後洗澡，洗完澡以後茶也泡好了。喝茶以後我就會上電腦寫作，一點時間也不耽誤，上電腦工作大概一個小時，不能老在電腦跟前坐著，這個時候就去吃早餐。吃完早餐之後不能馬上寫作，就澆澆花，洗洗衣服。

吳懷堯 為什麼吃完早餐不能馬上工作？

易中天 吃完早中晚餐後半個小時左右是不能工作的，你吃飽了以後，血就要到胃裡面去，心臟要把血輸送到胃裡面去蠕動，去消化，這時候你如果用腦，大腦就會把血液調走，對胃不好。所以飯後半個小時，我不睡覺，不看書，不寫作，幹什麼呢？早晨洗衣服，澆花，反正就是做點小家務，走來走去，然後再工作到中午。晚上睡覺前，看第二天需要的史料，把一些關鍵字或者句子、邏輯關係記下來，好腦子不如爛筆頭。

吳懷堯 嗯，您的時間管理方法，值得我學習借鑑。

易中天 時間不是擠出來的，是安排出來的，關鍵你要會合理安排時間，提高效率。我最欣賞的就是深圳特區的口號：時間就是金錢，效率就是生命。很多人完全沒有效率。原則上我出差時是不會在堵車的時間點在外面跑的，萬不得已堵在路上，我就在車上打電話，發簡訊，安排各種事情，我不能把時間浪費掉。

吳懷堯 您這些習慣是年輕時就養成的嗎？

易中天 我從來就是，我上中學的時候就是有工作表的，計畫性極強，每天要記日記，記日記只有一個目的，就是記我今天做了什麼，我都是流水帳，不發任何感慨的，比如今天就會有一筆，下午與懷堯談，談什麼也不記得了。每到年終我要盤點，看自己今年都做了一些什麼，光陰有沒有虛度。

吳懷堯 您很怕浪費時間？

易中天 對於我來說，第一寶貴就是時間，沒有比時間更寶貴的了。

吳懷堯 人是群居動物，但您大多數時候都是一個人，足不出戶，神交古人，循著史料中的每一條蛛絲馬跡，上下求索，您內心會有孤獨的時候嗎？

易中天 我的第一樂趣永遠在工作當中，沒有事幹了我才麻煩呢，沒事幹就要生病了。至於孤獨……我不回答。

塵埃落定。阿來

自我教育最好的方式就是文學。

早春的北京冷得很，我在去見阿來的路上。

阿來，一九五九年生於四川西北部藏區，一九八二年開始詩歌創作，二十世紀八〇年代中後期轉向小說創作。曾任《科幻世界》雜誌主編、總編輯及社長。其長篇小說處女作《塵埃落定》，曾被十多家出版社拒絕而蒙塵四年，一九九八年由人民文學出版社推出後一紙風行。二〇〇〇年，四十一歲的阿來憑藉《塵埃落定》獲得第五屆茅盾文學獎，成為茅盾文學獎史上最年輕的獲獎者。二〇〇九年當選四川省作協主席。

其他主要作品有詩集《梭磨河》，小說集《舊年的血跡》、《月光下的銀匠》，散文《大地的階梯》、《草木的理想國：成都物候記》，小說《塵埃落定》、《空山》、《格薩爾王》、《瞻對：終於融化的鐵疙瘩》、《三隻蟲草》、《蘑菇圈》、《河上柏影》等。

見面之前，我手裡拿著阿來的小說《空山3》，看的時候做了很多記號，列了一些問題，其中多為嘆惜和疑惑。這本書的封底上，寫了這樣一段話：「藏族青年拉加澤里為改變貧弱狀況，放棄學業和愛情，走上伐樹倒賣木材的道路。聰明的藏族青年遊走在致富的玄機裡，金錢使機村人陷入瘋狂，在價值觀混亂的年代，對與錯困惑著新一代機村人。繁華小鎮雲霧般消散，信念，恩仇，鬥爭，疑惑，一如斯人遠去，蒼山已老，人何以堪？」

在我看來，這個內容簡介不足以概括全書的精神內核。公平正義的缺失，灰黑勢力的囂張，人定勝天的狂想，自然環境的惡化，中國的鄉村在文化瓦解以後的命運起伏，無一不使人產生故鄉淪陷之感，主人公拉加澤里的際遇和悲喜，每個人都有可能遇到；機村發生、演繹的一切並非傳說，而是我們身邊的生活。

相比成名作《塵埃落定》的傳奇浪漫以及奔湧的詩情畫意，阿來的《空山》系列呈現出一種神祕而真實的存在，讓人讀後生出陣陣隱痛，但是僅就閱讀感受而言，後者顯然不似前者那般酣暢淋漓。

我們的話題從《空山》開始，阿來沉靜而善談。

桌子上躺著一本漢娜．鄂蘭的作品《黑暗時代群像》。

在藏語裡面，「阿來」意為剛出土的麥苗。在彌漫的煙霧中，我好奇的是，如今擁有諸多頭銜，在主席臺和鏡頭前表現自如，西裝革履春風得意的阿來，還是那個寫出「那是個下雪的早晨，我躺在床上，聽見一群野畫眉在窗子外邊聲聲叫喚」（《塵埃落定》）的阿來嗎？

不是所有的痛苦我們都必須承擔

吳懷堯　在中國作家群體中，您算得上是惜墨如金。寫完《塵埃落定》，您說當時自己彷彿被掏空了，有一段時間沒有激情，有兩三年時間不能寫作。我想知道，是什麼原因促使您二〇〇五年開始著手創作長達六十萬字的《空山》？當您寫完這一系列時，感受和當年寫完《塵埃落定》有哪些異同？

阿　來　《塵埃落定》是我第一部長篇。這部小說在心中積蓄很久，所以，當寫作的時候，情感非常充沛，進入寫作後很恣意、很暢快，但寫作完成後，發現情感耗費很大，好長時間再也沒有寫作的衝動了。不只是兩三年，足足有五、六年時間。後來想寫了，但因為身陷在別的事情中，好長時間沒有空。

直到二〇〇五年，開始《空山》的寫作。記得是元旦假期，一個人跑到冬天的青城山，住在只有我一個人入住的賓館，開始寫作第一卷《隨風飄散》。接下來，就是三年多將近四年漫長的寫作。寫《塵埃落定》時，當在電腦上敲完最後一個字，還意猶未盡，久久不願離開電腦。到寫《空山》，在終卷前很久，我就在盼望這個過程早點結束了。「塵」是飄逸的傳奇，可以盡情揮灑；而「空」是沉重的現實，真實，並在真實中有所洞見，是我最大的追求，所以，這個題材對我自己而言太過沉重。但對一個作家來說，他不能逃避真實，也不能放棄在其中發表自己的意見，我不能因為沉重而放棄，但我確實盼望著這個過程早點結束。

吳懷堯 這和出版週期、平日的應酬抑或心裡還裝著其他的作品等因素有關？

阿　來 想盡快結掉，是一種心情，並不是說在寫作中真的急躁起來了。更沒有別的因素的考慮。比如說出版週期吧，第三部交稿是二〇〇八年三月，但直到二〇〇九年初才正式出版。

吳懷堯 《空山》三部曲實際上是由六個獨立中篇小說構成的，主人公不一樣，主要人物不一樣，主要事件不一樣，但是合在一起之後，並不顯得突兀和生硬，這種結構上的突破，在中國當下的長篇小說中並不常見。寫什麼和怎麼寫，形式及題材，是您創作中經常考慮的嗎？

阿　來 作為一個小說家，當然應該永遠保持對形式的敏感，並對小說形式、對內容的提升有充分的認識。但是，形式最終還是由所要表達的內容所決定的。

多年來，我一直想替一個古老的村莊寫一部走向新生的歷史，這是舊制度被推翻後，一個藏族人村落的當代史。在川西北高原的岷江上游，大渡河上游那些群山的皺褶裡，在藏族大家庭中那個叫嘉絨的部族中，星散著許多這樣的村莊。但我遲遲沒有動筆。原因是，我一直沒有為這樣的小說想出一個合適的從頭到尾貫穿的寫法，肯定會在呈現一些東西的同時，遺落了另外一些東西。

我一直在像等待天啟一樣，等待一種新的寫法。後來我終於明白，這樣一種既能保持一部小說結構（故事）完整性，又能最大限度包容這個村落值得一說的人物與事件的小說形式，可能是不存在的。所以，只好退後一步，採用拼貼的方式，小說的重要部分的幾個故事相當於是幾部中篇，寫值得一說的人與事，都可以單獨去看，看上去都可以獨立成篇。但拼貼起來的時候，會構成一幅相對豐富與全面的當代藏區鄉村圖景。

當然，我並不想要一個所謂的拼圖效果。之所以是這個形式，源自我要講述的是一個村莊半個世紀的歷程。這個故事是一個村莊的故事。但是，今天的鄉村已經在城市所施加的政治與經濟的雙重壓力下破碎了。具體來說，要講述一個村莊的故事，你就發現已經無法再像傳統的長河式小說一樣，有一個或幾個人，始終處於舞臺的中心。不同的年代，因為來自城市的政治指令與經濟影響大不相同，失去自主能力的鄉村就再沒有一個穩定的中心，一條自主的貫穿始終的故事線索。所謂「亂哄哄你方唱罷我登場」，構成村莊一個時期的中心事件與原來的故事並不連貫，故事也早換了別的主角。於是，對應這樣一種小說中的現實，自然就出現了這麼一種小說結構。六卷故事是這個拼圖的六個大的部分，其實，我還寫了十二個短篇，有大的碎片，應該還有小的碎片，這個拼圖才算完整，但現在，包括十二個短篇在內的全本尚未出版，大家還沒有看見。

吳懷堯 在您這種思考與表達的背後，是否還隱藏著某種強烈的個人情感？

阿　來 其實就是希望社會成功轉型，雖然歷史的進步需要我們承擔一些必需的代價，雖然歷史的進步必定要讓我們經受苦難的洗禮，但我還是強烈認為：**不是所有痛苦我們都必須承擔，如果我們承擔了，那承擔的代價至少不應該被忽略不計。**

吳懷堯 《塵埃落定》剛出來的時候，有記者採訪您，您說十年後人們還在讀這本書，還在談論它，它還在書店裡的重要位置。事實如您所言。那麼對《空山》系列，您也有這種信心嗎？

阿　來 寫《塵埃落定》的時候，我尚且年輕氣盛，現在就更不用說了。

吳懷堯 有不少了不起的作家缺乏自信，像寫出《城堡》的卡夫卡，他的表現就令人驚愕，甚至臨終前囑咐好友燒掉自己的遺稿。您有過不自信的時候嗎？

阿　來 卡夫卡如果對自己整個寫作價值都有懷疑的話，他不可能寫那麼多作品，而且他在世的時候對他沒有任何好處的寫作，他為什麼會堅持下去？他有充分的自信。我當然也有不自信的時候，不自信是產生在什麼時候呢？在具體一本書的寫作過程當中，因為對自己期望比較高，對自己要求也比較高。

寫出來，比如某個段落，你覺得寫得很一般，一個三流寫手都能寫出來，你就會懷疑，我還寫這個東西做什麼？不自信的是我能不能接近自己設定的目標，而不是說我能否寫完一個小說，或者這個出版後是否好賣，諸如此類的。

這種不自信的過程，很多藝術家——畫家、音樂家都有……愈是天才，愈容易在這個過程當中產生對自己的懷疑。產生懷疑的前提是，他覺得達不到自己設想的目標，這是一個短暫的過程。

兩種語言之間的流浪

吳懷堯　您年輕時寫給自己的詩中有兩首：〈群山，或者關於我自己的頌辭〉和〈三十週歲時漫遊若爾蓋大草原〉。前者我在網上讀過，記得裡面有「蒼天何時賜我以最精美的語言」的句子。後來我看您接受採訪時說，兩首詩對您很重要，差不多決定了您後來的文學走向，能具體解釋一下原因嗎？您認為文學在我們的生活中產生什麼樣的作用？

阿　來　我想對於每個人來說，其作用是大不相同的。對我而言，文學的作用如宗教一般。在我成長的年代，如果一個藏語鄉村背景的年輕人，最後一次走出學校大門時，已經能夠純熟地用漢語會話或書寫，那就意味著，他有可能脫離艱苦而蒙昧的農人生活。我們這一代的藏族知識分子大多是這樣，可以用漢語會話與書寫，但母語藏語，卻像童年時代一樣，依然是一種口頭語言。漢語是統領著廣大鄉野的城鎮的語言。藏語的鄉野就匯聚在這些講著官方語言的城鎮的四周。每當我走出狹小的城鎮，進入廣大的鄉野，就會感到在兩種語言之間的流浪，看到兩種語言籠罩下呈現出不同的心靈景觀。

這是一種奇異的體驗，我想，世界上會有愈來愈多的人加入這種體驗。正是在兩種語言間的不斷穿行，培養了我最初的文學敏感，使我成為一個用漢語寫作的藏族作家。

佛經裡有一句話，大意是說，聲音去到天上就成了大聲音，大聲音是為了讓更多的眾生聽見。要讓自己的聲音變成這樣一種大聲音，除了有效的借鑑，更重要的始終是，自己透過人生體驗獲得的歷史感與命運感。要讓滾燙的血液與真實的情感，潛行在字裡，在行間。

吳懷堯　您說自己特別感激二十世紀八〇年代。其間各種體裁的文學作品呈現井噴狀態，國外文學的各種思潮奔湧而來。您個人實現兩級跳，從教師到編輯，從編輯到作家。到九〇年代初，您開始寫作《塵埃落定》，用您自己的話說，「投入一場轟轟烈烈的戀愛」。在寫的時候，您曾預料到這部小說會被多家出版社拒絕嗎？《塵埃落定》完稿後曾擱置四年之久，這期間您是否懷疑過自己能將文學之路走通？後來又是什麼原因，使您在創作的道路上一往無前？

阿　來　我不想深談這個事情了。但我可以說，我對自己的寫作從未有過任何的動搖。一往無前，是因為我認為寫作是這個世界上最值得我去努力的偉大事業。

吳懷堯　最近十年來，每逢諾貝爾文學獎頒布的前幾天，國內的媒體和文化界就開始躁動不安，表現得很沒出息，據說有的作家私下都寫好了獲獎感言。有人說這是放眼世界，與國際接軌，

阿來 但我覺得它暴露出深重的文化自卑。過去我們是被別人征服，現在是主動向別人臣服。我知道您對世界文學和哲學多有研究，難道只有獲得西方人的首肯才能證明我們文化的價值嗎？您覺得中國文學未來的走向是什麼？它在世界文學中處於什麼樣的位置？

阿來 文化的規則不是一個拼圖遊戲。如果一定要看成一個拼圖，那麼，無論一個文化如何古老，最終的命運還是決定於其自新能力的強弱。從根本上說，得不得一個什麼獎實在是一個無足輕重的問題。作家會得獎，那代表外部世界的某種承認。但那不是文學的根本，因為獎項更多還是一種商業的或者政治的策略。我也得過獎，但我十幾年前就說過，今天可以再說一遍：**想得獎的作家是可恥的。至少，一心想著得獎的作家是可恥的。**

吳懷堯 寫作這麼多年，您自己的作品獲過不少獎項，同時也取得了商業上的巨大成功。但我有一個猜想，想跟您印證一下：這些外在的榮耀，可能會給您些許快感，但是無法觸動您的內心。什麼時候，您才會真正喜由心生？不要告訴我您不以物喜，不以己悲。

阿來 再次訂正一下，我在中國文壇恰恰不是那種大家都寵愛的得獎無數的作家，只不過少數幾個獎項給了大家這種印象。商業上算成功，但也不巨大。

如果文學被你視為終生的事業，那麼，什麼樣的收穫都不應該在你的意料之外，那是題中應有之義，所以不會有什麼特別的驚喜。更重要的是，文學的目標是內在的，而不是這些外在的東西，這些東西至多表示外界對你工作的某種承認，但並不是你達成自己目標的可靠保證。**我的榮耀、我對自己的肯定來自寫作過程中，想表達的東西得到了充分而完美的**

表達，那時，我會為自己感到驕傲。

吳懷堯　您寫東西的時候，一般是先想好標題，還是寫完了之後再去定標題？

阿　來　我覺得先定標題不太好。先定標題，題目有一個非常強大的暗示性，題目是有意義的。我寫小說，我希望不只是關心一個問題，裡頭會同時包含很多的問題。像我們聽交響樂，我們聽貝多芬，聽柴可夫斯基，好的音樂之所以被稱為經典，不是因為像流行歌曲，唱兩年就不喜歡唱了。

交響樂裡面有很多結構。我們中國音樂是沒有結構的，開始到結束幾分鐘就完事了，就是一個很短的過程。但是我們聽交響樂：一個樂章是什麼樣的，什麼風格的；第二樂章、第三樂章、第四樂章什麼樣的。然後規定一部交響音樂裡面不是一個主題，第一主題又引出另外一個，當然也是一些音樂形象，會出現第二個主題、第三個主題，然後在這幾個樂章裡面互相交織，互相變化，你聽起來受益無窮。一個豐富的小說也應該這樣，不只是單一的主題。我們經常講小學生作文才是單一主題，透過什麼說明什麼。小說應該更豐富，就像我們一段一段生活下來，你可以這麼看它，那麼看它，不同的人會看出不同的意義。也正是因為主題的豐富，小說裡面可以提煉的東西很多。

如果你事先給它一個標題，會限制它的思想，會一直暗示你的小說就寫這個意思，這個意思就是主題。最後費了好大的勁，二十萬字，五十萬字，你就在寫一句話，這個小說沒有趣味的。很多中國小說你覺得沒有意思，就在於這。你費這個勁做什麼，寫一條簡訊就完了。主題先行，會讓小說的綿密和豐富消失，成了一個乾巴巴的東西，寫了那麼多事情，最後是為了說明那麼一個簡單的道理，所以我不太願意寫這樣的。寫完以後，反而會對小說有一種感受，把這種感受提煉出來，題目和小說就很配。

吳懷堯 寫作過程中，您最享受的是什麼？亢奮或激動？

阿　來 寫完後沒有什麼好激動的，但是這個過程，會很享受，可能我的某個段落，古今中外所有作家我是寫得最好的。前不久一個年輕的銀行家，他說寫小說很苦，我說如果是很苦的一件事情，你幹麼要去做它？**你做一件事情，這件事情不能給你帶來愉快，帶來的只有痛苦和煎熬，你為什麼要去做它？**

吳懷堯 一九九七年您把長篇小說《塵埃落定》交付人民文學出版社後，就從家鄉阿壩去了成都，受聘於《科幻世界》做編輯。一九九八起開始做策劃總監，二〇〇〇年開始做主編，次年成為總編輯，很快又出任了雜誌社社長。其間，雜誌的發行量也由十幾萬到幾十萬；由一本衍生為五本；由刊物、書籍到影音產品。一批科幻小說作家藉此浮出水面，劉慈欣在《科幻世界》的第一篇科幻小說，也是您簽發的。一份小小的雜誌，從營運到管理，就做成了當下大家正在追求的文化產業模樣。在世界科幻類雜誌發行量中，《科幻世界》名列榜首。為文為商，您都得心應手，能否透露一下做文化商人的經驗和心得？

阿　來 商業，特別是有關文化的商業所需要的一樣是想像力，一樣是才情，當然也有模式，那是產品形成後的行銷，以及公司的內部管理。

我的經驗就是不要自我界定自己最適合做某種工作，或不適合做某種工作。

吳懷堯 從《科幻世界》退出來後，您每年有兩三個月都在藏區行走。我很好奇，您究竟在找尋什麼？找到了嗎？您的散文集《大地的階梯》能否概括您遊走西藏的旅途中的所見、所想、所感、所聞？

阿　來 那是二〇〇〇年的作品，也是一次漫遊的結果。但是，好多漫遊是沒有這種直接結果的。我不主張作家的每一次出行都有一些文字作為結果。**遊歷也是一種學習，一種領悟，甚至是一種休息。**

吳懷堯 據我所知，您熱衷於拍攝花朵，高原上有的花很小，您全給了很大的特寫，彷彿在強調它們短暫的生命。畫家常玉有一個很好的觀點：「**每個人都擁有一種自然，每件作品都在洩露有關自然的祕密，每一朵花，都充溢著來自自然的隱喻、標記和歸途。**」您用語言描寫花的美態，用相機記錄花的風韻，這是否真能使您接近自然，在瞬間觸摸到類似自然的手臂，並由此獲得歡喜與自在？

阿　來 在自然界行走多了，就想應該對自然界有些具體的認知，我就從認識每一種花草樹木開始，並用影像鞏固這種認識。我熱愛的詩人米沃什也熱愛植物學，他說過這樣一句話：「我覺得自己如果在社會學中受到了傷害，那麼可能從生物學中得到安慰。」

自我教育最好的方式就是文學

吳懷堯　您出生的小村子只有十幾戶人家。年少時，隨著一支地質探測隊的進駐，您對山外的世界產生了興趣，念完初中後，年僅十六歲卻選擇外出務工。因為喜歡讀書，一次偶然的機會，被工地負責人看到，成了拖拉機手。一九七七年高考制度恢復，您連夜開著拖拉機去報名，在報名時間已過的情況下報上了名。後來您當老師，又是一次偶然的機會，參加了當地文化局的文學創作筆會，不久開始發表詩作，走上文學之路……這些過去的經歷現在說起來波瀾不驚，但是總結的時候我發現，每當您做選擇的時候，似乎總有一股神祕的力量在背後支配。今年（二〇〇九年）您已經五十歲，用孔子的話說就是到了「知天命」的歲數，您能否說說對天命的理解？

阿　來　我是透過自我教育走到今天。我在「文化大革命」期間接受了大部分教育。那時的教育不正規，而且，輸入給我們看待世界與人生的觀點很多是錯誤的。後來的自我教育其實有相當部分是在消除那種錯誤教育施加給自己的影響。以至於後來，我一直拒絕接受任何學校教育。雖然我也有過很多機會，但我都拒絕了。而我自我教育的最好方式就是文學。文學對我不是一個職業，文學對我來說，就是一所最好的學校。

「知天命」是什麼意思?當然，這不是你說的，是孔子說的。我沒有仔細研讀過《論語》。替我看看「道不行，乘桴浮於海」這句話是他老人家在什麼時候說的，如果他是在五十歲後說的，那就太棒了！

吳懷堯 您的母親是藏族，父親是回族。小時候生活的村莊比傳統意義上的藏區更加開放，鄉親同時使用藏語和漢語，可以說從童年時代開始，您就遊走在兩種語言之間。您成長的時代則是六、七〇年代，當時無論自然環境還是傳統文化，都受到不同程度的破壞。在這樣一種背景中成長，對您現在的性格和創作帶來什麼樣的影響？

阿　來 那當然就是開放性。在不同的文化間遊走，不同文化相互間的衝突、偏見、歧視、提防、侵犯，都給我更深刻的敏感，以及對溝通與和解的渴望。我想，我所有的作品都包含著這樣一種個人努力。

吳懷堯 您作品中的主人公，時常給人一種眾人皆醉我獨醒的孤獨感。他們和您有相似之處嗎？我聽說您酒量不錯，而且豪飲之後喜歡唱歌，此外也頗有女人緣，生活中的阿來到底是什麼樣的？

阿　來 那種孤獨感，就是因為你想接納所有應該接納的東西——知識、態度、方法，但大多數人並不是這樣，孤獨感就是這樣產生的。身體原因，不大喝酒了，那個時期已經過去了。至於女人，我對她們比對男人有更好的看法。我喜歡那些善良的、聰慧的、包容的女性。在這些方面，女性比男性往往有更好的表現。**人性的光輝往往更容易在女性身上閃現，甚至包括男人世界以為只屬於自己的勇敢。**

吳懷堯 您曾經透露，在自己老去之前，會把整個青藏高原再走一次，作為跟這片土地的告別。在《塵埃落定》結尾處，有一句話是「上天啊，如果靈魂真有輪迴，叫我下一生再回到這個地方，我愛這個美麗的地方」。這種真情流露，是您對身體（靈魂）原生地的一種告白嗎？

阿來：大自然總是能給我最多的美感。所謂「大美無言」。這個世界上並不是所有地方都有這樣大氣磅礴的自然。我們生活在人類社會中，會產生一個認識，或者說一個願望，就是這個世界不是為雄踞於權力與財富的金字塔頂端的少數人準備的，所以，我們追求平等與自由。當我身處自然界中，又會明白另一個道理，那就是，**這個世界也不光是為人類而準備的。這個世界是所有生命的世界。**

吳懷堯：您曾在家鄉阿壩州約七百萬公頃的地域上有過一次苦行僧式的漫遊。遊歷的結果是您用漢語寫成了兩部文學作品：描寫故鄉母親河的抒情詩集《棱磨河》和小說集《舊年的血跡》。一九八八年四川民族出版社出版了《棱磨河》，遺憾的是出版後幾乎沒有引起詩壇（或文學界）的關注，在當時，這是否讓您頗感失望？這與您此後極少寫詩，是否有一定的關聯？據我瞭解，《棱磨河》是您自費出版的，能否告訴我，您當時的心境？

阿來：糾正你一下，是在此前出版了詩集和小說集。之前我一直是愛好者，現在，一下出了兩本書，問題真的就出現了：我要成為一個作家嗎？如果是，要成為一個什麼樣的作家？那時，我還沒有準備好把業餘愛好上升為終生的事業，一個一直忠誠於她的事業。我需要驗證一下，我能不能成為作家，自己有沒有那樣的潛能。怎麼證實呢？走向廣闊的大地與人生，看能不能與之共振，與之相互感應。

漫遊的結果，我告訴自己，我能。從此，文學就不再是一個輕鬆而風雅的愛好了。

吳懷堯　一九八九年您三十歲，您的小說集《舊年的血跡》由作家出版社出版，後來獲中國作協第四屆少數民族文學獎，在旁人看來，您算是作家了。以我的觀點，儘管您是少數民族作家，母語是藏語，但您運用漢語的能力遠超許多漢族所謂的「一流作家」。這除了和您的天賦異稟、開闊廣泛的閱讀、曾經的詩歌寫作有關，是否還和您從小受到的口頭民間文學的滋養有關？

阿　來　如果一切都這麼簡單就好了。語言不夠好嗎？那就來點詩歌練習，或者去搜集整理一下民間文學，就像卡爾維諾整理義大利童話。可能情況比這個更複雜。從地理上看，我生活的地區從來就不是藏族文化的中心地帶。更因為自己不懂藏文，不能接觸藏語的書面文學。我作為一個藏族人，更多是從藏族民間口耳傳承的神話、部族傳說、家族傳說、故事和寓言中吸收營養。這些東西中有非常強的民間立場和民間色彩。藏族書面的文化或文學傳統中，往往帶上了過於強烈的佛教色彩。而佛教並非藏族人生活中原生的宗教。所以，那些在鄉野中流傳於百姓口頭的故事反而包含了更多的藏民族原本的思維習慣與審美特徵，包含了更多對世界樸素而又深刻的看法。這些看法的表達更多地依賴於感性的豐沛而非理性的清晰。這種方式正是文學所需要的方式。

透過這些故事與傳說，我學會了怎麼把握時間、呈現空間，學會了怎樣面對命運與激情。然後，用漢語這非母語卻能嫻熟運用的文字表達出來。我發現，無論是在詩歌還是小說中，這種創作過程中就已產生異質感與疏離感，運用得當，會非常有效地擴大作品的意義與情感空間。

吳懷堯 從事文字工作以後，您閱讀了大量的世界名著，並且找到了兩位導師：美國的惠特曼和拉丁美洲的聶魯達，前者是用英語來表達美國，後者是用西班牙語表達南美洲。自寫作以來，您也一直在用漢語表達西藏，這是否和惠特曼、聶魯達對您的影響有關？如果是，這種影響是短暫的還是長久的？順便請您談談福克納的《我彌留之際》。

阿　來 惠特曼和聶魯達在對各自的大陸進行描繪時，遇到的一個問題就是這些地方在文學上差不多就是一塊處女地，就是說，他們的大陸在此之前還從未在本土作家筆下得到過成功的表達。

我開始寫作時的情形也是一樣，青藏高原和這個高地上的人民與文化都未曾得到充分的本土而且又是充滿現代性的表達。他們是我文學的領路人。而福克納的《我彌留之際》，當然不只是這本書，這個作家，教會了我如何描繪與表達苦難。

記得福克納在這本書中，藉一個人物說了一句沉痛至極的話。我想那是福克納要說的，他說：「要是你能解脫出來進入時間，那就好了。」

問題是，我們並不能經歷一個非物理性的空間，也不能經歷存在於這樣一個空間之中，人類社會的單獨的時間。

吳懷堯 除上述作家之外，您還喜歡和關注哪類文學？

阿　來 對我影響最大的是美國文學，我主要關注美國文學的三個領域。

一是黑人文學。黑人在美國算是異族，是美國的少數民族。他們的文化相對於美國主流文化是次文化。我喜歡「二戰」以後的黑人文學，而不是更早的《根》那樣的「反抗」文學。「二戰」後的黑人文學之所以有那麼大的成就，是因為它們保留了非洲的文化傳統，但並不是狹隘地保留，它們堅持自己的立場，又有普世的思想，走在時代的前列。

比如拉爾夫．艾里森的小說非常棒，他的《看不見的人》比喻黑人很黑，成為看不見的人，來描述黑人的處境，不被主流社會所容納，他像沙特、卡繆一樣上升到哲學層面，上升到人類的處境，他用現代派的手法，用黑人的命運揭示抽象的「人」的命運。還有得諾貝爾文學獎的童妮．摩里森一九八一年的《黑寶貝》。

第二個影響是猶太文學，猶太人在美國也是異族，當然也包括一些流亡作家，納博科夫、米沃什、索爾．貝婁、布羅茨基等，他們在寫作上的追求比拉丁美洲作家高很多，他們作品有很沉重、很現實、很心靈（痛苦）的內容，題材使他們有很大變化，他們能把握各種題材，他們決不為藝術而藝術，題材決定作品的形式。

第三是美國南方文學。代表當然是福克納，還有南方女作家奧康納。奧康納寫的是美國的鄉土小說，很不主流，她到《紐約客》去投稿，編輯們都不理她，她說一口方言，編輯們不能理解這個鄉村婦女能寫什麼。她的小說寫得非常好。拿福克納來說，《喧譁與騷動》不是他最好的小說。他的一些中短篇小說非常棒，像美國藍調那樣有力，自由而悲傷，我非常喜歡。歐洲是出思想與藝術流派的地方，美國不一樣，美國文學比較混亂，喧囂、粗糙，但充滿活力，他們沒有創造過新的文學形式，但所有的文學形式都在美國有了很好的發展。我早些年也喜歡拉美文學。但現在一談拉美，就一個魔幻現實主義，就一個馬奎斯，就一個《百年孤寂》。要知道馬奎斯還有很多別的東西：《迷宮中的將軍》、《獨裁者的秋天》，還有不魔幻的《愛在瘟疫蔓延時》。好的魔幻作家還有很多。魯佛的《佩德羅．巴拉莫》，不單有幻想的色彩，它讓人感受到現實的真實，還有他的《燃燒的平原》都給我很深的影響。再如卡彭鐵爾的《這個世界的王國》也寫得很棒。還有阿斯圖里亞斯等等。

吳懷堯 我看您剛才看的一本書（《黑暗時代群像》）也是國外的作家寫的。

阿　來 這個不是小說，是哲學著作。我讀同代作家的作品不是太多，到現在為止，我讀小說也很少，包括讀國外小說也很少。我們現在小說很多，但是古今中外，真正經典性的東西就那麼一些，不是每天都在出來，這個不只是中國這樣，外國也是這樣。我們在八、九〇年代有一個非常集中的閱讀時期，那個時候讀得比較多，現在偶爾讀一些小說，也是在重讀以前讀過的，覺得值得再讀的東西。

吳懷堯 您如何選定一本書，是朋友推薦，還是自己大海撈針？

阿　來 我不用任何人做推薦，也不用大海撈針。**如果現在圖書市場是汪洋大海的話，那些經典作品永遠是汪洋大海當中的島嶼，找到島嶼是很容易的。**從一些水裡面把另外的水找出來很困難，但是我不需要找水，我不需要在水裡面找水，我要在水裡面找島嶼。誰是真正的大家，我們從第一天受教育就知道，我為什麼要讀一些垃圾的東西，不提供任何價值的東西？

吳懷堯　您讀書這麼挑剔，「開卷有益」這個說法對您是否無效？

阿　來　我們假定吃東西都有意義，我給你摻了農藥你也吃，有益嗎？沒有「農藥」的時候它是有益的。

我不是降神的巫師

吳懷堯　在我看來，一九九八年中國文壇最值得紀念的文化事件當屬《塵埃落定》出版。人民文學出版社的編輯腳印，用她的文學素養和個人魄力，使一部輾轉流徙的天才之作得以問世。這讓我想起另一位作家王小波，王小波生前就寫出了錦繡華章，可直到逝後才得以出版。結合《塵埃落定》曾經的遭遇，您覺得究竟是什麼原因，使得一些編輯喪失了對美麗漢語認可的勇氣？是因為他們審美力的嚴重匱乏，還是有某種難言之隱？

阿　來　我想，在當時，這首先是一個體制性的原因。那時的出版社，大多數的從業者都不是因為熱愛而選擇這個職業，所以，大多數人會滿足於一般性的專業訓練，或者乾脆就缺乏專業訓練，這些人很難發現突破了當時流行標準的東西。而**文學發展的根本是創新，於是，任何新的東西的出現，都成為對於出版從業人員的一個考驗。**再者，你說的這種情況過去就有，今天還在繼續。過去，比如四川作家李劼人，與同時代的作家相比，其成就從未得到公正的評價。今天好多論者將其歸因為極「左」路線時期官方意識形態的遮蔽。也就是說，批評家們不必對此負任何責任。但是今天呢？比起那時，官方意識形態介入作家評價已經很少很少了，但是，在主流文學界得到最多好評的作家，也未必就是這個時代最好的作家，而一些重要的作家，並沒有得到應有的關注。

吳懷堯 在巫術傳統中，有一種關於神授的說法，當我看完《塵埃落定》後，曾疑心它是一部回憶錄。麥其土司的傻兒子——那個「覺悟者」在歷史上真實存在。他去世後，他的記憶還活著，在冥冥中的某個地方隱藏著。如此又過去了若干年，那分保存尚完整的記憶，被您捕捉到了，是這樣嗎？

阿　來 這是一種很詩意的說法，也可以理解為一種十分美好的想像，但依我理解，想像都要以歷史或現實作為基礎，這樣的想像才是可以信任的想像。我是一個小說家，不是一個降神的巫師。

吳懷堯 《塵埃落定》的畫面感尤其強，親切而不失活力，這與您對衣物、器皿和房屋建築的描寫有關。而且大自然在您的筆下，也成了有生命、有溫度的角色，不僅僅是作為點綴或者單純的陪襯出現。在讀《空山》系列時，我發現您對各種花草樹木的描寫，同樣入木三分。您作品中的這種真實感，是源自您的想像，還是實地考察、廣泛研究的結果？想像與真實，在您的作品中分別產生什麼樣的作用？您如何掌握兩者的關係，使之水乳交融？

阿　來 小說家的想像是故事的走向，是人物之間戲劇性的關係。氣氛、表情、說話……那些是可以虛構的部分；而另一些部分，我是不容許自己縱情虛構的，比如你說過的衣物、器具和花草樹木等等；更重要的不能虛構的部分，是這些故事的時代的制度這些背景因素。一句話，如果小說家搭建了一個舞臺，這個舞臺的所有構件都是真實的，但人在舞臺上的活動，就可以盡情揮灑了。但我並不把想像與真實分別開來看待，只有分別得很厲害了，才有再融合一體的問題，如果你從來不這麼看待問題，這個問題就不會存在。

此外，我們中國的文學當中不乏人和人的關係，但是會忽略人和自然的關係，用一句哲學的話說，就是「中國人的自然觀是一種不及物的自然觀」。我們把花草看成一種象徵，好比杜甫說「感時花濺淚」——不關注花兒本身，它叫什麼名字，生長期怎麼樣，有何種生物屬性。我覺得如果我們向西方文學學習，其中很重要的一點是，**我們必須意識到在這個世界上，是萬物生長，而非唯人獨尊。**

吳懷堯

您怎麼看當下青年作家的想像力和判斷力？

阿來

我們說一個作家有天分，想像力是天分當中最重要的，想像力同時也依賴另外的東西，就是學養和經歷，你不能說他寫一堆亂七八糟的東西就叫有想像力。寫科幻小說，需要想像另外一個星球上人的生活狀況，你必須先對地球上已經有的人的不同生活狀況，有一個大致的瞭解。透過這個會有很多認識，人類不同的生活方式，跟它的歷史和自然環境有關係。你在構想這樣一個社會的時候，首先對它的自然環境、它的人文歷史都要有想像，寫出來必須栩栩如生，而且人家看了相信，這個不能光滿足於你的想像。可能有想像的樂趣，他想像出來也難免空洞，一個是他生活經驗不夠，第二他本身也是二十多、三十來歲的人，他還在一個積累的時期。我們真正進入文學史的作家也不是說沒有很年輕的，但是大部分真正寫出好作品的時候，都不會在這樣一個階段，這是人類基本的規律。多長時間你才接受完基本的教育，基本教育以後對付那種寫作是不夠的，你還要補充很多東西，所以一定要有那個階段。

先有感受，後有語言

吳懷堯 我注意到，有媒體報導了您即將推出小說《格薩爾王》的新聞（二〇〇九年）。格薩爾王是藏族人民引以為豪的曠世英雄，關於他的傳說一百多年來一直都是口頭傳承，版本各異。這次您寫書為他畫像，許多人引頸期盼。對於這本尚未面世的小說，您能否透露一些大概的內容？格薩爾王會呈現出什麼樣的形象和命運？這部作品的主要特點體現在哪幾方面？

阿　來 我可以告訴你的是，這本書正在寫作過程中。寫《空山》時就開始做案頭工作，吸收現成的研究成果；然後，走向那些故事的流傳地與發生地，去遊歷，或者說是「田野考察」；然後開始寫作。至於小說最終寫了什麼，寫成什麼樣子，我也在等待，想看看這本書完整呈現時會是什麼樣子。

吳懷堯 您的作品被改編成影視作品的可能性都非常大，有沒有一種可能，為了更好地體現原著，屆時您自己來做編劇，就像麥家改編《暗算》那樣？

阿　來 這個我不知道。在電視劇的製作中，資本有太多的發言權。資本可能覺得，愈大的話語權就意味著資本更大的安全係數，我看未必是這樣。

大家都可以反過來想一想，如果給原創更大的空間，結果會更壞還是更好？我想只會更好。

吳懷堯 現在有些文壇怪現象讓人啼笑皆非，比如不看作品就可以跳出來發表高論，對此二〇〇九年年初王安憶曾經站出來抨擊過；我想知道，在寫作的過程中，您是唯一的上帝嗎？還是會顧及受眾的感受？

阿　來 在寫作中，我是那個呼風喚雨的人。受眾是誰？受眾千差萬別，我不能事先想像他們的需要，也不能整天揣摩他們需要什麼。我只想寫出一本好書，並相信，這個世界總有一些人，還有讀一本好書的渴求，那麼，我祝願我的書盡量多地遇見這些人。讓我的書和這些人相互尋找吧。但請原諒，我在寫作時不知道他們是誰。

吳懷堯 那您如何看待小說家的責任感和文學的自然性？

阿　來 小說家的責任，我並不預先有意去考慮，我認為這是良知的一部分。有成就的小說家，才有資格承擔這分責任，承擔這分責任是透過作品來實現的，而不是我要對公眾說些什麼。在私人場合，我不是小說家，我也無須考慮小說家的責任。

而在作品裡考慮的就不一樣了，我首先要對讀者尊重，這就是責任。特別是當你的作品有了影響，它一定要是健康的。我在作品中有同情、憐憫，這是我的天性，這就是責任。

我十分喜歡《詩經》與漢樂府裡那種情感與表達完全一致的東西。比如一個砍柴的人，看見一個女孩，要表達愛情，又不能或不想直說，說漢水是多麼廣闊，想渡過去是不大可能呀，這樣，文學語言就出來了。文學是非常自然的。我認為是先有感受，後有語言，這就是文學的自然性。

吳懷堯 您怎麼看待市場和作家的關係？我發現現在有不少作家創造力在下降。

阿　來 對於真正在藝術上有野心的人來講，他能夠取得市場上的成功，當然是好事情，但是他不會服從市場給他傳遞的這些信號。中國作家有數量焦慮症。有點名氣，就怕自己消失了。我認識一些作家，他們非常痛苦，老是在寫，寫得很痛苦，寫得自己都煩了。這種過分頻繁的寫作，創作力當然下降。

我覺得應該停頓，養養元氣，像剛剛失戀了，第二天又投入轟轟烈烈的戀愛，那肯定不行。

吳懷堯 您為什麼能耐得住寂寞？

阿　來 我覺得無所謂寂寞。人生有很多可能性，我們都會透過不同的方向、不同的工作去實現它。別的事情是我人生當中一些階段性的經歷，我願意去體驗。但這些事情都不是我終生要做的。終生要做的我自己很清楚，寫作。**如果你已經確定了自己要做的一件事情是終生的事情，那麼三、五年的時間不是太長**，而且在此期間僅僅是不寫而已，我還在大量地閱讀，還在思考，其實很多注意力還是在文學上。對我來講，要命的就是我投入到一個比較大的作品當中去的時候，情感的耗費很大。而且我覺得小說要優美。什麼是小說的深度？小說的深度不是思想的深度，中國人所有的評論都把小說的深度表達為思想的深度，我說小說的深刻是情感的深刻。

當我的情感空空蕩蕩的時候，我自己都沒有深度的時候，連我自己都不感動，我自己往下寫乾巴巴的，不知道我在做什麼，我在折磨自己。很多作家把自己寫死了，大概就是這樣的。

吳懷堯 從您的作品中看得出，您理解自己的民族，也為本民族的文化和歷史感到自豪。但強勢商業文化的影響不可避免，靈魂深處很純真的一些品格也可能被汙染。但是，您卻既能保留傳統藏人對信仰的執著，又對現代商業文化相容並收，這樣的本領是如何練就的？

阿　來 **不要把傳統與現代、文化與商業看成絕對對立的東西，傳統就是過去的現代，而商業也是與文化一樣古老的東西，商業也是文化的一個組成部分。**

吳懷堯 在四川省作協第七次全省代表大會上，您當選為四川省作協主席。在恭喜您的同時，我也有一些擔憂。喜的是，您有更多的話語權和資源，可以提攜新人，推舉佳作；憂的是，您的時間和精力，將被分割成更多塊，在一定程度上，自由度和獨立性也可能受影響。您自己有這方面的擔憂和不安嗎？

阿　來 首先，這幾乎是一個閒職，當然我也願意在幫助新人、發掘新作上做些工作，但對一個寫作經歷較長的作家來講，當不當主席這都是一種天然的義務。

其次，我從來沒有真正當過專業作家，總在做著一些別的事情，而這件事情，可能是迄今為止占用時間與精力最少的。

吳懷堯 有時候某人想要達到某種目的，結果可能自己成了自己所鄙夷和痛恨的那種人，更悲哀的，他變成了自己痛恨的人，卻忘記了最初的夢想，抑或無力去完成。您是否擔心自己也陷入這樣一種泥沼？

阿　來　我不會讓自己為了所謂的成功去付出這樣的代價，這也是我一直為自己感到驕傲的地方。

吳懷堯　英國人曾經說，「寧可失去印度，也不要失去莎士比亞」，文化菁英對國民的巨大影響，由此可見一斑。但是據我觀察，當下文化界既能堅持獨立性又不被邊緣化的文化人並不多見。更多的人要麼欺世盜名，要麼躲在籠子裡面做學問。少數在陽光下有尊嚴地表達自己觀點的人，又面臨被誤讀或忽略的可能。您覺得文化界怎樣才能智者盡其謀，仁者播其惠，並且這些聲音可以發揮振聾發聵的作用？

阿　來　**知道自己的目標，為了這個目標不要作太多的妥協。**我知道，作為一個作家，我的尊嚴不僅是個人的尊嚴，更是文學的尊嚴，這是那麼多優秀作家，以及無以計數的優秀讀者共同構築起來的。它不應該因為我個人的原因而被踐踏。不要自我矮化，更不要為這種矮化從外部世界去尋找藉口。

吳懷堯　若干年後，當塵埃落定，您希望自己的墓誌銘上寫些什麼？

阿　來　我沒有想過身後的事情，有沒有墓碑都不知道，更何況是墓誌銘。

後會有期。韓寒

比起那些企圖用大嗓門壓制世界的人，
讓全世界都安靜下來聽你小聲說話的人更可畏。

二〇一四年三月二十八日星期五，晚上十點二十分，三位員警封鎖了浙江舟山武嶺隧道入口，隧道內聚集了上百名年輕人，他們的「帶頭大哥」，是中國作家富豪榜常青樹、國內頂級賽車冠軍——三十二歲的韓寒。他自編自導的電影處女作《後會無期》，當晚在武嶺隧道取景拍攝。

十點二十五分，工作人員發出號令：「現場保持安靜……開始！」韓寒戴著眼鏡，在大監視器前正襟危坐，凝神觀看。

十點三十五分，隧道內氣溫十四攝氏度，韓寒起身疾步走到女演員旁邊，耳語般溝通細節，然後他說：「再試一遍。」

二十九日〇點四十六分，生活製片喊：「放夜宵啦！」大家排隊領取夜宵，韓寒回到車上查看手機信息。

凌晨一點，拍攝繼續，寒氣逼人。

凌晨三點十分，《後會無期》在武嶺隧道的拍攝告一段落，離開前，我看見隧道內被劇組打掃得乾乾淨淨。

韓寒腳不沾地忙出白頭髮的生活，始於二〇一四年二月十四日情人節——那一天，他的電影《後會無期》在上海宣布開機。由於劇組保持低調，沒有召開開機新聞發表會，拍攝中婉拒全國各大媒體的探班，所以關於《後會無期》，人們只能從韓寒微博以及劇組官微中獲知蛛絲馬跡。

聲名日隆，誤解重重。

用這八個字來形容韓寒，應該很恰當。

自一九九九年至今，圍繞這個出生於一九八二年的上海郊區的男孩，已經「出產」了太多太多的熱點新聞。

從新概念作文大賽一戰成名，到當賽車手拿冠軍，再到以博客為陣地，就熱點事件發表個性看法……韓寒，已經成為一種符號，符號的指向是「叛逆、個性、有見解」。

韓寒在變。熟悉韓寒的人感覺，他已悄悄收起鋒芒，過上「主流」生活，鮮有小說問世，迎來孩子降生，攪局電影圈。

二〇一四年的三月底，韓寒帶領他的電影導演處女作《後會無期》的劇組，在浙江舟山桃花島附近的沈家門東港緊張地拍攝。我和《華西都市報》文化記者張傑前往劇組探班。

三月二十八日到四月二十九日長達一個月期間，我在舟山和上海數次對話韓寒，這是韓寒以導演的身分，第一次全面談論他的電影夢想、堅持與妥協、熱愛與憤恨。

我曾經跨過山和大海/也穿過人山人海/我曾經像你像他/像那野草野花

——韓寒《平凡之路》

喜歡是所有事情的動力

吳懷堯　二〇一四年一月六日，您在微博公布要拍電影《後會無期》；二月十四日情人節，《後會無期》在上海宣布開機，現在拍攝過半。您不動如山，動如雷霆，我想這背後肯定有漫長的等待過程和力量積蓄，我特別好奇的是，您拍電影的根本動因是什麼？

韓寒　**對我來說，所有事情的動力就是喜歡。**不動如山的原因是時間非常地緊，沒時間動。拍攝的原因很簡單，就是想換一種表達方式。也許我自己的作品風格只有自己去表達才最舒服，我也最能明白自己要什麼。

吳懷堯　聽說《後會無期》中冒險、愛情、夢想、青春、勵志元素，一個都不少，它究竟是一部什麼樣的電影？

韓寒　如果有一部電影號稱一個都不少，那有極大可能是一部爛片。事實上，好的電影往往都會有很多元素，但標榜自己有好多元素的電影，得小心。至於電影的內容，上映後自然見分曉。

吳懷堯　我從您的出版人路金波那裡聽說您拍電影，當時我就在想，以您的影響力，登高一呼，粉絲雲集，它會不會像《小時代》那樣變成粉絲電影？還是您希望用一部電影跟世界談談？

韓寒　其實每一個好的作者或者導演身後都會有粉絲，但靠粉絲的支撐是走不遠的，會愈來愈式微，只有走出自己的小世界，甚至背棄那些所謂的粉絲，才能走得更遠。我不拍給誰看，但希望自己能滿意。我的滿意點很高的，我滿意的東西不會差。

吳懷堯　《後會無期》的片名好記好傳播，更重要的是充滿寓意，這是否意味著您在向公知形象告別，回到藝術的道路上來？還是對童年時的故鄉、對逝去的朋友、對三十歲前的自己，一次回顧和總結？

韓寒　未必，電影純粹就是電影，我從幾個想拍的故事裡選擇了一個好操作的。僅僅是這樣。導演處女作，喜歡是一部分，但不要給自己設置太大難度也是一部分。不過後來發現，這部電影還是挺難拍的。

吳懷堯　您寫文章時一直持續不斷地挑戰言論的邊界，這次拍電影會一如既往嗎？

韓　寒　事實上，這種功能應該交由雜文完成。小說和電影應該以敘事和情懷為大，一味承載批判，反而本末倒置，刻意且無味。有些故事，本身帶有社會批判性，那將融入故事和人物的命運中，未嘗不可；有些故事，本來就無關社會批判，你非要讓主人公張嘴來幾句，那就會弄巧成拙。

我自然希望環境愈寬鬆愈好。相信這是大勢所趨，否則我一定會多寫雜文繼續批判。

沒有百分之一百的完美

吳懷堯　通常電影開機，都會舉辦新聞發表會，五星酒店，鮮花美人，媒體雲集，唯恐天下不知。《後會無期》開機的時候卻打破行規，您直接跳過了這一步，這是為什麼？

韓　寒　東西還沒拍出來，不好意思這麼做，等拍好以後吧。

吳懷堯　拍電影比您想像中簡單還是複雜？作為一個沒有深度實踐知識的新導演，您如何跨越自身素質能力侷限的鴻溝？

韓　寒　**任何人都有能力的侷限，揚長避短，舉一反三，好問好學很重要。**當然，此前要有一定的積累和基礎，否則大家都會很累。你可以是新人，但你不能是零。

吳懷堯 《後會無期》的演員，包括臺灣人氣明星陳柏霖和陳喬恩，香港特區影視歌舞四棲明星鍾漢良，馮紹峰、袁泉等內地影視明星，這些演員都是您挑選的嗎？拍戲過程中，你們溝通順暢嗎？

韓　寒 演員永遠是一部電影非常重要的議題，也是籌備期間最讓人頭大的事情。好在《後會無期》的演員都非常優秀，很快大家就可以看見他們出乎意料的表演。

吳懷堯 我目睹您為了電影中一個十五秒的鏡頭，前前後後拍了五個小時，從一樓到二樓有十五級臺階，陳柏霖走上走下近百次。您是個細節控、完美主義者嗎？您希望每一個鏡頭都有看頭，就像您寫文章時追求每一個段落都能出彩？

韓　寒 那是個極端例子。過程中有很多其他的調度。電影和民主一樣，看似是自由的表現，其實是妥協的過程。**沒有百分之一百的完美，但必須要在進度、品質中達成一個平衡。**比如有一場戲，鏡頭量不小，本來是在一個凌晨，天色微亮，如果是小說，只要前面加幾個字，觀眾就自動腦補了當時的氣氛，但電影如果真要追求凌晨天光密度，那這場五分鐘的戲甚至要拍兩個多月。於是我不得不調整為「上午」，最終還是拍了五天。這就是妥協，但這是必要的。

我的氣質比較奇怪

吳懷堯　張藝謀曾將莫言、蘇童、余華等人的文學作品搬上銀幕；馮小剛基本上就是跟著王朔和劉震雲的小說跑；姜文的電影處女作《陽光燦爛的日子》和二〇一〇年的《讓子彈飛》，也是改編自文學作品。您自己作為一名作家和導演，怎麼看待文學和電影的關係？

韓　寒　電影是獨立的藝術，但文學是大宗。如果看到其他人寫得好的小說，我以後也會嘗試去拍攝。

吳懷堯　除了給自己寫劇本，您會給您喜歡的導演寫劇本嗎？如果有一個劇本是別人寫的，您又特別喜歡，您會去拍嗎？

韓　寒　會拍其他人寫的劇本。但過程中應該有不少改動。我的氣質比較奇怪，就和我寫的小說一樣，大家一眼就能看出來。至於給其他人寫劇本，應該不會。

吳懷堯　據我所知，您比較喜歡一九九五年坎城電影節金棕櫚大獎電影《地下》，這部電影中蘊含對家鄉命運的深刻思考；您在《後會無期》中，有場戲是在您老家亭林鎮糧倉拍攝的，我聽說您小時候在這個糧倉玩過，這是不是您對童年時代的一次回憶和對家鄉的一次致敬？

韓　寒　我喜歡德國電影《竊聽風暴》，更克制，更隱忍，每個畫面都有講究。賀克唐納斯馬克的魔幻現實主義初看很新鮮，但也容易審美疲勞。把不可能在這個場景出現的東西置放到這個場景裡，一兩次可以，多了也煩，且沒有根基。

我的那場戲在老家的糧倉拍攝基於三個原因，空間足夠大，出風口好看，而且租金便宜，並沒有對故鄉的思念之情。因為這場戲連接的並不是我的家鄉，而是其他的場景。還有一場戲是在我家鄉拍攝的，是袁泉和紹峰的一場戲，大家可以在電影裡看到。我個人非常非常喜歡這場戲。大浪淘沙，電影無數，這場戲會被留下。

吳懷堯 您喜歡的電影大師是誰？如果《後會無期》被這個大師看見，會不會忐忑？

韓　寒 我只有喜歡的電影，沒有認定的導演。作為一部導演處女作，我覺得它是拿得出手的。我對作品的要求不會低。

吳懷堯 日本流行音樂殿堂級人物小林武史先生，為《後會無期》音樂製作擔綱，這是他第一次選擇與中國電影人合作——您是怎麼說服他參與合作的？

韓　寒 製片人老方（方勵）委託了日本的一個朋友去和小林洽談，他聽了故事，很感興趣，來中國談了一次，就確認了。他已將音樂的小樣發來，非常好聽。

吳懷堯 有些人只適合做生活中的朋友，有些人還可以做事業上的搭檔。您和老方，合作得究竟怎麼樣？

韓　寒 我和老方很早就認識，他邀約我導演一部電影，我也正有此意，所以一拍即合。事實上，在他之前，也有人預定過，只是後來他們沒有繼續在這個行業工作。

老方是個老頑童，精力充沛，熱愛電影。我在陣前衝鋒拍片，他在北京忙碌一些後期工作人員的組織，我們分工明確，他對劇組很放心，幾乎不用去片場，大家的合作都很順利。

讓全世界都安靜下來

吳懷堯 徐崢拍《泰囧》，趙薇導《致青春》，他倆都是第一次當導演，從商業角度講，這兩部片子都大獲成功，對於《後會無期》，您心裡有票房期待嗎？

韓　寒 不可能沒有期待，但能收回投資，我就滿足。

吳懷堯 人們習慣性把電影分為商業片和藝術片，前者票房為王，後者獲獎至上，您怎麼看待商業片和藝術片？

韓　寒 我現在或者未來會努力爭取把它們合一，我相信好的電影具備這樣的魅力。但無論商業還是藝術，我最憤恨的，是沒有亮點的、看不見才華的電影。

吳懷堯 關於電影《後會無期》，您能不能告訴我一個從來沒有告訴過其他人的祕密？

韓　寒 嗯，我發現我最喜歡吃劇組盒飯。

吳懷堯 英雄起於草莽，話語就是權力。您出道時年僅十七歲，無權無勢又年輕，透過寫作獲得巨大影響力，投身賽車成為頂級冠軍，現在開始當導演拍電影——是什麼力量支持您一直追尋夢想？您最迷茫、最難熬的時候是什麼階段？

韓　寒 一開始是爭一口氣，後來發現，**世界上沒那麼多人在乎你，所有努力，還都是為了自己，為了做自己喜歡的事情的樂趣。**有很多迷茫難熬的時刻，但大家都會有，也沒有什麼可矯情和訴苦的，至少我開著好車，出門住好的酒店，已經比很多人開心了。

吳懷堯　相比寫作和賽車，拍電影是一個團隊工作，每天眼睛一睜，作出一個決定，就有幾百人開始行動。您這個劇組也算一個組織了，作為領導者，您如何帶團隊？

韓　寒　結果就是一切。結果好，一切決定和改動都是合理的、恰當的、英明的；結果不好，再合理的計畫都是死板的、不靈活的、愚蠢的。雖然現實，但這是事實。

吳懷堯　每次您在微博晒女兒照片，一大波「女婿」就會靠近，身為網友眼中的「國民岳父」，您的岳父關心您的電影進展嗎？

韓　寒　我的岳父很關心我，但他更關心中國足球和中超聯賽。很難找到一個這麼關注國足和中超聯賽，始終不離不棄的人了。這充分說明我的岳父溫厚善良。

吳懷堯　您出門前有照鏡子的習慣嗎？您現在有白頭髮了，您留意到了嗎？

韓　寒　沒有。我不在乎那些。我只確保褲子拉鍊拉上了。現階段睡眠時間很少，也沒時間操心這些了。

吳懷堯　我讀您的博文，發現您以前寫文章，或是跟人打筆仗，往往想駁倒別人的觀點；您近兩年的文章有了明顯變化：先包容別人的觀點，再提出自己的觀點，是什麼讓您有所改變？

韓　寒　**比起駁斥與對立，寬容與妥協更可貴。適當的妥協不是委屈自己或者所謂慫，而是使事情的發展更容易接近你的目標。**除非你就喜歡姿態與腔調。就像導演工作，很多人覺得所謂導演，就是在現場指揮這個，指揮那個，是權力的象徵，很爽。其實不是這樣。我幾乎不指揮來指揮去，甚至不會大聲說話。人要經由很多的努力，讓自己更加厲害，**比起那些企**

圖用大嗓門壓制世界的人，讓全世界都安靜下來聽你小聲說話的人更可畏。

吳懷堯 現在這個問題，和我們都有關係——中國作家富豪榜自二〇〇六年誕生至今，從一開始備受爭議到現在獲得廣泛認同，我清晰地記得，您是第一位站出來承認自己的版稅收入和作家富豪榜資料八九不離十的上榜作家，現在當導演了，您以後出書的速度會不會放慢？對於寫作致富這個現象，您怎麼看？

韓　寒 寫作就應該致富，中國有這麼多人口，作家得到的還不夠多。這幾年我忙於其他，暫時退出爭奪，其他朋友請努力。

吳懷堯 期待您與作家榜榜首後會有期。再問一個關於《後會無期》的問題，它會按照您預期的時間上映嗎？

韓　寒 我們的電影是現場同期剪輯的，希望可以在年內上映。電影將會在五月殺青。現在連我自己都不好說。無論早，或者晚，我都會把它的品質控制到位。但我不覺得剪輯一剪一兩年是對品質負責，這只能說明導演沒想明白。我非常明白自己要的東西，也捨得做減法，效率應該會挺高。具體檔期，拍完以後再決定。

吳懷堯 檔期（於二〇一四年四月正式上映）確定後，請第一時間告訴我，我買票去看。

韓　寒 OK，謝謝。

吳懷堯 您的英文不錯。

韓　寒 Yes.

奇幻逆襲。郭敬明

努力和勤奮，為了自己的理想竭盡全力，
這是我最看重的品質。

晚上六點三十分，上海天漸黑。外灘二十七號，一棟英國復古主義建築矗立在夜色中，從東門進去，左拐直走，乘觀光電梯到九樓，就是一個露天陽臺，涼風迎面吹來。

「懷堯懷堯，我在這裡！」戴著鴨舌帽的郭敬明向我招手，在他背後，是上海標誌性的黃浦江和東方明珠。暖黃的微弱燈光下，他看上去比上一次我見到他時顯得更為瘦弱。

「無論別人怎麼說，我想努力賺錢」，這是他曾經寫在微博上的一句話。我們見面時，恰逢郭敬明的奇幻小說作品《臨界．爵跡》在全國二十座重點城市發售。

這部郭敬明投入巨大心血的作品，不到三個月的時間，「首印的兩百萬冊，已經沒有什麼庫存了，發出去的書，書店也消化了百分之九十以上。《爵跡2》上市時，《爵跡1》就會開始加印。」郭敬明說，這部作品之所以分兩冊推出，「主要是考慮到讀者的承受能力，圖書定價低一點，青少年讀者群才不會有購買壓力。」

這是他的經驗之談，每次推出新書前，他都會透過終端書店，提前蒐集有效資訊，比如學生群體最容易接受的圖書定價是多少錢，對圖書的厚度和紙質有什麼要求。

此外，他還向我透露了一個細節：「我們旗下有一大批名氣差不多的作者，我做過嘗試，將他們的書一個定價在二十元以上，一個定價控制在二十元以內，結果後者就是比前者賣得好！」

作為二十世紀八〇年代出生的最具爭議的話題作家，一直以來，郭敬明都站在輿論的風口浪尖，毀譽參半。偶像作家、雜誌主編、公司老闆、電影導演……每一樣他都做得非同一般，並且在這些身分之間，切換自如，遊刃有餘。

郭敬明，一九八三年六月六日生於四川省自貢市一個普通家庭。郭敬明小時候，他的媽媽在銀行工作，因為多給客戶一百元而被罰，除了賠償，還額外扣了一百元工資。

他說：「媽媽為此流了兩個晚上的眼淚，那個時候她的月工資只有一百二十元。」在他大概七歲的時候，爸爸買了人生中第一件有牌子的襯衣，花了一筆不小的錢，「但是爸爸笑得很開心，他站在鏡子面前，轉來轉去地看著鏡子裡氣宇軒昂的自己。」此情此景，相信大部分中國家庭應該都有過類似一幕。看似常見的事情，卻讓少年郭敬明覺得，「這些都是和錢有關係的，錢帶來開心和傷心。」

上學後，郭敬明是標準「三好學生」，從小學到初中，每次都是全年級第一名。高中時代，學理科的郭敬明是班上的語文課代表，平時熱愛讀書，作文新鮮活潑，在同齡人中出類拔萃。一九九八年，他的第一篇稿子〈劇本〉通過了第三屆新概念作文大賽初賽。二〇〇一年，十八歲的郭敬明前往上海參加決賽，以〈假如明天沒有太陽〉一文斬獲第三屆全國新概念作文大賽一等獎。二〇〇二年，郭敬明又參加了第四屆全國新概念作文大賽，以〈我們最後的校園民謠〉再次獲得一等獎。《萌芽》雜誌舉辦的「新概念作文大賽」，成為郭敬明踏上文學之路的契機。二〇〇三年一月，郭敬明出版首部長篇小說《幻城》，語言唯美瑰麗，想像豐富奇特，在青少年讀者群中迅速風靡。等到他的「小時代」系列出版時，郭敬明已經是作家富豪榜上的常青樹，青春文學市場領軍人。

在寫下了《小時代3.0：刺金時代》最後一個字後的大約三小時，我們相約在上海靜安區緊鄰南京西路處郭敬明寓所再次見面。持續多天熬夜趕稿，使他臉色蒼白，雙眼發紅，黑眼圈非常明顯，聲音嘶啞，更糟糕的是右耳的中耳炎也犯了，疼痛襲來，他說「抱歉啊」，隨即放慢語速，用手捂住耳朵，頭也微微右偏。

為了提神，郭敬明讓助手泡了一大杯咖啡。他的客廳乾淨明亮，他依然戴著一頂鴨舌帽。一隻有黃色大眼睛的灰黑色貓，在我們之間來回穿梭，有時候牠會突然跳到沙發上，看著郭敬明「喵喵」聲聲叫喚。

有一天凌晨三點多，他還沒有休息，他的作息時間與常人殊異。郭敬明說：「如果在趕稿期間，我要到晚上才能集中精力去寫，因為白天有一些工作，公司同事也會不斷有事情來請示，我要做很多的決定，很難靜下心來，所以只能白天處理完工作上的事情，等到夜深人靜大家都休息了，我再集中精力寫。如果我像正常人作息，我是沒有辦法創作的，不斷有事進來，電話，簡訊，電腦上或者公司裡都會有人不斷找我，是沒有辦法創作的。」

在輿論場，大眾看到的多是郭敬明風光和有爭議的一面，而常常看不到其背後的勤奮努力、所思所想及成長歷程。

經過多次促膝長談，我試圖還原一個有血有肉的郭敬明，和他隱祕的內心世界。

我也有過文藝青年的日子

吳懷堯 您是從小就喜歡閱讀和寫作的嗎？您第一次投稿具體是什麼時候，現在還有印象嗎？

郭敬明 對，我小時候比較喜歡文學，一直在往這個方面嘗試，包括投稿、參加比賽等等。小學二年級就開始投稿，寫一些類似通訊的東西。比如我們學校組織活動，我就寫幾月幾號，天氣晴朗，大家一起在操場上做什麼。然後按照語文老師教給我們的方法，我寫好郵編地址，說明想要刊登的欄目，給報紙投過去。我小時候身體差，也不會像其他小孩子，天天在外面玩，去踢球、去打架什麼的，大部分時間都待在家裡。那時候也沒有網路，電子遊戲也少，所以就看了很多書：鄭淵潔的《童話大王》，安徒生、格林的童話，小人書，連環畫，作文選，一本接一本看。大概五、六年級，才開始看一些稍微成人一點的青春文學和相關書籍。

吳懷堯 您的語文老師叫什麼名字？

郭敬明 我的小學語文老師是陳澤宇，她在我的文學啟蒙方面產生了很大的作用，我到現在還滿感激她的。

吳懷堯 您寫的那些短文發表過嗎？

郭敬明 發表過很多，我第一篇短文是小學二年級發表的，後來陸續都有發表。我是初中才開始轉到給雜誌投稿，轉到比較個人化的寫作路上。

吳懷堯 您念小學的時候，學習成績怎麼樣？

郭敬明 一直都挺好的，從小學到初中，每次考試我都是全年級第一名。到了高中我也是全年級的前十名、二十名這樣的。大學因為工作太忙了，所以學習才被影響。可以說我的整個學生時代，都是處於這種好學生的光環下，是標準的好學生。正因為這個原因，我爸媽對我不太管。

吳懷堯 現在有家長老是覺得小孩看課外書會影響學習成績，您認為呢？

郭敬明 關鍵還是要看這個小孩的興趣是往哪個方向發展，如果他本身對文學興趣濃烈，其實看文學類書只會對他有好處，不會有任何的負面作用。就算他將來不當作家，閱讀對他的人文修養也能有重要幫助。**我們不能指望每個喜歡看書的小孩將來都成為作家，但喜歡閱讀真是好習慣。**

吳懷堯 您小時候好朋友多嗎？小時候的朋友現在還有聯繫嗎？

郭敬明 還好，正常吧，也沒有到特別多的那種程度。我初中高中的同學，現在每年大家都會一起玩。

吳懷堯 您上初中後，開始向一些雜誌投稿？

郭敬明 初中的時候，我自己開始買一些當時流行的《中外少年》、《人生十六七》這類雜誌，就像現在的青少年看《最小說》一樣。那時候我就覺得這上面的人寫的東西真好，開始崇拜他們，因為我小學就有投稿的習慣，就把自己的文章寄給雜誌社。第一篇是在初二的時候發表的，後來開始陸續發表，愈來愈多。我不輕易表達和外露個人喜怒哀樂和情感變化，其實是悶騷型，那時候的性格就是一個標準的文藝青年性格。喜歡看一些小眾的電影，喜歡聽一些別人都沒聽過、都叫不出名字的搖滾，愈小眾的、愈沒人知道的東西我愈喜歡，大眾喜歡的我就很反感……時間一晃，反倒現在自己的作品變成大眾化的了——其實我也有過文藝青年的日子。

吳懷堯 小學二年級發表第一篇短文，初二發表的是什麼？

郭敬明 是一首詩歌〈孤獨〉，因為開始的時候不懂詩歌到底是什麼，就覺得詩歌挺短的，比寫一篇文章容易。現在詩歌寫得少，偶爾會寫一些歌詞。

吳懷堯 初中學習成績很好，文章又不斷發表，相比同齡人，您顯得孤僻嗎？

郭敬明 孤僻倒不至於。我初中不太愛說話，我愛看書，那個時候青春期比較敏感，傷春悲秋的情緒很多，整天沉浸在自己的世界裡面。後來到了大學才慢慢變得比較開朗，在大學之前，我其實是另外一個性格。

吳懷堯 二〇〇一年，您十八歲，就讀於四川省自貢市富順二中高中。這一年您獲得第三屆全國新概念作文大賽一等獎，算是迎來了一個轉捩點。當時怎麼想到要給《萌芽》投稿？

郭敬明 我是在路邊書店買書，正好看到有一本新概念作文大賽的精選集，那是第二屆了，當時看了很震驚，裡面的文章跟我們想像中的作文不一樣。我從頭到尾看完了這本書，我覺得這些人寫得真是太棒了，我從來沒有想過作文可以那樣寫。那些文章無形中跟我內心想表達的東西是一樣的，但第二屆我要參賽已經晚了，它已經截稿了，我只能參加第三屆。到了第三屆我就準備了很久投過去，結果沒想到拿了一等獎。

吳懷堯 我記得韓寒第一屆新概念就拿了一等獎，您注意到這個作文比賽的時候，有特別留意到韓寒同學嗎？

郭敬明 當時知道韓寒，但沒有特別在意，因為那一屆優秀的獲獎者有很多，後來韓寒成為社會上討論的現象，才開始關注到他的。

吳懷堯 那您自己參賽的時候，做了哪些準備工作？

郭敬明 我一口氣寫了十幾篇稿子，陸續寄給主辦方，一直到截稿日那一天我都還在寄稿子。後來才從評委那裡知道，其實我第一篇文章就成功入圍了。我是那種做一件事情就會做得很好的人。我不斷寄稿子，想法也簡單，也許第一篇不行，我再寄第二篇，寄第三篇，增加命中率，總會有一篇被評上的。再後來，這些文章也結集出版了，就是《左手倒影，右手年華》。

吳懷堯 您去上海參加決賽的時候，家裡人是什麼態度？

郭敬明 家裡很擔心，說這個比賽到底正不正規，會不會是騙子啊。最後我還是堅持要去比賽，家人說既然你願意就去吧。為了我的安全，他們幫我訂了機票，那是我人生第一次坐飛機，一個人拎著包就去上海參賽，以前沒有出過遠門。

吳懷堯 獲得新概念作文大賽一等獎前後，您文章的發表率有多大改變？

郭敬明 在給其他雜誌投稿時，還是經常被退稿。二〇〇三年《幻城》出版後紅了，退稿的狀況才有所改善。

吳懷堯 當時想到過自己會留在上海發展嗎？

郭敬明 因為沒有考上廈門大學所以去了上海大學。我最初報的是廣告，廈門大學廣告專業非常有名。那個時候其實我就已經在往創意行銷這個方向發展了，我並沒有說死命要做一個中文系學生或者作家。廣告應該怎麼打，如何包裝一個作品，怎麼把一個作家推向市場，是我的興趣和愛好，所以我報了廈大，但是陰差陽錯沒有考上，所以就來了上海。

現在回頭再想，也許當年我去了廈門，一切都不一樣了，不會像今天這樣，在上海綜合發展。

吳懷堯 您在上海生活了十多年，如何評價上海？

郭敬明 這是一個偉大的城市。

我甘願做文學墊腳石

吳懷堯 有很多文章分析為什麼您的作品賣得這麼好，甚至有很多出版人也納悶，不清楚到底是怎麼回事。您自己覺得您的書為什麼賣得好？

郭敬明 有一個奇怪現象，就是人們在潛意識裡不願意承認這本書寫得好看，他們會分析是不是出版社在炒作，或者他們包裝得好，很偶然。但是，如果一個作家可以連續七年每年都紅，換句話說，一個出版社如果有這麼強的功力，只要去包裝、去炒作就可以，那麼，就不會只有一個郭敬明，他們可以用同樣的模式去包裝另外一個人。

有的人分析這個原因，分析那個原因，他們永遠不會面對的原因就是：會不會他這本小說真的寫得好呢——他們不會去想這個問題，他們會拋開這個問題去找其他的原因來分析為什麼暢銷，所以我覺得還是別人潛意識裡不願意接受或者不願意承認是小說寫得好看。但是我覺得這個不重要，讀者的眼光是最簡單的，包括我們看電影，我們看電視，都會選自己喜歡的看。

吳懷堯　所以您覺得很關鍵的一個原因就是好看？被吸引的對象主要是青少年群體嗎？

郭敬明　我覺得我的小說好看，而且我覺得我的小說是可以吸引人的。當然，我目前寫的生活大部分是這個群體。但是我自己也在成長，包括《小時代》，我身邊很多很多的人，包括三十多歲的，他們都在看，看得津津有味，他們跟我說寫得很棒，所以我覺得隨著年齡的增長，我可能閱歷更多，經歷的事情更多，就不再會去寫小朋友看的東西，這種轉變需要時間。當我十七歲的時候我能寫什麼呢，寫婚姻，寫家庭，寫倫理嗎？那些我都沒有經歷過，所以歸根結柢，還是評論家、媒體對我的期望值太高了，希望我一上來就達到某種高度，但這是需要時間去培養的。

吳懷堯　關於您的各種爭議一直以來都不曾停息。有一年在做作家富豪榜資料調查時，在武漢，一家圖書發行公司的老總對我說：「郭敬明對孩子們的影響比很多人想像的要大得多，而郭敬明的書中，消極的東西太多，包括懷孕、墮胎、自殺，這些都是他的小說因素，孩子們看了，肯定有負面影響。」對於這種觀點，您怎麼看？

郭敬明　其實他還是不瞭解我的作品，他如果認真看就會發現，哪怕我寫到墮胎，我都是把它當成一個悲劇，是反思式的。這些作品發表後，我也聽到很多讀者說，小說中人物的悲劇，讓他們更加珍惜現在的生活。還有一種聲音是，本來覺得自己很灰暗、很倒楣，但是看到這些人物，突然覺得自己是幸運者。

如果大家真正去看我的作品的話，其實我在「八〇後」作家中是最主旋律的，我永遠在描寫友情、愛情這種正面的、善良的、正義的力量。其中的一些悲劇色彩，也是夢被粉碎後的一種惋惜和心痛。其他「八〇後」作家中，描寫吸毒、反叛、地下搖滾、翹課曠課者不在少數。而我的小說裡面，寫到接吻就不得了了。但是隨便一本成年作家的小說，你拿來看看，不可能只到牽手。所以我覺得我並沒有像他們想像的那樣，去宣導這種東西。恰恰相反，我知道自己的受眾都是年輕人，無形中增加了很多壓力，包括文學創作上，我寫的看上去都是很積極很美好的。每一個作家都有自己內心的欲望和衝動，我們有時候也會去想描寫一些嚴肅的事物，去暴露這個社會的陰暗面，去寫這種很刺激人的東西，但是一想到自己的身分，我就會考慮是不是應該做這些。

很多人批評我，寫的東西太淺薄，沒有人性的醜惡，沒有批判意識。我心裡會想，我可以寫這種東西，我也感受過很多，我的心理年齡遠遠超出同齡人，但是這種東西寫出來是否好，我的讀者群是不是承受得了，或者會不會改變他們的世界觀、人生觀，這個我會去考慮。很多時候，其實我是最無奈和尷尬的那個人。一方面我想要去寫很多東西，一方面很多東西我不能寫，所以我只能在我可以駕馭的範圍裡面，盡量把我的小說寫好。

吳懷堯 您覺得自己在文壇上扮演的是什麼樣的角色？

郭敬明 在文學這個圈子裡面，我一定是邊緣人物。在社會的認知度上面，當今的作家已經在公眾的視野裡處於邊緣，因為公眾大量關注的都是電影明星、娛樂明星，或者是財經明星、商界首富、有錢人，作家是在很邊緣的一個地帶。從這個意義上講，我又是作家裡面最被關注的一個人，我是很主流的；但是在作家圈裡面，我又變成了很邊緣的一個人。所以其實還是很微妙，呵呵。

吳懷堯 有些純文學作家，不會為了討好讀者而寫作，但是您在創作過程中，經常會選擇和讀者互動，這是出於什麼樣的考慮？

郭敬明 我覺得作家分兩種。一種是探索內心和思想，這建立在作家本身具有很優秀的品質和思想（的基礎上），而且這些東西寫出來，是可以影響人的觀念的，我覺得這個非常好。

另外一種作家是希望寫好一個故事，小說的核心是故事，讀者在看這個故事時，能體會到閱讀的樂趣。我可能是後一種作家，我不希望用很個人的東西去影響那麼大的一批讀者。

如果今天只有一萬個人看我的書，可能我的感覺就不一樣了，我就非常隨心所欲，想寫什麼就寫什麼，因為這一萬個人是跟我臭味相投的，他們認同我的觀念。但是現在，如果我把一個陰暗的內心世界寫出來，影響了中國的一代青少年，那是很恐怖的一件事情。

所以我寫小說，很多時候是在敘事，而不是傳道。我不會說你應該怎麼樣，這件事情帶給我們什麼，我只是把這個事情表達出來，至於你能感受到什麼，體會到多少，那是你的生活環境決定的。現在太多的人不看書了，一個不看書的人是很可悲的，都在上網看那些偶像劇，我覺得好可悲。

中國現在很多人批判我的同時，他們沒有想過，如果今天沒有像我這樣的作家，他們孩子的這些時間和精力也許用在打遊戲，也許用在看電視，也許用在上網跟別人聊天。當他願意坐下來認真看一本書的時候，你批判個什麼勁呢？我就不能理解。說實話，我今天不寫，你覺得他們會去看那些嚴肅的書嗎？他們根本連書店都不進。但是可能他看完我的書之後，體會到了閱讀的樂趣，他可能建立起了文學興趣，他會去看更好的、更偉大的作家們寫的書，你需要把他引入這個行列中來。我甘願做一個墊腳石，我甘願做這個，你就不要再批判我了，因為我並沒有做傷天害理的事，包括我做雜誌也是。我希望學生在學校，你有這個錢有這個精力，你來看書，看小說，看文學，總比你去上網，亂七八糟打遊戲荒廢時間好得多。

吳懷堯

甘願做文學墊腳石，讓讀者體會閱讀樂趣？

郭敬明

我自己心裡明白，我也承認我並不是寫得最好的，有很多文學家，包括我們今天看到的很多大師級的作家，他們寫得非常棒，但是並不是說完全沒有接觸過文學的人，他們就看得懂的。我初中時看《尤利西斯》，覺得那是什麼啊，看了三年都沒看完，但是當我真正閱讀過很多東西，就會覺得它有它偉大之處，它有存在這麼多年的道理。從未接觸過文學的人，不是一下子就可以看懂的。先要培養他讀書的興趣，他的興趣和閱歷到達一定層次的時候，他自己會去選擇，他不會說我永遠就去看這一種，他會去選擇其他人的東西。這樣會有愈來愈多人來關注這個領域，去體會閱讀的快樂。

再見啦，小時代

吳懷堯　很多作家是寫完作品後再想名字，而您如果沒有想好小說的名字，就會筆墨不暢，這是為何？

郭敬明　我喜歡先定下一個大的範圍和中心，然後圍繞這個來寫。也可以理解為，我的寫作更多地是靠一種技巧性的控制力，而不是一種激情的創作。

吳懷堯　在您以前的作品中，王子公主式的主人公比較常見，有些甚至帶有玄幻色彩，儘管文字絢麗，但給人感覺不夠真實和生活化，從《悲傷逆流成河》開始有所改變。我好奇這之間的轉換，是什麼讓您開始嘗試另一種表達？

郭敬明　我喜歡在我的創作裡不斷出現新鮮的元素和新鮮的表達方式。甚至在最新連載的《小時代》裡，我希望用文字呈現出美劇一般的節奏感和懸念感。我希望創造一種新的閱讀快感和跨界的文字表達方式。

吳懷堯　《小時代》發表之初，您以自己主編的《最小說》為陣地，採用連載方式拉近了與年輕讀者的距離，並為此後的系列埋了伏筆。相比之前的作品，這次您想表達什麼？

郭敬明　每一本書我都想去做新鮮的東西，每一本書我都想要不一樣的感覺，這一本我是希望給別人跨媒體的閱讀感覺。比如讀者在看這部小說的時候，腦海裡全部是電視劇的節奏和畫面。我在描寫的時候，也是按照電視劇的節奏來寫，我甚至會把配樂都描寫出來。每一集是固定的容量，固定的時間長度，跟現實生活中的時間是同步的。所以大家才會有這麼強烈的感覺，看小說像看電視劇一樣。我覺得大家能這麼講，就證明我的嘗試是成功的，聽到這樣的回饋還是很開心的。

吳懷堯　對於看過前兩部的讀者來說，這一部最大的亮點在哪裡？

郭敬明　其實《小時代》有一個最大的特色，它是隨著現實生活中的時間，隨著讀者的成長，一步一步往前推進的，故事裡面會有一種奇妙的代入感。《小時代》第一次連載是二〇〇七年開始的，前後差不多連載了五年。

五年對於一個人來說，初中生變大學生，高中生變職場人，大學生搞不好已經結婚生子了，五年在人生階段是挺長的時間段。當年初中生看第一本《小時代》會激動雀躍，我如果還是那種風格，或者描寫的東西大同小異，也許讀者到了大學就不喜歡。

吳懷堯　《小時代》完成，您是興奮還是疲憊？

郭敬明　很興奮。因為確實很不容易，這是我第一次寫這麼長的小說，它和我的生活，衣食住行，息息相關，這麼長一段時間一直在陪伴著我。

我在它完結的時候，第一次在我的作品後面寫了三行字，第一行是「全文完」，第二行是「感謝你五年來的閱讀與陪伴」，最後一行是「再見啦」。

《小時代》真的是我的生命裡面的一個告別，我自己對它也產生了很特別的感情。

吳懷堯　您有沒有特別無助或者寂寞的時候？遇到這種情況，一般如何調節？

郭敬明 **天下沒有白吃的午餐。你要在別人看得見你的時候風光時尚，那就一定要在別人看不見你的時候辛苦勞累。這個世界是講等價交換的。**我有很多時候都會覺得無助，這種無助來自自己對很多事情的控制力還不夠，並且還有很多不懂的事情沒有充分地去瞭解和學習。寂寞時候不多，我有那個寂寞的時間我一定會用到別的地方上去。

我覺得人可以獨處，可以沉思，可以反省。但是寂寞，實在是一種太浪費時間的行為。我在少年時代已經以寂寞這種姿態大把揮霍過時間了，我成年之後不會再重複這樣的消耗和錯誤。

吳懷堯 您現在最不能接受什麼樣的批評？截至目前，有一些文學界人士還不認為您的寫作屬於文學創作。

郭敬明 我還好，我什麼批評都能接受，沒有什麼是我不能接受的。我接觸過的一些評論家和一些老一輩的作家，我有機會把我的書給他們看，他們看完之後，會覺得有閃光的地方，當然也一定會有缺點，每個人都會有缺點，但是不會說這個不是文學。我相信很大一部分做出這種評論的人還是不瞭解，或者沒有看過我的作品。其實我不是對他們有意見，因為我自己也是這樣的，我很多書也是不看的，可能我也有先入為主的時候。我現在紅了七年，可能在我紅了十年，或者紅了二十年之後，就請你不要再忽視這個現象了，沒有一個人可以憑運氣紅二十年。我希望去堅持，在我紅了這麼多年之後，請你不要再忽視我。

你用心來看，如果你看完之後，你還是覺得它是垃圾，那沒有關係，我繼續去努力；但是如果你看完之後，你覺得有好的地方，我也希望（你的態度）可以改變一點。因為我覺得人都是這樣的，包括我自己也是這樣的。可能現在那種韓國方面的小說，我也不會去看，我也不知道它寫的什麼，但是我下意識就會覺得它不是文學，但是也許它有好的地方，也許它有很差的地方。你看它出現一年、兩年之後，逐漸就降溫了，就愈來愈小眾了，沒有人寫了，這樣的東西是經不起時間考驗的，那我會覺得自己的判斷是對的。但是，如果有一天這種花花綠綠的東西紅了十年、二十年，我就會說為什麼它會有這樣的生命力。總而言之，我願意花這個時間，有這個耐心，相信經過一段時間以後，別人是不能忽視你的。

作品被購買才具有價值

吳懷堯　在和朋友相處時，您最看重他們的什麼品質？

郭敬明　**努力和勤奮，並且為了自己的理想而竭盡全力。這個是我最看重的品質。**簡而言之，就是一個「工作狂人」。

吳懷堯　由人及己，您的理想是什麼？

郭敬明　關於寫作的理想，我大部分都完成了：成為一個作家，出版自己的書，受到讀者的喜愛。可能沒有做到的就是拿一個茅盾文學獎，我覺得那太遙遠。另外一個方面，我在經營自己的公司，我希望自己是一個作家的同時也是一個優秀的出版人。如果談到真正的理想，我希望在青春文學，或者是青春文化、青少年文化這一塊，涉足的領域會愈來愈多，而不是郭敬明編了一本雜誌而已。

吳懷堯 您也是個工作狂人嗎？狂到什麼程度？

郭敬明 上個禮拜五，我飛出去，禮拜六在北京，做三個活動，禮拜天在保定，下午到晚上再回北京開一個會，開完會回到上海九點多，也沒有回家，直接來公司加班加到晚上十二點，然後把工作帶回家做，做到凌晨四點睡覺，早晨八點多起來，到外面跟別人去談合作，前後談了兩撥人，回來之後又和你聊。等我們聊完，我有一個全公司一起開的會，開完之後還約了另外一個人談事情。這差不多就是我平時的狀態。記得有一個星期，我每天只睡兩三個小時。

吳懷堯 您現在有多重身分，現實與您的文字構成一種怎樣的關係？

郭敬明 現實中的我，漸漸比較像一個職業的出版人，主編和策劃人是我的身分，公司的專案和對外的合作，這些占據了大量的時間。而我的文字則是來源於我一直以來的作家身分，這個和我的現實生活沒有太多的關係。

吳懷堯 在作家和商人中間，您更偏向於哪種角色？

郭敬明 作家和商人我沒有完全把它們對立起來，對我自己而言，成為一個優秀商人也是我從小就有的一個夢想。我小時候就對金融、文化產業鏈很有興趣，當我自己可以從事相關行業的時候，就希望我在這個領域可以做到更大，讓別人認為郭敬明不僅僅是一個優秀的作家，同時還是一個優秀的出版人、優秀的商人。

吳懷堯　您如何定義「作家」？

郭敬明　我沒有去想過這個問題。廣泛意義上講，出版了作品就是作家，但是如果狹義一點，我覺得真正優秀的作家，不應該只是曇花一現，他應該是有持久的影響力。一個優秀作家需要做到的，是他的作品可以流傳。包括他感染的人群應該是很龐大的。古往今來很多成功的作家，比如曹雪芹大師、魯迅大師，他們都是這樣。對我自己而言，要達到這個目標還有很長的路要走，我只能期待，並未奢望我的作品在我死後還會怎麼樣。

現在社會發展太快了，每個人都沒有這樣的耐心去等候。我只希望當我還在創作的時候，不要被這個社會遺忘，不要被讀者所拋棄。一本書出來印一百本，放在家裡自己看，那沒有意義的。

吳懷堯　文學和商業並非完全對立，不少經典文學作品都曾全球暢銷。我想聽您談談作家與金錢的關係，儘管這個話題有很多人談過。

郭敬明　當書籍還擺在書店裡販賣，當書本背後依然標注著定價，作品就依然是一種商品，商品只有被購買了，才具有價值。否則，標榜得再厲害的作品，失去了購買者，就什麼都不是。

當然你可以認為菁英文化永遠都是小眾的東西。但是，能被小眾購買，也是價值。

童年的夢想是成為作家

吳懷堯　您畢業於上海大學，念的是影視編導（藝術系），這個專業對您的寫作是否有影響？

郭敬明　專業的影響不大。倒是我自己很喜歡看影視作品，電影或者劇集，這些都對我的寫作產生了很大的影響。特別是美國的編劇團隊，他們的寫作水準和控制力，讓人很嘆服。

吳懷堯　在您尚未成名之前，也曾在網上用「第四維」的網名發表作品，這也是有很多人叫您小四的原因。但事實上您不習慣在網路上閱讀，而是喜歡紙質圖書，但並不是每一個網路作家的作品都有機會變成紙質書。說說您對網路文學的看法。

郭敬明　網路文學是一種新的文學載體，但是本質都是一樣的。有些人習慣網路閱讀，有些人習慣紙質閱讀。

網路文學我瞭解得並不多。很多也是線上下出版成實體書之後，才會關注。

吳懷堯　說到關注，我想起您和其他一批「八〇後」作家被納入作協時曾引起的爭議。某些青年作家為顯個性拒絕加入或者毅然退出作協。作為作協的一員，您對作協怎麼看？

郭敬明　在別人看來，我進中國作協才是有個性的事情。而且我覺得能加入作協是好事，得到長輩的認可，對自己也是一種鼓勵。

吳懷堯　您說過看到那麼多人喜歡自己，會覺得很開心，也會覺得很累：寫幾千次自己的名字，回答相同的問題，晚上倒在床上立刻就會睡著……如果有一天這些一去不返，您會是什麼心情？

郭敬明　我倒是很平靜的。因為我現在在做的事情，也是在逐漸地把自己轉向幕後。對於策劃和公司的營運，是我的興趣所在。準確地說，是成年後的我，更感興趣的方面。所以如果有一天褪下明星的光環，對我來說，也許是件不錯的事情。當然前提是我要在商業上足夠成功。

吳懷堯 現在很多青少年和父母存在代溝，甚至連溝通都有問題。您和父母關係如何？平時交流多嗎？對您而言，他們意味著什麼？

郭敬明 我很愛我的父母，我和他們的溝通不多但是也不少。大多停留在簡單的母子父子關係。我很少和他們聊到我的工作。

吳懷堯 您童年時代的夢想是什麼？還記得嗎？目標讓人奮進，說幾件您最想實現的事情。

郭敬明 目前最想要實現的事情，都在商業條款中，「不可對外透露本合約內容」。哈哈哈。至於童年時代的夢想，那是有一天自己可以出書，成為作家。這個已經實現了。

吳懷堯 周杰倫是我喜歡的歌手。你們曾經聯手出版過電影寫真書，您撰寫的名為《墨與光的讚美詩》的配文也得到了周杰倫的盛讚。是什麼促成了你們的合作？對您來說，這是否是一次美妙的經歷？

郭敬明 我覺得他很有才華。我個人對他也很敬仰。所以他們公司的出版方找到我，我也很樂意。

沉默其實是一種力量

吳懷堯 年輕人的婚戀一直是社會話題，您打算什麼時候結婚？現在有戀愛對象嗎？

郭敬明 我本來打算三十一、二歲結婚，我爸媽也是差不多的想法。但感情這事很難講，隨遇而安吧，搞不好明年遇見合適的人就結了。我也不要求對方有錢，感覺ＯＫ就可，而且我自己現在實在太忙，真的沒有時間去經營或者維護一段感情，我覺得可能還是要等。這兩年是我企業最關鍵的時候，等過兩年真正安頓下來，就會開始考慮成家立業。我內心還是很傳統的，包括生活方式，我很熱愛過春節，我其實是有一點古板的人，遠沒有大家想像的那麼叛逆。

吳懷堯 您平常的閱讀癖好是怎樣的？說幾位您喜歡的作家和理由。

郭敬明 我的閱讀範圍很廣。文學反倒是我最不常閱讀的一個領域。我看雜誌和財經類的書比較多。

吳懷堯 我注意到，面對非議和指責您常常沉默以對，這是無能為力的表現，還是您解決問題的方法？

郭敬明 **沉默其實是一種力量，因為你不需要辯解，你的存在，你的姿態，就是最好的一種回答。**那天我跟一個評論家聊天，他是很關心我的一個人，對我特別好，看過我很多作品。他就跟我說：「小四，你完全不用去理會當下的各種評價……當我們五十年後，一百年後，再來寫中國文學史的時候，你在這十年裡面創造的任何一項業績是沒有人可以毀滅的。只要有人寫中國文學史，絕對避不開『郭敬明』三個字，他如果避掉郭敬明，這本書就是不公平甚至缺失的。還有你的位置就是這樣，整整七年裡面沒有一個人可以像你一樣，只要出書就是當年的冠軍，這樣的作家都不能在文學史上占一席之地，我不知道什麼作家可以。」

我自己不太會去看負面新聞，或者站出來說我要怎麼樣，我覺得那些不重要，新聞就是新聞，可能一個月之後甚至一週以後它就被人忘記了，但是作品是可以長時間流傳，這些對我來說更重要。

吳懷堯 作為一個優秀出版人，您現在公司的運作也是遊刃有餘了，旗下合作的作家，發展情況如何？

郭敬明 其實落落和七堇年，現在她們的作品都可以賣到二十多萬冊，韓寒有些雜文也沒有這個銷量，所以說我願意去培養很多作家，培養比我年輕的人。並不是說今天只要我郭敬明紅，不要其他人紅。我覺得閱讀市場是巨大的，像我一年出一本書，但是讀者看這本書只需要五天時間，他剩下來的三百多天做什麼呢，一定會看別人的東西。這個市場靠一個人的力量是填不滿的，所以我希望有很多人來豐富我們的選擇餘地，你不能只看郭敬明的書，除了郭敬明，還有很多其他的人，這些人非常優秀，需要一個平臺來讓他們發光，讓他們發展。所以我希望我做的這件事，也是建立起這樣一個平臺，你說這個完全沒有私心，那是不可能的，因為我建立起這個平臺是要控制這個平臺，將這些作家凝聚在一起。「郭敬明」這三個字今天已經不是我個人的，不是作家署名的郭敬明，而是行業或者產業裡面的一個聚光效應，只要是我策劃的，是我關注的，是我在涉足的一個領域，就會迅速吸引目光，無論是我們生產產業鏈上的目光，還是下游讀者群的目光，它會變成效益。這也是我做出版的另外一個目的。

吳懷堯 據我所知，您和年輕的作者簽約時，合約非常苛刻，他們只有同意簽合約了，您才願意全力以赴去推薦他們。

郭敬明　也不是苛刻，我們的合約對每一個作家都是一樣的，只不過決定誰重磅推。但是你可能就是一個三線作家的實力，不具備一線作家實力，那你就需要更長的時間去磨練自己的文筆，提高自己的創作能力，這些都是需要去綜合考慮的。

吳懷堯　您簽約的作者裡面有沒有因為不符合您的標準，悄悄解約的？

郭敬明　幾乎沒有。一來我們簽約年限比較長，不太可能一兩年就解約。二是我從來不會有固定的標準要求作者一定要怎麼樣寫，我希望他們發展出自己的特色。我在努力建立這樣一個生態：我們有創造嚴肅文學的作家，也有安東尼這種你都無法對他的作品進行歸類的作家。我們內部也會有梯隊，一線作者銷量可以賣到五十萬冊甚至八十萬冊，二線作者可能賣一、二十萬冊，三線作者可能賣幾萬本，還有沒有出書的新人，他們就像預備生一樣還在培訓中。

吳懷堯　您不會主動跟旗下作者解約，那作者發現自己無法適應您的團隊，要提前解約，會不會賠很多錢？

郭敬明　我們公司簽了一百多個作者，只有一兩個作家因合約到期，有了新的合作夥伴，這個也很正常。簽合約只是有打底的契約精神，真正的驅動力還是雙方的信任。像現在我和笛安、落落、安東尼已經很熟了，他們很多時候簽合約因為信任我，可以連合約都不看，但我還是會一條一條念給他們聽。我在外面幫他們接商業代言，也會幫他們把關，不會純粹從賺錢的角度去考慮，而是從作家品牌建立的角度去取捨。

吳懷堯 我多次看到您接受採訪談及某件事時說「這不是我的性格」，您是什麼性格？

郭敬明 我這個人的性格就是專注在我自己努力的範疇內，很少去碰其他的領域。因為我本身不是一個社會活動家、慈善家、記者或者新聞評論員，我的行業要求我首先要出好書，寫作品。我的私人生活是什麼樣，這個就是我個人的自由選擇，這也是為什麼我的微博大部分是寫我自己生活的原因。

吳懷堯 各人自掃門前雪，莫管他人瓦上霜？

郭敬明 我也管「瓦上霜」啊。我今天是一個受歡迎的作家，靠寫作賺很多錢，但是中國有很多作家不是這樣的，有很多懷抱著夢想的年輕人他們沒有這樣的機會，我願意透過自己的力量，去發現他們，把他們一個個推出來。我做出版後很多人從中受益，書店從業人員，印刷廠從業人員，甚至快遞人員，從這個角度來講，我對這個行業的貢獻還是很大的。

吳懷堯 您炫富一直是大家詬病的地方，為什麼要炫富呢？

郭敬明 我身上有很多優點，對理想的執著，對事業的熱情，但我也有很多缺點，比如過於講究物質生活，這些我自己也知道。個人生活方式，我從來不會掩飾。有些人總拿韓寒和我比較，但事實上，韓寒的商業代言可能比我還要多，我買名牌，可能他換車的速度比誰都快，這些都是花錢。每個人都在花錢，不能用道德標準來衡量花錢品位高低，大家選擇不一樣，不要動不動就道德綁架。

吳懷堯 據我所知，您對慈善其實挺熱心的，但外界知之甚少。

郭敬明 《最小說》成立後，每本都會捐出一分錢，儘管不多，但持續在捐。我不會捐一筆錢後馬上說出來，今天我們捐給了誰誰誰，來給我拍個照，發微博，要去秀，我覺得慈善如果變成這樣一種方式，它已經變味了。

遺忘魯迅是國人的悲哀

吳懷堯 我們聊一聊偉大的魯迅先生吧。魯迅在遺囑中寫道：「忘掉我，管自己的生活——倘不，那就真是糊塗蟲。」近一個世紀過去了，大眾依然無法忘記他，各種紀念此起彼伏，對此您怎麼看？

郭敬明 魯迅寧可自己被忘掉，因為早在生前他就預料到了死後被異化但無處申辯的境地。「文人的遭殃，不在生前的被攻擊和被冷落，一瞑之後，言行兩亡，於是無聊之徒，謬托知己，是非蜂起，既以自炫，又以賣錢，連死屍都成了他們沽名獲利之具，這倒是值得悲哀的。」也許是無聊之徒太多了，拿著魯迅做幌子到處「滋事」，以為紀念他可以自炫，但是卻不知早在幾十年前就已經被罵了。所以我並不想發表太多自己的觀點，只是借用魯迅自己的話來表達。

首先，我覺得兩句話並沒有任何連帶關係，魯迅的遺囑是寫給妻子許廣平的，並非寫給廣大的中國人，更不是寫給七十年後已經出生或將要出生的人群。魯迅是一個很謙遜的人，他在寫給友人的信中聲稱自己一生太平凡無法立傳，更認為自己和諾貝爾獎相離甚遠，在《吶喊》中，他也早已說過：「我決不是一個振臂一呼應者雲集的英雄。」所以他的遺囑幾乎沒有含沙射影之意。

另外，「**過去的生命已經死亡。我對於這死亡有大歡喜，因為我藉此知道它曾經存活。**」魯迅是一個用死來證明生存意義的人，對於死，他想到的是他曾生過，而絕不是死後他將如何被祭奠。

魯迅如果被忘掉只能說是中國的悲哀，中國人的悲哀，如此而已。其實我覺得無法忘記是必然的，魯迅是五四精神的魂魄。**一個真正的作者是永遠不會被時間所淹沒的**，魯迅在證明這個道理的同時也被這個道理證明了，難道你認為魯迅應該被忘記嗎？

吳懷堯 您如何看待一度很火的否定魯迅潮？

郭敬明 一千個人眼中有一千個哈姆雷特，更何況魯迅站得太高了，更容易成為眾矢之的，不論是否定、褒獎、吹捧、謾罵都是很自然的事情。蘇格拉底飲鴆自盡，耶穌被眾人推上十字架。魯迅對自己的遭遇也一定不會感到奇怪，他曾說過「譽之者眾數也，逐之者又眾數也」。不知道你注意到沒有，伴隨著否定魯迅一般都有吹捧胡適的「熱潮」。魯迅「粉絲」和胡適「粉絲」的爭論太多了，但是令人莫名其妙的是兩人生前彼此尊重。

吳懷堯 您認為魯迅作品適合收入中小學課本嗎？

郭敬明 適合，但是應該有所選擇。其實我們的課本中回憶起來印象最深的課文大多是魯迅的，不僅僅是因為要背誦、是重點，還因為他筆下的人物是前無古人，後無來者的。但是魯迅的文章有些太過難懂，有了些閱歷的人才能略懂一二，尤其是《野草》，對於孩子來說太過晦澀，也許過早接觸會產生牴觸情緒，適得其反。

吳懷堯 魯迅的作品您讀過多少？怎麼看他的成就？

郭敬明 不多不少。其實多少是次要的：很多人讀得很多，但是卻成了書櫃和存儲電腦；有些人讀得很少，但是卻可以深得精髓，用自己的思想去詮釋。中國舊社會的黑暗和魯迅振興中華的責任感使他的天賦遭到了扼殺，本來以魯迅的學識和思想，完全可以寫出與世界接軌的作品，可他卻被社會的桎梏限制了思想。曾有人說《野草》才是天才的作品。冷嘲熱諷什麼也不能解決，批判對大多數人來說只不過是短暫的或沉默或反思或咒罵。而魯迅自己也認為，他的雜文耽誤了太多時間，他的論戰實則是無聊的事情。其實把他的成就單單定格在作品上未免有些狹隘，他的成就更在於他那肩負著民族興亡的責任心。

吳懷堯 您對魯迅的感情如何？日本作家大江健三郎說自己一生的努力是為了靠近魯迅，對此您如何看？

郭敬明 我敬佩魯迅。每個人心中都有這樣一個人，只不過大江健三郎的這個人是魯迅而已。

吳懷堯 魯迅生逢亂世，一度居無定所，卻筆力遒勁，直面人生，他對我們今天的作家有什麼樣的啟示意義？

郭敬明 魯迅的一生是痛苦的，並不是因為他流離的生活，更是因為無人理解的窘境。那些青年學生，那些他所揶揄的左翼，那些諸如林徽因、徐志摩一樣過著優越生活異想天開的文人墨客，這裡面只有他的支持者和反對者，沒有他的知己，甚至包括妻子許廣平。他直面人生，但他也曾麻木地抄古碑，經過了沉默的十年。「啟示」這個詞魯迅一定頗為反感，因為他厭惡居高臨下的一切。不過，魯迅是在不斷地徹底否定自己中完成涅槃重生的。魯迅的定位首先是戰士——精神界的戰士，其次才是作家，所以他的人生不僅僅是對於今天的作家，對於記者、其他知識分子來說都有著先行的存在性。他一生追求真理，「自己背著因襲的重擔，肩住了黑暗的閘門，放他們到寬闊光明的地方去，此後幸福的度日，合理的做人。」

整理石頭。閻安

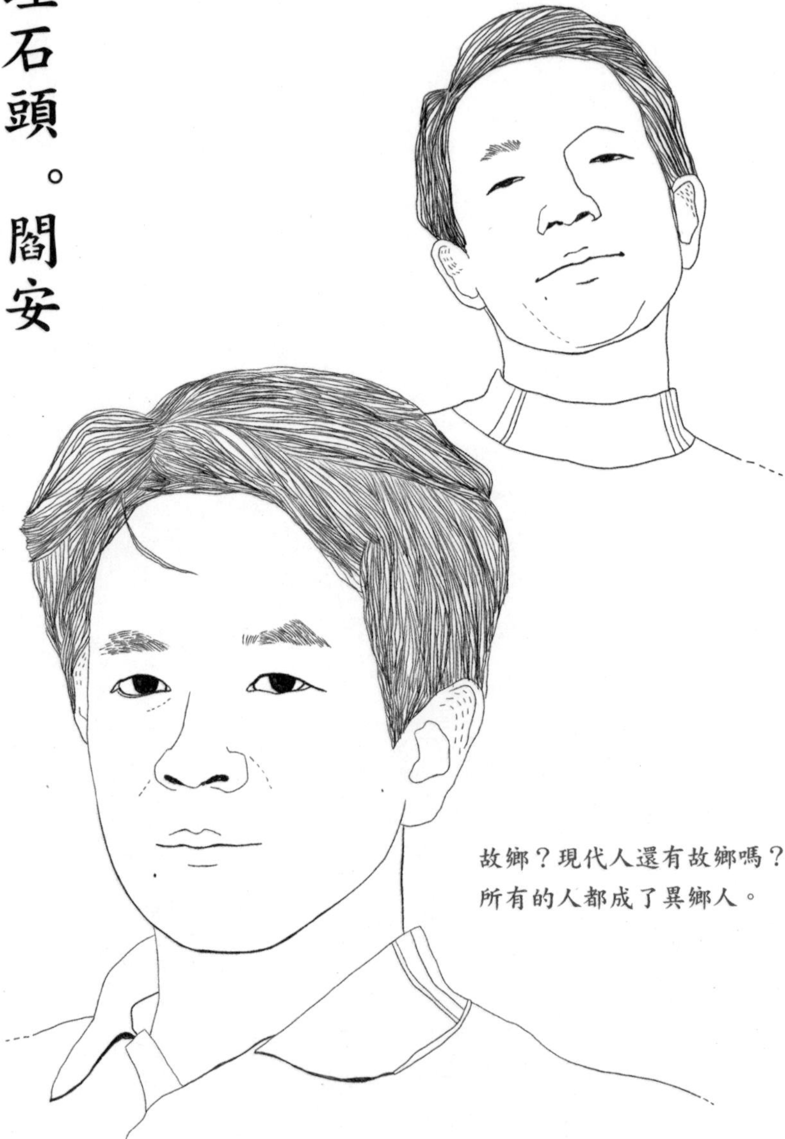

故鄉？現代人還有故鄉嗎？
所有的人都成了異鄉人。

一次偶然的機會，我從朋友處看到一本被翻爛了的詩集，詩集名為《玩具城》，作者閻安，陝西詩人。

在我印象中，陝西文壇的代表作家是陳忠實、賈平凹、路遙。閻安是誰，從未聽聞。但是看他的詩歌，我莫名其妙想到了卡夫卡。沒有大眾知名度的作家，如果沒有突發事件，通常鮮少有人關注。我找到他的聯繫方式，直接撥打過去。

電話那頭，傳來閻安低沉渾厚的聲音。我做了簡單的自我介紹，我說：「我想和您當面聊一聊。」

當時閻安生活工作都在延安，我人在北京，兩人相隔千里，素昧平生。

閻安答應後，我當天就訂了飛往西安的機票，然後從西安換乘大巴車，歷時五個多小時，終於抵達革命聖地延安。在此之前，我從未踏足大西北。

端坐辦公室的閻安，身邊遍布大大小小的石頭獅子，他目光犀利，看上去就像這群石頭獅子的王。

閻安，一九六五年生於陝西延安鄉村。早年就讀於延安大學，畢業後曾從事教育工作。他寫作範圍廣泛，涉及詩歌、隨筆、小說等各種文體，手稿約記超過一千萬字。先後出版作品《與蜘蛛同在的大地》、《烏鴉掠過老城上空》、《境況》、《魚王》、《玩具城》等。

當現在多數寫詩的人已不讀《詩經》，當本民族語言的內涵和彈性失傳般地漫失，閻安依然在埋頭寫作。

他偏安一隅，無門無派，遠離文壇的是是非非，遠離各種時尚化歸類，在高原之上，「風向標和細長的飛鳥駐留的地方」（閻安《故鄉》），默默地書寫著自己獨特的文本。

在大量閱讀他的手稿和出版過的作品後，我們開始了這場漫長的對話，其間聊到某些話題，或許勾起了他對往事的回憶，閻安突然淚如泉湧，我靜靜等待，直到他心情平復，才重啟話端。

當時我們都沒有料到，在此次談話結束後的數年內，閻安先後獲得《詩選刊》年度十佳詩人獎、兩岸詩會桂冠詩人獎、第六屆魯迅文學獎，出任陝西省作家協會副主席，和賈平凹搭檔負責知名文學期刊《延河》，賈平凹是主編，他是執行主編。

我說的是今年的春天／雨水好花也開得好／花開得真好／沒有名聲的花也開得遠近聞名／啊呀！雨水真好／花真好

——閻安〈春天〉

偷書賊

吳懷堯 賽斯．諾特博姆有一個很妙的比喻，「記憶就像一條狗，躺在它怡然自得的地方」。現在能否讓這條狗自由奔跑起來？談談您的童年生活和家庭背景吧。

閻　安 這是我寫作中一直在迴避的問題，今天可以和你好好聊聊。

一九六九年隆冬季節，由於家庭變故，我被在青海棉紡織廠工作的大姨帶去西寧寄養，那年我五歲。當時交通惡劣，從我所在的小縣到西安全是土路和沙礫路，只能乘大卡車前去。走出陝北據說用了整整七天時間，一路上生離死別的哭泣，試圖跳車逃回母親身邊的舉動所引發的脾氣暴躁的大姨的多次毆打，悲傷和嚴寒，使我幾天後就處於昏昏沉沉的狀態。趕到西安後，我的腳、手、眼睛和耳朵全部凍腫了，臉部和耳朵出現發炎的傷口和膿水。我大姨大概覺得如果再這樣下去，半個月後她帶往西寧的我可能就是一個凍死的孩子，於是她不知從什麼地方託人弄了一張羊皮，給我做了鞋套、手套和頭套。從西安到西寧，我處於半昏迷狀態，現在都不知道是怎麼去的。

我在西寧上完小學，一九七六年春上回到陝北，奇怪的是在回來的路上，由於搭乘了廂式軍用卡車，沿途所經之地同樣沒有給我留下任何印象。由於就近的地方沒有初中，回來後我在陝北鄉村老家又閒逛了一年。

在青海和陝北老家之間有一種巨大的、內在的落差，我想我很早就意識到這種落差，那是少年時代一種彌漫內心的無名而疼痛的悲傷。回陝北老家後，從工廠到鄉村我其實很長時間無法適應。我好像一直在家之外，在故鄉之外，也不太合群，喜歡獨來獨往地在邊緣狀態生活。這使我有機會觀察人之外的帶有神祕傾向的北方自然世界，並與之對話。我養成了眺望、遐想和獨自追蹤具有祕密傾向的事物的習慣。

吳懷堯 那您是什麼時候開始閱讀的呢？最初讀的什麼類型的書？它們對您產生怎樣的影響？

閻　安 我的閱讀從八歲開始。我幾乎每天都去青海棉紡廠職工閱覽室找書看。那個時代也沒有什麼好書，我是見什麼讀什麼，像《金光大道》、《林海雪原》甚至《西沙兒女》之類的書也反覆讀過。青海的閱讀，印象比較深的是《聊齋志異》的一個白話讀本，《鋼鐵是怎樣煉成的》和高爾基的童年三部曲。

回陝北後，幾乎就沒書看了。一個偶然的機會，我發現村裡一個北京知青藏書很多，他比較邋遢，白天尿盆都不下炕，我們倆一拍即合。為了看他的書，我沒少為他幹那種偷雞摸狗、摘棗扭瓜的事情。在他那裡我開始大量接觸外國文學，有《塊肉餘生錄》、《簡愛》、《戰爭與和平》、《葉賽寧詩選》、《普希金詩選》、《萊蒙托夫詩選》等。

這段閱讀經歷對我影響很大，我變成了一個沒有閱讀就會坐立不安、喪魂失魄的人。

吳懷堯

當我還是學生的時候，滿世界找書看是常有的事，您有沒有類似的經歷？

閻安

上初中時我做過一件荒唐事。某年暑假，我和我弟弟趁學校沒人，撬門擰鎖將學校僅有的一百多本圖書偷出來，原打算暑假將書讀完，開學前再原樣送回去。為了不引起注意，我們把書藏在山上由山洪沖出的暗洞裡，給自己定了每天閱讀三到五本書的計畫。沒料到幾天後一場大暴雨使山洪暴發，那一百多本書全讓山洪沖走了。我記得暴雨停後，我站在山洞前，泥漿四溢卻不見書的蹤影，一個人低聲哭了很久。我還沿著山底下溝谷裡洪水經過的河床尋覓了很久，希望在淤泥中能找到一兩本書，但是沒有找到。更沒料到開學後不久，學校不知道怎麼經過一番調查知道了我們偷書的事，懲罰我的方法就是每天放學時讓我在全校師生面前罰站。

這個事情當時非常嚴重，如果不是當村支書的父親正好是學校貧管會主任的話，我們兄弟倆就要被學校開除了。但是恥辱是免不了啦，恥辱的陰影籠罩了我的整個初中生涯。

吳懷堯
我發現，在您的詩歌中，經常出現鳥與石頭的形象，有時不是以文字的形式直接出現，而是在整首詩的氣息中隱藏、彌漫。這與您的經歷和成長遭遇是否構成一種內在相互依託的關係？

閻安
在我的詩歌中，除了鳥和石頭之外，還有一個更根基性的形象經常出現：蜘蛛。儘管牠出現的頻率並不高，出現的方式也很簡約，但牠非常重要，我試圖透過牠改變詩歌在時間和詞語世界的呼吸方式。顯然我詩中的蜘蛛所表達的不是西方文化那種生命探險際遇中的怪物，而是透過中國文化內在的觀照力對於事物和世界的慈祥而雍容的打開和延伸。

在我的生命直覺裡，我一直認為鳥比人古老，蜘蛛比鳥古老，石頭比蜘蛛古老（當然也許它們同樣古老），如果從另一個角度去看，牠們的存在比人有更為巨大的潛在能量和活力，蜘蛛、鳥和石頭都存在某種內在邊界或者預示著某種現實的可能性，牠們可以在人和世界關係的一個結構中可視地呈現出來，但牠們永遠是啟示性的存在，是神祕的，也是神性的，牠們更多的方面對人類幾乎是不可知的。

我出生並長久地生活在中國的北方。我一直認為這裡也是世界的北方，所謂的地球上的高緯度區位，人比較容易拋棄個人恩怨的地方，正是人類文明最早產生並註定要經歷滄桑劇變的地方。是的，我的經歷，尤其是少年成長時代的遭遇，現在我知道是它們幫助我建立了這種具有天賦般詩性傾向的生命直覺體系。讓我刻骨銘心的是，我的個體生命的歷程彷彿著了魔似的成了文明及劫難的又一次映射。在我的北方，任何時候，在那些隨處可見的從史前期留存下來的自然場景中，我隨便拿起一塊石頭，都能發現它們比「四書」、「五經」更古老，我由此能更加深切、更加真實地感受到「四書」、「五經」這類東西的魅力，並為之傾倒。

吳懷堯

閒暇時，您喜歡看電影聽歌嗎？這幾天我翻閱了幾期《延安文學》，發現上面沒有攝影作品的蹤跡。您心目中的藝術是什麼？您覺得攝影能成為藝術嗎？除了影像記錄之外，它能否由技術上升為語言，從技術中獨立出來？哈哈，聲明下，作者近照在我的觀念中是不算攝影作品的。

閻安

看歐美經典大片和紀實電影，不聽歌但聽音樂。你翻的是《延安文學》「陝西作家作品」專號，不是它一貫的樣子。素常的《延安文學》是把以美術為主的影像藝術和形式設計放在和文字作品同等的重要地位上做的，它是美術、設計和文字作品三個獨立要素之間結構搭配的統一，以此來強調現代感及其立場。我們的原則是：現代就是形式大於內容的時代，如果離開了形式，現代就不存在。

天才的藝術家可以把一切事情弄成藝術，當然包括攝影在內。攝影和攝影藝術的區別就是：它（從技術開始的攝影）給我們提供了資訊，它就是攝影，它給我們提供了想像，它就是藝術；它給我們提供了進入事物內部的衝動和方式，那麼它就是藝術；它把小的事物變大還讓我們信以為真並記住其特徵，它就是藝術；它把大的事物從一種關係中、結構中下降為小的事物，使其散發出精神氣質和精神力量，那麼它仍然是藝術。

總而言之，攝影的藝術性就是它可以完全改變事物的影像性質，讓事物超越了其本身。我想到了一個也許已經有失斯文的極端的表達：藝術家的蒼蠅是藝術，牠跟塵世的蒼蠅不同。

不孝子

吳懷堯

閻　安

在我們的生活中，父親通常扮演著崇山峻嶺般的角色，但終有一天，兒子會長大成人，翻山越嶺。在您的很多作品中都出現「父親」一詞，您父親是一個什麼樣的人？

我早期詩歌中「父親」這個詞經常出現，但是後來慢慢消失了，被詩中的某種人稱或者無人稱的視境所替代。剛才聊的我早年的家庭變故，就是父親蒙冤坐牢了，所以在我成長的關鍵時期父親是不在場的，我自己承擔了一切。我父親這個人我一直覺得他有點冷，就是生不逢時的那種冷，這跟我們家族的命運有關。我爺爺弟兄四人，當年有三個都是主動跑出去扛槍幹革命的，後來有兩個戰死疆場，我爺爺得以倖存是因為一九三五年他得了肺結核後退伍回家了。我有兩位舅爺輩的親戚都是當年西北革命中謝子長、劉志丹手下的得力幹將，中華人民共和國成立後都做到了將軍級別，其中的一位如果不是因為受高崗事件牽連，至少可以做到大將級別。就是說整個我們家族的人都有種血性僨張的狀態，不管勝任不勝任，他們一有機會就要參與那種分解或者建構一個社會的大事情，我想我父親骨子裡面有這種東西，他大概覺得他本來也能做大事的，但偏偏又這麼倒楣，所以脾氣暴躁的程度不可思議。

吳懷堯 您和您父親關係如何？是多年父子成兄弟，還是歷經風波感慨多？他對您的影響體現在哪些方面？

閻　安 從初中到高中甚至上大學後有一段時間，我跟父親的關係非常緊張。我從青海一回來就開始反抗父親了，我敢於挑戰他的權威，有幾次我們甚至發展到了動手的地步。

這樣以後，我父親就盡量不再與我正面衝突，有時候他動了火要打罵母親和其他兄弟姊妹，如果我在場，我感覺他會盡量克制自己。我們兩個互不服氣，保持一種疏遠的關係。我覺得我父親是那種酋長式的人物，他在村上做了一輩子的領導，七十一歲才辭去了村主任的職位。我是在自己長大成人以後才慢慢理解父親的。我從我父親身上看到了中國農村社會和農民的那種特有的內涵，農耕文明那種貌似平靜的、樂天而為的對苦難的承擔，而這原本都是皇帝老兒的事情。現在城裡的我常常像關心自己的一個孩子一樣關心著他，隔幾天就打電話噓寒問暖，每年在不同的季節裡都要回去看望他。**我父親就是我父親，他就像大地一樣不僅是我的生命和人生座標，也是我在詩學上一個帶有終極意味的考量標準。**我想有一天即使父親變成一個土堆了，他仍然是我的父親，我只要回去看一看這個土堆，就可以平息那種在城裡的大樓裡養成的虛妄和迷惘。

吳懷堯 捫心自問，您可有敬畏之物？如果有，敬的是什麼，畏的又是什麼？

閻　安 我當然是有敬畏的。在我的人生中有幾次機會是可以從政的，但是我沒有選擇從政；我也有幾次下海經商做大買賣的機會，但我沒有去做。我神差鬼使地一次次回到了寫作中，成為一個詩人，而且我不後悔，這本身就是一種不留餘地的敬畏。

吳懷堯 您曾經說過，做生意的做文化也是做生意，做文化的做生意也是做文化。現在，我們暫且把做生意限定在商業的範疇，您如何看待文人和金錢的關係？您認為生活狀態跟作品好壞有多大關聯？

閻　安 作家都有癖好，大作家有大癖好，個別作家有愛錢的癖好也沒什麼奇怪，這是古今中外都有的事嘛！其實歷史地看，多數文人愛錢也愛不出個樣，有了錢也不會花，也就是為了瀟灑，把個性放得更開一些。我一直認為厲害作家是天生的，生活好壞都不誤事：生活不好了他會想辦法，也會有人來幫他；生活好了他也不至於一天起來就炫耀，不務正業了。

吳懷堯 您是如何保持獨特性的？您覺得文學最應該關注什麼？

閻　安 在我看來，文學的本質必須是獨特的、創造的，否則便沒有存在的意義和理由。說到底，文學最應該關注的不是任何其他東西，而是人。**每一個人都是一條生命，不管他多麼卑賤倒楣和沒有來由，一旦他生而為人，那就一點也不簡單，從意義上來說他就是所有人，跟所有的人一樣重要，是關天關地的大事情；每一個人都是一個古老的傳承，他來自自己家族的血液、種族、地理、氣候，他跟萬事萬物都有祕而不宣的聯繫，他的存在甚至在時間和空間中也有不可替代的影子；每個人都是一個時代，他那裡記載著生命的痛苦和虛無，卑賤與高貴，個體和時代的衝突與緩和，孤獨與求助，撫慰與放棄……**

吳懷堯 在一張舊紙片上，您寫了一首名為《馬》的詩：「您這個人／生在人已不騎馬的年代／命裡註定要孤獨一生／有德無才的馬／愛跑的馬／懶散而自由／臥在野地裡／看野花的馬／連草都不想多吃幾口的馬」，在您的其他詩作中，同樣可以感覺到您如驚弓之鳥，時刻保持警惕。我很好奇，到底誰怎麼您了？您有這些在常人看來是負面的情緒，何時才能撥雲見日？

閻　安 在我的詩歌裡我很坦然，從未有過驚怵之狀。《馬》這首詩裡也不存在什麼負面情緒，不需要撥雲見日。

吳懷堯 有很多事情，我們明知不可為而為之，最簡單的例子，抽菸有害健康，但我看您菸癮不小，沒聊一會兒，菸灰缸裡全是菸蒂，這些外在的刺激是帶給您內心的安寧還是為了營造某種氛圍以利於思考？

閻　安 控制孤獨的本能之舉。孤立的時候尋求援助也是人的一種本能。也許不僅僅是為創作。導人創作狀態也是不易的，是要借助外力的，哪怕這種外力可能是一種惡力——注意，這裡的惡與道德無關。事實上即使你明白在做的很多事情可能是沒有道理的，但還是會去做。比如我一直在批判中國教育對孩子們智性甚至人性的扭曲，但我絕對不會放棄對孩子的教育，即使很多時候的教育是硬著頭皮勉為其難的，甚至是強制性的。

寫作者

吳懷堯 二〇〇八年五月，您的詩集《玩具城》問世。詩人出版詩集本是尋常事，但五月十七日到五月二十日，中國、臺灣及德國等地的三十餘位學者齊聚上海，圍繞您的詩歌展開論戰，此情此景，在近年來的中國詩歌界十分罕見。請談談您詩歌寫作的起因。

閻　安 開始是為了改變命運。我大學畢業後分配到陝北一個偏遠的縣城高中教書，不甘心在那裡長期待下去。當時感覺全中國也是文學最牛，文學是當時中國人唯一的精神生活方式，所以就開始了寫作。

吳懷堯 當下文壇不少作家身兼要職；在古代，文人當官天經地義，李白曾為翰林待詔。但是現在，有的人認為作家一當官就廢了，寫的東西沒法看。作為陝西作協副主席，您是否遇到過這種信任危機？您目前的作協身分對您的創作是否造成影響或帶來利弊？

閻　安 在我看來作協主席壓根就不是官。信任危機？誰的信任或不信任可以稱得上危機？文學不論社會身分，誰都可以操持，誰都可以和文學發生關係。靠身分浪得虛名，肯定長遠不了。

關於體制，單純拿官方說現在已不全面了，中國人都有營造體制的毛病，詬病體制的人也許已經建立了自己的體制，是為體制代言，不是為文學立心。只顧幾個人的小圈子而不顧其他甚至整個時代，也是體制，同樣惡毒。

吳懷堯　在中國文學界，賈平凹、陳忠實和路遙都是一些閃光的名字，作為同鄉和同行，能否談談您對這三位作家的看法？

閻　安　哈哈，說到陝西文學界，你漏了一位大師：柳青。柳青的文學氣質是當代文學史上的一座高峰，與雍容、神祕、渾厚、貴而不顯的秦嶺有關，雖然因為時代外力的克扣，柳青最終沒能在創作上完成大師級的東西。當代文學（陝西文學更不待言）離開柳青還談什麼？賈平凹、陳忠實、路遙都是大家，作為我的前輩或兄長，他們都很了不起，從他們身上我看到了文學的力量，我尊敬他們。

吳懷堯　從您的詩歌閱讀史和愛好來看，好詩的標準是什麼？您對當代詩歌整體上怎麼看？如果您認為存在危機，都有哪些表現？您認為海子和于堅重要嗎？

閻　安　在撫慰蒼生這一前提下，詩性原則的純粹典範是中國古典詩歌。當詩性原則明確之後，怎樣用詩寫詩，這才是詩歌的真諦，也是其真正的難度所在。

古典詩歌的偉大就在於它是詩裡寫詩，詩的內容是詩，形式也是詩，文體和內容完全統一，天衣無縫，真正的出神入化。

回到當代詩歌，我認為成熟有效可以與歷史對話的中國現代詩的寫作，仍然處在一個不得要領的準備的狀態，才剛剛開始。詩歌寫作的惡流席捲整個時代，最大的危機在於：大多數詩人熱衷於用一種入世的心態和動機寫詩，詩歌回不到虛的位置上，就是詩性缺失，等同於俗物；二是誤讀、誤解詩歌傳統，不能立足於本時代的生存現場，在本質上意識到詩性的生存，無法從現代生活很重要的內容變化中提煉詩性，從而承接傳統和展現現代力量的詩意，一味地寫個人式的田園牧歌，或許對個人有意義，但對詩境的整體拓展毫無意義。艾略特的寫作證明了緊張、殘酷的生存裡也能概括出詩性，當然是一種更加堅硬、堅強的詩性，一種惡也可以構成的詩性，不光是真、善、美。要解決中國當代詩歌好戲唱完的問題，既不是向古典學，也不是向西方借，因為它的核心問題從來不是一個技術問題，而是要從根本上解決個人生存和世界存在的詩性問題。

從閱讀或讀者的意義上說，當代詩歌已經滅了。詩人是詩人發現的，詩人的重要性是另一些同樣優秀的同行的祕密。海子、于堅都很重要，說他們都是大師也不過分。海子的重要性由於三流同行和評論家不得要旨的過分強調，反而讓人們遠離了對他詩歌本體更深切的進入。于堅從方法到對當代生存的詩性展開都是結構性的，幾乎無人能及，不過于堅論詩，口才極好，但結論我往往難以同意。

吳懷堯

吳宇森的電影《斷箭》裡面有句臺詞，大意是「快滅絕的大地，我還沒見過呢」。它讓我想起您出版的個人首部詩集《與蜘蛛同在的大地》。大風和大水，植物和光芒，鷹群及飛鳥，凡此種種，在您的詩歌中被一種神祕的力量隆隆推動，它們是真實的，但更具有象徵、隱喻、暗示的特質。第一次總是令人刻骨銘心，說一說「蜘蛛」背後的故事吧。

閻　安

寫作上我一直是個「單幹戶」，從開始到現在基本上不和外界交流，如果說有交流多半也是閱讀交流。我大概是當代詩人中最缺少交際的一個。

我早期的創作量特別大，首部詩集《與蜘蛛同在的大地》只選擇了其中極少的一部分。從現在來看，當時在直覺中產生的《與蜘蛛同在的大地》這個書名就有些牛，它對存在真相的逼近，我認為直到現在還沒人能做得到。

吳懷堯　但是在當代中國作家中，為獲獎，為討好讀者，為追名逐利而寫作的大有人在，您認為這是不是一種文化危機？可有解決之道？

閻　安　如果把文學理解為一個時代文化精神最具活力和表現力的一種形態，那麼大量的作家討好讀者，媚俗成風的寫作狀態，就是一種比較本質的文化危機，它說明我們文化精神的深層中出了問題。解決這個問題暫時還沒有什麼好辦法，只有等時間。點燈熬油，總有熬到頭的一天。

吳懷堯　您說一切偉大的文學都應是原創型的，也是超越潮流的。令人遺憾而驚歎的是，現在不少作家已經陷於思想沙漠，有的為了尋找水源，不惜鋌而走險。某作家剽竊他人已發表作品十餘篇，而且發表在同樣知名的其他刊物上，東窗事發後被當地作協除名，對於這些文壇寄生蟲您怎麼看？作為一個文學雜誌的總編，您平時如何防範類似事件？

閻　安　小偷、騙子、強盜朝朝代代都有，即使再開明的社會裡也免不了。但是創作這個事不是你自己親自做，再怎麼弄都不頂事，不惜突破人的底線、折割人性地瞎鬧騰，照樣也不頂事！文學期刊在人心不古的今天防偽，沒招，就是發一個啟事：文責自負，後果自擔。

吳懷堯　您在網路上一直很少露面。這次我又發現您很多東西都是用鋼筆寫在精緻的本子上和同樣很講究的稿紙上。您的辦公室布置了五百多頭您從陝北民間收來的石獅子，您伏案讀書寫作的時候，它們就在您的背後，簡直就跟您是渾然一體似的。您反對網路「石頭人」（比喻心硬如石的人）嗎？您怎麼看網路和詩歌的關係？

閻安

對網路一開始我也是好奇的，但很快就逃出來了，我對網路中鋪天蓋地的資訊不耐煩的程度近乎恐懼，它直接影響心跳和呼吸。對網路技術層面的東西，我有著不可克服的心理障礙，而且常常在運用這些程式時會產生幻覺，不知道那樣的程式要做什麼，莫名其妙，怪兮兮的。可以說**網路加深了我對科學的悲觀看法，就是科學確實能帶給人方便，壞處是它往往可以縱惡如仁。**這導致我的其他文體的寫作在圖快時可以用電腦寫。但詩歌一直用鋼筆在紙上寫，而且對紙質很敏感，不同階段的詩歌寫作對紙質的要求也不同，一九九〇年後期喜歡在孔式打印紙上寫，二〇〇〇年後則要在傳真紙上寫才帶勁。

網路上寫詩的人大多數與詩歌毫無關係，只是借助漢字在弄別開生面的起哄，圖個紅火熱鬧，「是腳不是腳都往鞋子裡伸」，稍有不適就不惜大打出手，把文學變成一種吵架罵仗的工具。網路上可以沒有羞恥感，沒有自尊，也可以沒有底線。

所以我個人認為，網路是當代詩歌第一殺手。由於有了網路，本時代的詩學策略是低劣的，甚至是卑賤的、暴殄天物的，這是後小市民意識形態和技術主義媾和呼應的必然結局。

吳懷堯

現在提起二十世紀八〇年代，一連串的關鍵字躍然而出：激情、反叛、理想、菁英、人文、崔健等。其時您正好青春鼎盛，作為那個年代的過來人和在場者，說說您心中的八〇年代吧。

閻安　現在好多人說二十世紀八〇年代的時候，其實都陷入了一個對歷史的誤解之中。但在我的印象中，整體上八〇年代還是相當傳統封閉的，人們只是在各自的生活原點上活躍著，交流的手段和條件基本上還是單純的官方管道，思想文化和文學藝術方面真正革命性的東西，實際上難以形成廣泛的社會影響，當然也形不成氣候，進入九〇年代後又很快轉向了。八〇年代有些局部性的東西，是在進入九〇年代以後被新的時代氛圍和條件逐漸放大、強調出來的。八〇年代還是一個合唱的年代，見了什麼大家一哄而上，社會精神生活單一，大概時代的僨張只體現在幾個大城市的局部。

所以我不認為八〇年代是一個整體覺醒的年代，它具有兩面性，像走鋼絲一樣搖擺不定，那時整個社會環境和人們的精神世界並不輕鬆。

吳懷堯　中國古代的士大夫努力一生的目標就是使「正道不頹」，道不行，則乘桴浮於海。但是二十世紀以來，特別是「五四」對傳統的顛覆之後，個人思想代替了聖賢思想，人定勝天的念頭蓋過道法自然的優良傳統，在這種背景之中，您認為當下知識分子如何才能體現自身的價值並且保持內心的純粹？

閻安　做知識分子不是手段而是目的，知識分子的社會責任說小了就是要正人心、辟邪說，說大了就是要對整個世界和存在負責，就是要把人引導到世界和存在的體系中端正人自己。但是在目前這個時候，我真的還看不到多少內心純粹的知識分子，我看不到知識分子在轉型時代現場的能動性，很多人實際上連老老實實做學問的態度和心境都沒有，不思精神創造，不再思考學術真理，只求一己的應對應變之策而不惜故弄玄虛，這樣的知識分子其實連人格都破產了，又何談良知啊，何談內心的純粹！「大雅久不作，吾衰竟誰陳」，知識分子的反抗應該首先從自己的內部開始，知識分子反對知識分子。

吳懷堯 如果自我評價，您覺得閻安是一個什麼樣的作家？

閻　安 我一直是不敢輕言妄言，一般要想好再說，或者想好了也不說。自己沒辦法評價自己，讓別人評價去。

老陝北

吳懷堯 古書上說，「天之高焉，地之古焉，惟陝之北。」由此可見，陝西陝北不僅是地理概念，還是文化概念。但在大多數人看來，陝北文化的座標是民歌，〈東方紅〉、〈山丹丹花開紅豔豔〉因其革命性和宏大的主題曾被廣泛傳唱，而〈蘭花花〉、〈走西口〉、〈三十里鋪〉等情歌更是婦孺皆知。面對陝北民歌，學術界更多地是從它的形式、修辭、韻律、氣質和情感等方面進行多重剖析，而忽略其音樂性。作為一個地道的陝北人，您怎麼看待陝北民歌？

閻　安 陝西和陝北不是同一個概念。〈東方紅〉、〈山丹丹花開紅豔豔〉也不是正宗陝北民歌，它們的歌詞為文人所創作，它們的音樂經過了對原生民歌曲調的改造和變異，實際上已經變成了雅樂。陝北文化是華夏文化一個獨立的分支和流脈。陝北民歌也不是陝北文化的座標，她只代表了陝北文化性情方面的某些特徵。陝北的現代性覺醒與發生在這塊土地上的兩大歷史事件密切相關，一個是延安時期，一個是「文化大革命」後期知青來延安插隊。陝北民歌的對外傳播，這兩大事件的作用是決定性的，但也造成了誤導，就是把陝北民歌的文化根性和內涵表面化、簡單化了，把陝北民歌根植於天地、自然和性靈的大品質舞臺化、雜耍化了。

不知你注意到了沒有，陝北民歌沒有第三者，她是唱給天地的，當然也許是唱給歌者自己的，因為她本來就是從心的最深處噴出來的，為了讓聲音上接於天下植於地，她的旋律高亢悠揚到了無所顧忌的程度。

說陝北民歌是唱給天地的，在音樂方面的另外一個表現就是陝北民歌歌的詞從來不重要，音樂才是最重要的，歌唱者可以隨意改歌詞，甚至可以不用歌詞，只要把調子拚命地吼出來，吼在天地之間就夠味了。陝北人到底是什麼時候開始唱自己的民歌的，我想這應該屬於祕密，如果有描繪的意義，對於陝北民歌我們只能描繪她在近現代以來的情況：二十世紀三〇年代以前，陝北民歌是情歌和歌唱性情的民歌居多，這有一個廣闊而遼遠的歷史根源。

幾千年來，農耕文化、遊牧文化、歷史上各個不同階段從各個方向進駐陝北的外來文化，在這裡不停地刀劈火熔，造就了這裡獨特的本土文化；二十世紀三〇年代以後，隨著中國主流文化的西化，這種本土文化被殖民文化完全取代，由國家或社會強力意志主導的殖民文化覆蓋了陝北本土文化的表面，使陝北文化成為主流文化籠罩下的根性文化。

這時歷史在變，民歌也在變，原來不強調性別的縈繞於天地之間的無性吟唱變成了女性民歌，那麼這個概念非常可怕，民歌變成了一種女性在天地之間哭悽惶的東西，這成為一個主流。這主要是戰爭所致。持續而慘烈的戰爭使陝北只剩下了老弱病殘和女人，女性取代男人成為主持生活的主角。女人是等同於土地的，那麼這時的陝北民歌大多從女性立場出發抒發情愫，女性的細膩以及沒有漢民族文化倫理禁忌的任性率真，使得民歌在抵達天地的同時，更容易撩撥人心。

大約來說，陝北女性撫慰大地和她們自己的方式是兩種：一是民歌，主要抒情，缺失男人的疼痛和生命的沉悶，必須釋放出來才能達到一種生存的平衡；二是剪紙，主要用來招慰亡魂和渲染天地之間男性缺失之後陽剛硬朗之氣不足的問題。

陝北民歌是勾魂的，她是陝北文化中比較人性化的一面。當你在陝北高原行走的時候，多數情況下高原是空蕩蕩的，這時候陝北民歌響起來了。仔細聽這歌聲，你會感覺它是圍繞著高原上已經消失的種族、人群，陝北高原的命運展開的。

這歌聲中的主人公也許從來就不是一個人，而是整個地消隱在時間和空間深處的那些古老的種族，但她從始至終都未出場，她只是現代流浪者一直想靠近、想尋找的一個對象，隱藏在時間、空間、高原地裡和帶著樂器、馬匹、牲口、歌聲雲遊在一個什麼地方的東西，也許就在你（尋找者）的身體裡和心裡。

吳懷堯　這是個庸俗的問題，但卻是深入瞭解一個詩人的最佳側面，我的問題是：如果讓您選擇，您喜歡哪個時代？為什麼？

閻　安　文人多慕古。周作人與魯迅的區別在慕古上就可以看出深淺：周作人愛日本與希臘，但別人的評價，他的風格接近明清；魯迅愛好魏晉與晚唐，但評論界評他的詩風存漢骨。也許其實，文人慕古別有用心。周作人和魯迅在精神向度上是一致的，兩人都是終生穿長袍，用毛筆寫字。周作人推崇古希臘，是因為希臘代表了人類早期最富有創造性的狀態。而魯迅偏愛的魏晉時代恰恰是生命自覺的時代，他認為這種自覺還造成了「文學的自覺時代」，魏晉人講究生命存在的風度，朝不保夕的生命感導致士大夫和文人以張揚的個性選擇消極的生活方式，而消極的恰恰是詩意的。

但是人人心裡都明白，魏晉人比較詩意的存在，建立在其異常殘酷的生存背景上，歷史上的魏晉名士大多被殺掉了。唐朝也一樣，無休止的擴邊對外戰爭，權宦官僚之間的殘酷搏殺，使得生存成為一門凶險的藝術。生命在古代條件下脆弱無比，很多人都是一次感冒就死掉了。所以文人慕古，只是取其一面，意在求得對當下歷史的參與和創造。生活在任何時代都不可能那麼完美，也許更倒楣。

所以，你要問我喜歡生活在哪個時代的話，我還是喜歡生活在現在，這是最可靠的。

吳懷堯 我的好友詩人周公度在一篇文章中寫道：「陝西的詩人沒有傳統，他們為了成為三流的詩人，閱讀大部分源自二流同行的作品，沒有人去古典裡尋覓傳承。他們的思想根源更是可笑，在於民間的俚曲，與全國各地的詩人相比，毫無強勢傳統的優勢。守著一片森林，卻去枯草叢中找風景。瘦小的智慧由此養成。」對於他這種尖銳的批評，您怎麼看？是否認為有其合理性？

閻　安 周公度的批評是有些恨鐵不成鋼的狠，是武林中高手才採用的典型的點穴致命法。他的這一批評具有全國意義，因為他在指出陝西詩人壞毛病的同時，也指出了全國詩人共同的壞毛病。批評就要有些刀下不留人的殘酷勁，否則解決不了太大的問題。

吳懷堯 周公度還有一個有趣的觀點：「在學術界，秦文化是富於侵略性的，冷毅、峻厲，但卻宏邁、寬容，不蠻橫，只是現在的秦人文化卻成了村野與小鎮的代名詞。」在您的詩歌中，我感受到久違的秦文化精髓，尤為可喜的是，還多了些許霸道的氣息，譬如那些「巨鳥」與「北方的使者」的形象，他們都具有「俯瞰」的傲慢氣質。我想問的是，您的寫作是如何在當代去銜接中國文化的根本傳統的？

閻　安 中國歷史在漢以後，在儒家文化成為國家主流文化之後，一直是貶秦的，包括對秦文化的貶損。這是一個由來已久的誤會：很少有人看到秦滅六國是秦文化的勝利這個玄機，卻認為秦滅六國是滅文化，秦本身沒文化，一句「孔子西行不入秦」，幾千年流傳，包含了多少歷史的誤會和惡意呵！

事實上，秦文化它是南靠秦嶺、北望賀蘭的一個地理的蓬勃，秦在這樣一個宏大的蓬勃中生發出深刻的生命自覺，並且把這種生命的自覺意識上升為國家意志的歷史行動。秦的歷史在我看來就是生命及其歷史的詩性直覺形式的必然性崛起，它為當時處於重大危機狀態的中國文化注入了原始的生命直覺，在這一意義上秦等於把六國解放了，更生了。秦文化是借助一種詩性直覺衝盪中國歷史並完成了對中國歷史的全新建構的。我想在一個敏銳的詩人看來，傳統是存在的，傳統在他自己身上是能動存在的，而且這種存在是處於一種詩性直覺搏動狀態的存在。

吳懷堯

您的外語水準怎樣？現在幾乎人人都反感思想文化界被動依賴外來資源的不作為，看得出來您也反感，那麼您怎麼看西學中譯這個問題？另外，當代知識界對於傳統文化通源能力差的問題，有人認為是要繼續加強文言經典的白話文翻譯，您怎麼看這個事情？

閻　安

我高中學的是俄語，大學學的是英語，我的外語很差，無法閱讀英語原著，大學外語課過關考試常常要借助同桌。這樣的話，或許我沒有資格談翻譯。但長期而深入的閱讀感受使我仍然要說，中國的百年翻譯史不得了，一百年中幾乎把世界上所有好的東西都翻譯過來了，這些東西以經典翻譯為主體，幾乎系統完整地搬過來了，一個國家這麼厲害，大概只有擁有過唐朝這一歷史階段的中國才能做到。

說到百年中國文學史，少不了百年翻譯史，翻譯甚至就是創作的一部分，甚至可以說它構成了漢語寫作的一半。

在所有翻譯中，詩歌翻譯是最差的，這可能跟詩性漢語本身的難度有關，但百年詩歌史實際上仍然是一部翻譯史，這在詩歌翻譯中那些水準有限的再寫作中做到了。**近百年來西方文學對中國文學的影響，不僅僅是思想方法上的影響，而且是波及生活形態的影響。**當代我所認識的一些很厲害的人，都不是受中國的影響，而是受外國的影響。中國的古漢語是獨立的，它在我們的傳統中巍然屹立，不可動搖。但現代漢語就大不一樣了，它吸納融匯的東西太多了，不僅有新的不同於古漢語的表達方式，連文化基礎都變了。

對文言經典的翻譯，白話文運動開始之際就開始了，也是一個百年了。但是翻譯古典的潮流，在百年之後的今天看是完全失敗了。青年學者賈勤先生對《詩經》的翻譯我比較推崇。中國人——漢語的兒子還要翻譯自己的古典才接受它，這不等於要把父親變成繼父才親他一樣了嗎？這有點丟人了，註定要失敗。事實證明，古典可以今講，但不可翻譯。老子的《道德經》可以翻譯嗎？如果把它翻譯成白話文，相當於把石頭放進水裡要融化掉它，這可能嗎？翻譯要準確，但相較古漢語，現代漢語的根基都變了，怎麼準確？愈準確愈完蛋。目前古文翻譯的風潮是愈演愈烈了，這是二十世紀八〇年代初來自港臺的風潮，香港人把古文當外語看，甚至把《西遊記》、《紅樓夢》和明清小說都譯成了白話。名家、大家的翻譯都爛得不行，這就充分證明港、臺雖然用的是繁體字，但它們的精神文化狀況卻是淺薄無力的。

水流千里歸大海。現在有不少年過四十的作家在創作之外，陷於一種「有愁無鄉，有家無

閻安　歸」的精神困境，您有沒有類似的煩惱？在您心裡，故鄉僅是地理概念還是屬於精神範疇？故鄉？現代人還有故鄉嗎？**當現代成為普及全球的事實後，故鄉就永遠地消失了。城市和商業把地球上所有的原點串聯起來，為我所用。整個地球變成一個異鄉，所有的人都成了異鄉人。**現代人就是無根的浮萍，城市及其用心不盡的商業就是要把每一個人都變成流亡者和異鄉人，於是每一個人的迷惘、分裂便成為必然，其身分的質疑、認定成了一個無休止的推演過程。

現代人都知道要回到故鄉是不可為的徒勞之舉。但是我相信詩意上的故鄉，相信它也一樣是可靠的，對它的接近是可能的。**故鄉再也不是那種被固定在大地的某個方位上的有侷限的故鄉，而是一個從守望中出發，從出發中背離，從背離中回歸，不斷地動用整個世界一切可能性的參照和座標，因而也充滿了詩意關聯度的開放的故鄉，一個具有精神的可能性向度及其意義的故鄉。**

吳懷堯　有一天我和詩人宗霆鋒去棗園革命舊址轉了一圈，看了看毛澤東、周恩來等人的舊居及書記處小禮堂，還有幸福渠。您離棗園這麼近，平時去得多嗎？您對毛澤東是什麼樣的感情？有沒有想寫寫他的打算？

閻安　我是延安人，我生活在延安，我常常在延安尋找毛澤東的蹤跡和捕捉他的某種氣味，這是我日常生活的一部分，我在冥冥之中和這個人相遇、交談、相處、探討，我在夢中也常常遇見他。我一直有個預感，這一輩子，我一定會傾盡所有寫一部關於毛澤東的書。

吳懷堯　如果有一天您離開人世，您希望自己的墓誌銘上寫些什麼？

閻　安　自己什麼都不寫，也不希望別人寫。塵世不過是過眼雲煙。

騎字飛行。于堅

我熱愛生活，生活在過去，
在當下，也在將來。
時光可以倒流的話，
我還是選擇做我自己。

在詩歌小眾化被冷落甚至邊緣化的年代，並不是每個詩人都能獲得尊重和聲譽。生活在中國西南邊地、擅長騎字飛行的于堅是個例外。

于堅，一九五四年生於昆明，一九八四年畢業於雲南大學中文系。一九七〇年開始寫作詩歌、散文、小說、評論至今。一九八〇年開始攝影至今。一九九二年開始拍攝紀錄片至今。著有詩集、文集多種。獲數十種詩歌獎、散文獎。詩集《只有大海蒼茫如幕》獲第四屆魯迅文學獎詩歌獎，長篇散文《印度記》獲二〇一二年《人民文學》雜誌非虛構作品獎。

在第十五屆華語文學傳媒大獎中，于堅榮膺「二〇一六年度傑出作家」。紀錄片《碧色車站》入圍阿姆斯特丹國際紀錄片電影節銀狼獎單元。系列攝影作品獲二〇一二年美國《國家地理》雜誌華夏典藏獎。在國內外多次舉辦攝影展。

我在網路上很狼狽

吳懷堯 您在散文和詩歌中不斷寫到人與大地、自然的關係，還獲得過《南方都市報》的「生態致敬作家」獎。二〇〇八年五月十二日十四點二十八分，四川汶川發生大地震，後來統計遇難者近七萬人。對此事件，您心情怎麼樣，作何感想？地震發生時，您在做什麼還記得嗎？

于　堅 大地震襲來時，我正在寫信，房子搖籃般地晃了幾晃，我立即意識到這是地震，這是我平生第一次感覺到大地在動。我繼續寫信，我知道這是地震，但我沒有打算逃走，在我居住的社區，就是逃下樓也沒有躲避的空間，水泥構件太密集了，唯一的辦法就是聽天由命。

後來我和我的長詩《飛行》的法國翻譯者魏簡在夜晚的街道上走，人們驚魂未定，還站在黑暗中議論著。忽然魏簡的電話響了，他父母從巴黎打來。那時候全世界都在打電話，各種語言不用翻譯也知道是在說什麼。很久不通音訊的朋友紛紛出現，鼻子發酸，哽咽著。天地無德，幾分鐘之後，一切從零開始。為什麼救災人員進不去？那不是搶修的問題，他們面對的是重新崛起的高山、剛剛形成的湖泊，一個原始世界。大地震使我們重新尊重生命。廢墟下的待救者沒有階級，沒有貧富，沒有性別，沒有年齡、貴賤高低，芸芸眾生，一視同仁。一個字，救！生命高於一切，縱觀二十世紀以來的中國歷史，這樣的認識來之不易，**當我們拯救受難者的時候，其實是在拯救我們自己。最終得救的，是心。**

吳懷堯　您是二〇〇六年二月十日開通博客的，在此之前您上網多嗎？如果上網的話會關注什麼？「網路改變生活」這句話對您是否同樣適用？

于　堅　我上網好幾年了，也多次捲入到網路詩歌論壇的爭論，算是個漩渦吧。網路為中國帶來一個言論自由的平臺，但也有很多弊病。它是現代化的產物，而現代化是對人和世界的重新設計、改造、規範和教育，網路要求基本的民主生活訓練，知識分子素質、遊戲規則的約定……在中國，這個基礎還沒有完成，網路就來了。

吳懷堯　我流覽過一些詩歌論壇，發現裡面謾罵多過溝通，互懟成為常態，感覺好好說話的特別少。

于　堅　中國的網路「硬體」很前衛，卻使用傳統的「軟體」，比如「文化大革命」刷大字報那一套。在一些論壇上認真討論問題、交流作品的時候確實很少，大部分是圈子裡的人彼此搞來搞去。我在這方面心理承受力不是很強，尤其害怕的是「文化大革命」以來誕生的「新文化」所時興的告密、檢舉、揭發這一套，殺熟（利用熟人對自己的信任，不擇手段地謀取熟人的利益），「大義滅親」。找個「正確」理由、立場或者主義搞別人。不討論詩歌，而是攻擊人品、道德、立場，「功夫在詩外」。我很狼狽，過去對詩人太信任。能寫詩是我信任他人、產生好感的基礎之一。

寫詩是一種善。鶴立雞群，必須惺惺相惜。我忽略了語言作為工具這一面對人性的影響。

吳懷堯 怎麼狼狽？

于　堅 在詩歌論壇上，許多飯桌上說的話，哥們之間說的話，甚至一張照片都被當把柄揭發出來，作為攻擊武器。匿名就更可怕了，造謠誹謗可以完全不負任何責任，尤其是當匿名被用於針對具體的個人、真名實姓的個人時尤其可怕。其實匿名攻擊對國家社會無損毫毛，對個人傷害就相當大。這與人們的素質有關，民主需要知識和教育，自由要以不侵犯別人的自由、對別人的尊重為前提，而網路上的自由是原始自由，很可怕。

許多針對具體個人的誹謗造謠其實就是有健全的法律系統也很難追究，這只能依靠公民素質。素質是什麼？就是人們不可能那樣說話，那樣的惡毒和無聊是在底線以下的，哪怕匿名人們也不會那麼惡毒。而在網路上，底線以下的惡毒、無恥好像很隨便。多年壓抑的結果，暗藏著的劇毒被釋放了。但是，那些地獄裡的話都公開說出來了，太陽照樣升起，所以說到底還是好事情，中國社會的進步就在於已經能夠接受這種虛擬的言論自由。其實天不會塌下來，我這幾年被攻擊得那麼厲害，好像也還是活得好好的。但無邊無際的虛擬也令人厭倦。

吳懷堯 您是厭倦了論壇的烏煙瘴氣轉而開通博客的？

于　堅 網站編輯邀請我開博客啊，博客很好，自己當自己的主編，不喜歡的訪客格刪勿論，在我自家的客廳不必給你講什麼民主，你要來就得尊重我。

另一方面，過去許多作家的名氣依靠的是編輯部的審美標準，一個國家也就那麼幾本刊物，讀者看也得看，不看也得看。在網路上，就不一定了，網路的選擇是很直接的，某種程度上，它是作品真正的試金石。

網路確實在影響當代生活，至少人們透過網路在學習民主生活，學習尊重別人，唯我獨尊是沒有出路的。但虛擬性也有很大的欺騙性，一個帖子有幾百個幾萬個人點擊，令人以為這就是全世界在關注你，從此，寫作變成為了被注意到而寫作，標題競賽，許多標題取得非常搶眼球，內容荒涼如撒哈拉沙漠。

網路容易使人陷入自我膨脹。現實與語言分裂，名不副實。在網路上你是個上帝，自我虛擬扮演什麼角色都可以，我發現許多人在網路上都喜歡虛擬大人物。

人們對詩人的要求太高

吳懷堯　詩人寫散文，已經不是新鮮事，您的散文集《相遇了幾分鐘》出版後熱銷。在這本書裡面，有您對世界的獨特看法。對於「詩歌比散文更高級」的傳統文學觀念，您如何看待？會不會擔心有人說您江郎才盡，才轉向其他文體？

于　堅　作為文體，詩、散文都是平等的，你不能說前後《赤壁賦》沒有「大江東去」高級。文章為天地立心，心就是詩意。文章沒有任何規矩，怎麼寫都行，只看是否立心。文人寫的是一切，挫萬物於筆端，文體太不重要了。

我現在的文是詩、小說、隨筆、散文混為一體，古代有很多這樣的寫作，比如〈滕王閣序〉。二十世紀的漢語寫作受西方文化影響，逐漸放棄「立心」，寫作成為知識分子的專業謀生技巧，作家、詩人的分類其實將寫作變小了，鑼子化、圈子化、象牙塔化當然不可避免。寫作已經成為為「壇」寫作，為文壇、詩壇、沙龍寫，反對派也只是回到所謂大眾、底層。我理解的寫作比這些遼闊得多，我的寫作一直很自由，寫散文並非近年的事，我一直在寫，無所謂轉向。

吳懷堯　在漢語世界中，詩歌占什麼樣的地位？

于　堅　漢語的最高典範是詩確立的，這與拉丁語言不同。你要寫詩，讀者就隨時有權用過去那把輝煌的詩歌尺子來量你，這把尺子藏在漢語中。漢語的尺子是以詩為最高標準的。有個傳說，宋之問因為外甥劉希夷寫出「年年歲歲花相似，歲歲年年人不同」，強要劉希夷將這詩歸到自己名下，劉希夷不肯，宋就將他殺了。宋也是詩人，寫「樓觀滄海日，門對浙江潮」，很機智、巧妙，但哪裡有「年年歲歲花相似，歲歲年年人不同」自然、本真、合乎大道？對詩在乎到這種地步，全世界只有中國。白居易去長安，人家譏諷，長安居不易啊，白居易懷裡掏出詩一把，令人看了肅然起敬，寫得這樣的詩，居易，居易！那時候詩人很神聖、很牛，也很危險。

在中國，寫詩可不能輕舉妄動，許多詩人對此估計不足，以為只是風花雪月的修辭遊戲。中國是個詩國，詩承擔著類似宗教的責任。詩人是為漢語守靈、招魂、傳神的。人們對詩人的要求太高了，那是對聖人的要求，又要他兩袖清風，又要他憂國憂民，又要登大雅之堂，又要取悅下里巴人，為什麼「庾信文章老更成」？他一輩子都在琢磨啊！

用攝影機拍詩

吳懷堯　您曾拍攝過一部以滇越鐵路為題材的紀錄片——《來自1910年的列車》，讓大家見識了您在攝影方面的才能，您曾透露準備拍攝一系列的詩歌電視，這件事還在繼續嗎？為什麼想要將詩歌畫面化？這些紀錄片和您詩歌中對日常事物的描寫是否殊途同歸？

于　堅　還在拍，詩性的紀錄片。我其實在寫著許多東西，做著許多事情，都與詩有關，只是它們都不是被預定的，是我自己想寫想拍的。所以，慢慢地，它們需要時間生長。我的東西都是生長，成熟，自然地出現的。

我的詩本來就有很強的畫面感，用攝影機來拍詩，對我是很自然的，不假思索，我早就說過，我的詩是看見的。看見而不是想像世界。我的詩來自對經驗的虛構式回憶，而不是憑空虛構。

我並非刻意地將日常事物作為詩歌題材，這是很自然的事情，我是詩人。我沒有這個世紀許多詩人中普遍存在的「比你較為神聖」的優越感。**人生不就是每一日的日常生活嗎？**自古的傳統，詩教，漢語承擔著詩歌類似宗教的責任，但這個天命在詩人那裡處理不好，就容易自我神化、裝神弄鬼。二十世紀，受到基督教文化的影響，許多詩人企圖扮演上帝了。李白、杜甫、蘇軾的偉大在於，文章為天地立心，傳神。但詩人自己並不是唯我獨尊的上帝。二十世紀詩人中流行的自我表現，其實就是自我神化。如果道法自然，上帝就是做作。

吳懷堯 您如何看待為了寫而寫的詩作？您自己心儀的寫作態度又是什麼？

于　堅 怎麼寫是作者個人的自由，怎麼寫都可以，自我肯定、吹噓也很可愛。詩歌當然有不同的標準，但確立標準的事情應該交給讀者和時間，而不是依靠話語暴力、權力來搞定。杜甫說：「千秋萬歲名，寂寞身後事。」我心儀的是這種寫作態度。

我不信任同時代的讀者

吳懷堯 以前的詩人似乎更純粹，寫詩也是藝術高於技術，沒有那麼多的功利心。

于　堅　是啊，過去的詩人相信的是「千秋萬歲名，寂寞身後事」、「吾喪我」，作者是匿名的，詩有自己的命。作者對於作品的態度，只是「作者已死」。匿名是詩人的自覺。有著張揚自我這種傳統的西方現在才開始講「作者之死」。為什麼為古代的詩人寫傳記很難？李白的身世只剩下些支離破碎的傳說，這並不是因為時間久遠，記錄散失，而是作者們自覺地匿名，自覺地「齊物」、「吾喪我」。文人如此，民間大師就更是如此了。沒有作者，只留下作品，是中國文明的一個傳統。

老子、孔子其人是誰，過去不大關心這個，《論語》、《道德經》不就是孔子、老子嗎？作者匿名在自己的作品中，是為天人合一。考證孔子、老子的傳記，是近代的風氣。這是要將作者從作品裡分離出來，張揚他的自我。

今天許多詩人，受的是西方文化的影響，寫作主要是自我表演。過去君子不為的品行，現在大行其道，大言不慚、自吹自擂、目空一切、唯我獨尊很普遍，「文化大革命」創造的那個假大空社會在市場的影響下，愈來愈走向實際。而詩人卻在網路上繼承假大空，自我突出，這也許是詩歌離市場最遠的緣故吧。語言的金子、毒素、垃圾都在詩歌中釋放，詩是語言的金字塔端，也是極端。許多詩人整日想的是「鬥到底」。不是網路的話，大家文質彬彬，這些東西釋放不出來，現在在「馬甲」（分身ID）的保護下釋放得很徹底。

吳懷堯　「馬甲」一無是處？

于　堅　「馬甲」也有好的一面，它使人敢於在語言上徹底地自我暴露，我們不知道「馬甲」後面的真人是誰，這不重要，它暴露的是語言的毒素。現在作者比作品更重要。惡搞，搞不了作品，搞的是作者，作者可以依靠這個出名。低劣的作品再怎麼搞還是低劣，所以，惡搞之後，出名的是作者而不是作品。作品微不足道，作者卻暴得大名。自我表演最近在詩人中比較熱鬧，有些詩人其實不以寫作為目的，出名才是目的，只要出名，怎麼都行，惡名美名都無所謂了。這使寫詩已經成為行為藝術的分支了。

吳懷堯 您怎麼看待行為藝術和「惡搞行為」？

于　堅 行為藝術是空間性、橫空出世的藝術，其訣竅在於切斷與時間的聯繫，愈標新立異愈有市場。行為詩也是一樣，愈敢說愈能譁眾取寵。

詩人與藝術家比起來比較可憐。藝術家可以創造新的材料，在前無古人的空間裡自由度很大。但詩人受語言限制，而語言是歷史的，徹底地非歷史、空間化就沒有讀者了。讀者是經驗、傳統的保守者。

藝術的本質與商品有聯繫，而詩沒有這種直接聯繫，詩與商品的聯繫是象徵的、隱喻的，詩人只有依靠隱喻進入市場，最直接的隱喻就是名氣。所以在詩人那裡，要獲得世俗的東西，只有靠名聲。作者匿名於作品怎麼行呢，作者必須出場表演，惡搞對名聲的傳播是很好的動力。其實如果作者自己不出場，惡搞是搞不起來的；我也經常被惡搞，但我沉默，拒絕出場，所以搞不起來。其實作者的匿名與自我表演是世界觀的問題，在這方面，我的世界觀比較傳統，迷信酒好不怕巷子深。

吳懷堯 您說讀者是經驗和傳統的保守者，在我看來讀者是既抽象又具體的一群人。請問您如何看待作者和讀者的關係？您會為他們寫作嗎？

于　堅 在內心深處，我其實不信任我同時代的讀者，我是為父親、祖先們寫作的，我的寫作方式是反傳統的、非歷史的。寫白話詩是因為我這一代詩人必須順天承命，但我的標準卻在歷史中，我希冀我的新說法獲得歷史的承認、連結，成為漢語傳統的一部分。我與這時代的作者普遍為兒子、未來寫作不同。

我一直很在乎父親對我的作品的看法，他代表時間，我不喜歡那種「毛頭小夥子」的東西。恕我直言，朦朧詩、海子、顧城……都是「毛頭小夥子」的東西。我父親他老人家耄耋之年，他完全肯定了我的寫作。

有一天老人家談起我的一篇散文，很讚賞。作為老牌讀者，他根本不知道二十世紀的先鋒派這一套，不知道誰是卡夫卡、普魯斯特、喬伊斯……但他知道《論語》、杜甫，這就夠了。他代表的是正常的基本的漢語讀者，是那些收藏《辭源》而不是《大不列顛百科全書》的讀者。我們的寫作，反叛、前衛什麼的，你發現最後還是要回到杜甫中。**在時間面前，先鋒派、主義、觀念、標新立異最終都要失效的，置身於喧囂中你以為這是存在本身，在時間之流中你會發現這都是過眼雲煙。**

吳懷堯 在《棕皮手記》裡，您曾寫道：「西方隱藏著可怕的危險，西方的器皿只要換一個角度去理解，它們都是武器。」您為什麼這麼說？

于　堅　全球化很複雜。一方面，它帶來了以技術、科學、貿易為基礎的民主，網路就是一個民主的平臺；但另一方面，全球化透過技術、科學、貿易而實質是市場的標準來量化、標準化世界，地方性面臨著死亡，沒有地方了，只有國際。

全球化就像歷史上的十字軍東征、印度化、秦的車同軌一樣，這個「化」是大勢所趨，所向無敵的。與歷史上的「化」不同的是，這個「化」的上帝是物、科學、貨幣。它比世界神更得人心，它領導的是人類的欲望而不是精神生活。是的，**全球化會給人們帶來相對的「好日子」，但不會給人們帶來靈魂。**

中國人的心靈世界是在漢語中，漢語是天然的詩歌語言而不是貿易語言、科學語言。其模糊性、不確定性、象徵系統本身就是追求量化、精確化的全球化的天然障礙。因此，它也是拯救的契機。漢語的靈魂是「道法自然」，這是與全面反自然的全球化完全不同的一個地方傳統，全球化其實在漢語這裡遇到了天敵。

我寫詩取悅世界

吳懷堯　一九八五年，您和詩人韓東等人合辦詩刊《他們》，強調口語寫作的重要性，提出的「詩到語言為止」，至今仍在影響很多人的寫作。您後來與《他們》逐漸疏遠，原因何在？您當年所堅持的創作理念，現在有沒有改變？

于　堅　《他們》從來沒有強調口語寫作。我也沒有強調口語寫作，我在一九八九年出版的《詩六十首》中就申明，「如果我在詩歌中使用了一種語言，那麼，絕不是因為它是口語或因為它大巧若拙或別的什麼，這僅僅因為它是我于堅自己的語言，是我的將生命灌注其中的有意味的形式。」《他們》不是在如何寫詩上的共識，是一群害怕孤獨的天才相依為命，彼此欣賞，惺惺相惜。

吳懷堯

《他們》的朋友那是一生的朋友，有時候疏遠，有時候密切，很正常。友誼比《他們》更重要。我的寫作隨物賦形，寫作這件事一以貫之，以文字動心、傳神一以貫之。三十年前，熟人在街上碰到我，「最近在忙什麼？」「寫詩。」三十年後，再次碰到，「最近在忙什麼？」「寫詩。」但在寫作的內容、形式上，我沒有既定的、一以貫之的方向。開個玩笑，二十世紀九〇年代，我的寫作可以叫做「知識分子」式的；而早年我是標準的抒情詩人，寫的是「湖畔派」那一類。

我樂於成為一個矛盾體，以子之矛，攻子之盾，跟著心靈走。寫作就是傳神，神怎麼傳，你得不斷地創造，這是寫作上根本的先鋒性。我的先鋒性是在如何寫，不是說什麼，說什麼相當保守，也就是「再使風俗淳」吧。

于　堅

《他們》創刊號目錄前面有一首詩，一句話描述一個詩人，「南京韓東有錢上得了賭場往後全憑運氣」，而您則是「昆明于堅一輩子的奮鬥就是想裝得像個人」。您真正的奮鬥目標是什麼？已經實現了還是仍然在努力？

我的寫作不是一場有目標的奮鬥，而是我自己選擇的存在。年輕時會想到很具體的目標，現在愈來愈渺茫了，沒有終點。知天命就是明白了那些具體目標的虛妄。我更希望的是讀者被我的詩打動，我寫詩取悅世界。

我想像的讀者既是那些死者也是生者。寫作是一個內在的以寫作本身為目標的過程，也不見得就是所謂愈寫愈好，而是愈寫愈有感覺。我的感覺不是橫向的空間擴展，而是自然而然地生長著。我真的很喜歡寫，也許除了愛情，沒有什麼事情可以令我如此迷狂。

吳懷堯

您在〈四月之城〉這首詩裡面寫道「高藍的天空」、「黃黃嫩嫩的陽光」，這樣的四月之城今天已經很難尋覓，工地、汽車、喇叭聲、灰塵和變化的物價，這些會影響您的心情和創作嗎？

于　堅

會的，我的寫作愈來愈有朝不保夕的感覺，我剛剛寫下，世界就被連根拔去——不僅僅是世界，也包括那些古老的感情、基本的生活，那些根植於經驗的象徵系統。你甚至都不可能再像尤利西斯那樣漂泊多年後回到童年時代的故鄉，沒有故鄉了，也沒有外祖母的房間了，全民在路上，全民都搬了家。「站在虛構的一邊」已經全面勝利，虛擬就是現實本身，而現實倒像是一場場虛構。

一天早上，我走到家門口的大街上，一夜之間，那裡已經出現了一排要長幾十年才能那麼高的大樹，原來城市在做綠化，這種反自然的事情到處都是。如果一夜之間，大樹們無影無蹤，我也不會奇怪。只是我的寫作再沒有經驗和常識的基礎了，寫作依賴的是世界的不變性，依賴「年年歲歲花相似，歲歲年年人不同」的基本事物，如果鹽巴都改變了味道，寫作是很虛妄的。

我經常覺得自己是個說謊者。我的寫作是熱愛世界的，因此很背時。世界日新月異，我總是落後，我最後的靠山是漢語，而漢語也在落後、過時。

吳懷堯　您三十多歲時還寫過一首名為〈感謝父親〉的詩，現在回想，您對父親的感情有沒有新的變化和感悟？您父親是古體詩歌的作者，您曾經說過他對您影響很大，這種影響主要體現在哪裡？

于　堅　那首詩是我對父親這一形象的虛構，根據的是我青年時代的經驗。在我這一代人眼中，父親通常代表的是國家、社會、組織，而不是「爸爸」。但這個形象在「文化大革命」後逐步改變了，父親們在晚年回到了「爸爸」。廣場上的「群眾」也回到了「老百姓」，這是比較深刻的變化。我認識一些一輩子穿中山裝的父親，臨終前的遺囑要求換祖先的馬褂長袍入土。這一代父親很複雜，他們公開的一面代表著時代，暗藏著的一面卻代表傳統。他們是最後一批與中國傳統保持自然聯繫的人，我這一代人與傳統的聯繫就很不自然了，很做作，因為傳統已經成為批判或復古的對象。

世界不存在，只有我和語言

吳懷堯　在詩歌之外，您的光頭讓人印象深刻，是因為脫髮還是為了裝酷？

于　堅　啊啊，我的光頭二十世紀九〇年代初就開始剃了。一九九三年夏天我在北京與牟森從事戲劇車間，天天去寬街附近的一個劇場裡排練，天氣很熱，大家都剃了小平頭。

那時候，長髮正在中國前衛藝術家中風起雲湧，我本來一直是長髮披肩的，因為熱，洗也不方便，那時候沐浴比較困難，我們就是一夥從事前衛戲劇的民工。事實上，我們的演員也請了一批民工（來當）。他們都是小平頭。就這樣，自然地剃頭，愈剃愈短，索性刮光頭了。

「牛仔褲到底牢不牢/現在可以試一試」（〈作品第39號〉），那時候什麼都要試試。十年，把西方的三百年都試過了，我們那時候試的是葛羅托斯基的「貧窮劇場」。戲劇車間的演員有金星、吳文光、小說家賀奕、詩人和導演朱文、詩人呂德安等等，舞人金星還在她的男性時代。哈哈，我是主角之一。我後來甚至登上了巴黎的舞臺，夠牛的吧，哈哈！

光頭試驗使我發現自己其實不適合留頭髮，頭髮使我一直很不自然，總是在模仿誰的樣子，一點都不質樸——貧窮劇場也叫質樸劇場——就一直剃下來了。我其實頭髮濃密，現在也很濃密。光頭最大的好處是使我看起來與我的作品毫無共同之處，我可以完全隱匿，誰也不相信那些東西是這個長得像土司或者屠夫、毒梟的傢伙寫的。

當年去北京參加盤峰會議，上了大巴車，有個北京編輯悄悄地問，這個工人跟著我們做什麼？哈哈哈哈！剃光頭其實在普通人中很正常，不像文藝圈子裡以為是要鶴立雞群。我剃光頭不是為了鶴立雞群，但我屬於文藝圈子，沒辦法，都以為是裝X了，就不管了。

吳懷堯 您已經寫下了近千首詩，這裡面，有多少詩是您自己寫的時候滿意現在依然喜歡的？您會一直寫下去嗎？如果將來不寫詩了，會是什麼原因？

于　堅 我每一首都寫得很認真，在每一次寫作上「事在人為」、「江郎才盡」，寫到只能這樣了，其他就是天命了。每次寫作都是一次生育，很痛苦，很迷狂，世界不存在了，只有我和語言。寫作是對語言的回憶。我不輕易寫詩，這是招魂的事情。每一首都要經過多次修改，每次修改都要進入迷狂，我的詩大部分是修改的結果。

有一年，我曾經在雲南中部紅色高原的一個梨花盛開的村莊，看一位彝族的畢摩（巫師）為村莊召喚雨神、豐收之神。他默默念著咒語達數小時，這樣念，那樣念，這個方向，那個方向，他念得那樣長，直到人們都不耐煩了。開始人們還戲劇化地圍著他，後來不耐煩了，散了，吃睡去了，只剩他一個人繼續念，孤獨地念，直到他認為神靈已經到場。他其實也在不停地修改他的咒語。

我的寫作會自然地寫下去，像河流那樣，隨物賦形，我不會為了維持詩人或者作家的地位而寫作。如果將來不寫了，那是因為寫夠了，沒有靈感了，對這個世界沒感覺了。

吳懷堯 您的詩集《只有大海蒼茫如幕》獲第四屆魯迅文學獎詩歌獎，能說說您對這個獎和魯迅的看法嗎？在網上，我看到有不少人譴責您這個魯獎得主曾罵魯迅是「烏煙瘴氣鳥導師」，批評他「誤人子弟」，真是這樣嗎？

于堅

批評魯迅是十年前的事情了，韓東、朱文當時私下給一些朋友寄問卷，在當時的心境下我隨便在問卷上寫了幾句，沒想到他們拿去公開發表了，成了著名的「斷裂」事件。

後來鄢烈山將我這幾句——「我年輕時，讀過他的書，在為人上受他影響。但後來，我一想到這位導師說什麼『唯讀外國書，不讀中國書』、『五千年只看見吃人』，我就覺得他正是『烏煙瘴氣鳥導師』，誤人子弟啊！」——在《南方週末》上發表文章批評。

「烏煙瘴氣鳥導師」其實是魯迅罵別人的話，我對他的十卷作品是很熟悉的。魯迅是複雜的，我對他的認識也是有過程的。我青年時代一直迷信他對中國傳統的激烈批判，但後來我開始重新思考。我與魯迅處於完全不同的時代，「文化大革命」之後，你得重新思考魯迅。他的作品值得從許多方面來思考，正說明他的豐富。我當然不會否定他，他是我文學上的啟蒙老師之一。我少年時代有許多時間，是在閱讀魯迅作品中度過的。

作為二十世紀中國新文化的旗手，魯迅是一個偉大的變革者。魯迅不僅僅是變革者，也是最傑出的作家。魯迅們的寫作使白話文的寫作合法化了，在他和他那一代作家之後，用白話文寫作，已經天經地義。

魯迅為中國文學帶來了人，對人的批判是他作品的一個偉大主題，文學因此成為中國生活的一面鏡子。他是為人生的作家。中國文學已經有五千年以上的寫作經驗。文學並非橫空出世。魯迅不僅變革了文學，也重建了文學的常識。他的寫作啟動了漢語，啟動了漢語自身的繁殖力，並且重建了漢語的青春氣息、批判力、幽默感、諷刺力量、憤怒、悲劇精神以及對未來的信心，極大地豐富了漢語的表現空間。

作為一九六六年開始的讀者，我的幸運是，透過對魯迅的閱讀，我意識到何謂中國新文學的經典。我意識到，寫作必須有直面人生的勇氣。

魯迅是我寫作的指南之一。我從一九七〇年的冬天開始寫作詩歌，我一直試圖繼承的是「為人生而藝術」——其實我不喜歡解釋，別人愛怎麼罵就怎麼罵。左派詩人一直在攻擊我，民間詩人也罵，算上知識分子寫作，在中國我恐怕是被罵得最圓的一個了。呵呵！

葡萄酸不酸

吳懷堯　一九七七年，您參加高考，據說語文考了昆明第二，但是因為弱聽沒通過體檢，未被錄取。後來您在一篇文章中寫道：「我一生因為耳朵深受歧視。我只是有點弱聽，並不影響上課。」一九八〇年，您終於被雲南大學錄取。進大學之後，您是否感覺日月一新？大學和您想像中的是否一樣？大學期間您學到了什麼？

于　堅　大學改變了我的人生方向，我曾經只想當個優秀的工匠，在工廠我一開始最想當的是木匠，我喜歡木頭。後來開始寫詩，很嚮往傳說中的大學，大學在民間已經成為聖地，那時的中國，大學其實就是文廟。有時候聽父母偶爾談起他們的大學，很是嚮往，他們很自豪，彷彿藏傳佛教裡的出家人一樣。

拿到錄取通知書，我有從地獄奔天堂的感受，工廠有基層中國的許多樸素、自然、生動的方面，讓我學到許多影響我一生的東西，但大工廠的勞作也令青春相當壓抑。我十六歲就進工廠，出過多次工傷。當電焊工的時候整日眼睛被戕得流淚。

二十世紀八〇年代的大學與今天的大學完全不同，有一種個人奮鬥的集體氛圍，理想主義，以天下為己任很普遍。學生很多都是那時代最優秀的青年菁英，很多人是靠自學考上大學的，沒有死記硬背的風氣，思想相當自由、活躍，辯論、共同探討是常事。我的思想力就是那時候成熟起來的。讀書很自覺，許多人都是一流的讀者、思想者，魯迅式的人物很多。你今天很難想像出現一本好書，同學之間爭相傳閱的事情。我記得有一天開全系大會，有人帶來一本剛剛出版的《西方現代派文學作品選》，很快就傳來傳去，傳到別班，失蹤了。我就是這一次第一回讀到了西方現代派詩歌，那是一九八一年。老師和學生一起探索思想解放，很像五四時期。我在大學獲得了自由主義的思想精髓，這不是來自書本，而是來自現場，後來閱讀自由主義的理論，很親切。我記得那時候我深受沙特思想的影響。沙特對我青年時代接受的黑格爾式的思維方式是一個清算。

吳懷堯 我聽說當年因為在古代漢語課上看《論法的精神》，您被老師斥為「糞土之牆不可杇也」，全班哄堂大笑，確有其事？

于堅 有這回事情。老師說得對，講古代漢語，看什麼孟德斯鳩嘛。那時候的老師對學生很負責，直接批評或者表揚，不給面子，也不弄什麼平衡的。我的寫作課老師從我的第一篇作文到寫作課結束，每次作文都給我全班最高分。最後一次作文他私下對我說，這次本來還是要給你最高分，但擔心同學有意見，你就第二吧。我很感激他們，學校的這種風氣很古典，很正常，對學生有很大影響。尚義街六號的朋友都是雲大的學生，我們一直是諍友，在寫作上彼此從來不講假話，對彼此的作品喜歡就是喜歡，不喜歡就是不喜歡，不喜歡的惡毒攻擊，喜歡的，決不吝惜大詞。這也是後來《他們》這夥朋友之間的風氣。一個作品，當年在尚義街六號或者《他們》，如果大家說好，那就是經典了。

吳懷堯　說到經典，我想起您那首入選《歷代昆明十大文學名篇》的成名作〈尚義街六號〉，「法國式的房子，沒有妓女的城市」，這首詩中所描述的生活現在已經很難尋覓了吧？

于　堅　是啊，這個時代人們沒有時間，那種生活是精神貴族的生活，得有大量時間，得安貧樂道。我們那時候在昆明尚義街六號吳文光家討論寫作，交換讀書心得，念詩，自辦刊物。那時天天在做，一下課就集合，長達三、四年之久，真是很牛的年代。這不是我們發明的，我們是從〈蘭亭序〉、〈飲中八仙歌〉、聶魯達的傳記、莫泊桑、左拉們的「梅塘之夜」、龍薩們的七星詩社……學來的。市場、貨幣真是了得，摧毀一切地了得，它甚至可以摧毀「文化大革命」都沒有摧毀的事情。有人寫了一輩子，「文化大革命」時期都敢寫，現在卻下海了。我甚至可以理解現代化對滇池的毀滅，但可怕的是日常生活——那些文學生活——那些基本的價值觀也毀滅了。

吳懷堯　有時候年齡大的人容易說昏話，您會不會晚節不保，變成自己曾經反感的人？

于　堅　什麼是晚節？我很懷疑這種說法，前半生的「政治正確」？我是喜歡自我矛盾的人，我只對自己的感覺負責，我不喜歡遵循「既定方針」。

我其實一直都是保守主義者，堅持「常識」，只是這個時代「反常」、「無常」、「反自然」已經大面積氾濫，使我看起來像個所謂的「先鋒派」。

吳懷堯　我看了您的《昆明記》，感覺昆明適合埋頭寫作，適合孤獨。在這樣一座四季如春的城池，創作對您來說，是隨物賦形一氣呵成，還是咬文嚼字反覆推敲？

于　堅　各種情況都有。蘇軾說「言止於達意……求物之妙，如繫風捕影，能使是物了然於心」，就是這樣。

吳懷堯　您曾經說，中國當代文化的活力在西部，這是您的個人感覺，還是有事實依據？

于　堅　是的，中國西部與自然、歷史的關係還沒有完全斷裂，反自然的世界進步在這裡還沒有全面勝利。西部中國還有許多天然的、歷史的障礙，比如信奉萬物有靈、信奉諸神而不僅僅是唯物論、無神論，許多民族還堅持著古老、獨特的生活方式。當然，這也岌岌可危。

吳懷堯　現在，許多人的寫作已經放棄了文人的責任，知識分子成了一種職業，沒有「文章為天地立心」的理想，「躲進小樓成一統」，甚至有人將正常的文化批評斥為「惡聲」。在這種大的環境下，您是否也受了一定影響？有沒有試圖保持某種立場？

于　堅　我的寫作當然是有立場的。這個立場就是「大雅久不作」、「再使風俗淳」。我是在「文化大革命」之後開始寫作的，我的寫作與過去完全不同，我一直都意識到這一點。

吳懷堯　關於諾貝爾文學獎，您有一個說法：「我不認為這個獎有能力判斷漢語文學，它當然不會比一個漢語本土的評委會（如果真的認真嚴肅起來的話）更有資格判斷漢語文學。」有人說這是吃不到葡萄就說葡萄是酸的，我好奇這是不是您的肺腑之言？

于　堅　這不是葡萄酸不酸的問題，誰會為了得到獎勵去寫作呢？寫作又不是奧林匹克運動的分會場。更高、更快、更強最後奪取金牌的寫作，在我看來太可笑了。是有許多詩人在進行寫詩的馬拉松比賽，就像「文化大革命」中小靳莊的賽詩會，在我看來完全是笑話。

吳懷堯　有一次媒體報導您說「好的詩人都在外省，北京沒有好詩人」，何出此言？

于　堅　我沒說過這個話，北京有個記者採訪我，誇張了我的說法，我說的是北京不是一個適合寫作的地方，太熱鬧了，遠離大地人間，但適合推銷。人們在外省寫東西，到北京去推銷，對許多文學青年來說，這是一條捷徑。

吳懷堯　您二十歲時閱讀了《約翰・克利斯朵夫》，您說這部書對您的生命造成了巨大的影響，能說詳細點嗎？

于　堅　那就是個人奮鬥。那時代是反對個人奮鬥的，就是奮鬥也沒有前途。《約翰・克利斯朵夫》向我展開了一種豐富、美麗、激情而憂傷的生命，使我意識到世界美如斯。《約翰・克利斯朵夫》真是我青年時代最好的朋友之一。

青春寫作是一種青春而不是寫作

吳懷堯 「八〇後」作家群風生水起，但多數人的目光停留在少數偶像作家身上，對「八〇後」詩人的關注遠遠不及前者。在您的視線之內，有哪些「八〇後」詩人值得推薦和關注？他們的作品具有什麼樣的特質？

于　堅 如果「八〇後」就是幾個賺了版稅就以為是寫得好的闊佬的話，這一代人的寫作就太沒有希望了。青春寫作是一種青春而不是寫作。我相信這一代人的大師還沒有長大，他們需要時間和經驗。我不喜歡「X後」之類的說法，好像年齡、時代是一種寫作優勢。

每一個人的寫作面對的東西都是一樣的，**寫作是古老的活計，如果世界上有什麼可以以不變應萬變的話，那就是寫作。**世界第一首詩的作者與今天的作者所面對的是一樣的東西。依靠題材、生理上的優勢對作家是致命的。我注意到一些年輕的詩人，但我不知道他們是不是「八〇後」。他們的寫作與我這一代人沒什麼不同，好作品是沒有年齡的。現在青年人好像潛在的寫作意識裡是追求流行、成功。寫作必須有用，立即兌現。作家開著跑車才是作品成功的標誌。流行、成功是市場的追求，這好像已經是世界性的趨勢。像好萊塢編劇那樣揣摩受眾的趣味，這是反自然的寫作潮流，反自然是我們時代的文化主流。

古典作家的寫作是道法自然，「千秋萬歲名，寂寞身後事」。我的寫作一直是充分地意識到無用，我心安理得，不指望依靠這個謀生，這也是我三十年來一直在文聯當小編輯、領薪水的原因。我真的是過時了，流行對於我的作品來說，那是災難。

我相信年輕一代中將出現回到大道的作者，我已經看到了某些跡象。他們會重新意識到寫作的無用這個最高層面，非經濟的層面。「文化大革命」以來，歪門邪道、標新立異、不正常的、反自然的的實用主義寫作甚囂塵上，我自己也受到這種時代潮流的影響。

記得二十世紀八〇年代我收到一封約稿信，主編要求的內容就是「野怪黑亂」。「野怪黑亂」當然有其時代意義——相對於「文化大革命」時期的高音喇叭式的獨白。但我們最後發現，這只是過眼雲煙。未來主義、超現實主義，甚至新小說都是過眼雲煙，而荷馬、巴爾扎克、莎士比亞、歌德……永遠是文明的正聲。

歷史已經為年輕一代人「大雅久不作」的使命奠定了基礎，那種「搞到底」的寫作已經到頭了。沒有魏晉那樣的乖戾，就不會有唐的正聲。魏晉是先鋒派，唐卻是回到文明的正聲。李白說「大雅久不作」，杜甫說「再使風俗淳」，這是寫作的大道。

吳懷堯 除了專業作家的身分，您還有很多頭銜標籤，這些是您想要的嗎？您自己在意的是什麼？

于　堅 我不是專業作家，我一直在當編輯，現在的職稱是一級作家。這些頭銜也許是對我的寫作的一種肯定或者否定吧，這是我自己不能左右的。我擔心的是這些頭銜遮蔽了我的作品，現在的讀者缺乏自我判斷力，更重視作者的名氣，他們的閱讀趣味是跟著排行榜、獲獎、名聲這些東西走的。這與我青年時代的閱讀完全不同，那是自己摸黑的，靠的是心靈、天性。

我什麼都讀，但最後影響我的是那些基本的光譜。我在生活中從來不扮演詩人這個角色，我不知道那人是誰。我很在意的是作為男子、丈夫、父親、朋友、同事這些身分，我很重視友誼，痛恨告密、出賣、糟蹋朋友，我尤其對以某種「正確路線」為藉口出賣朋友的傢伙深惡痛絕。

吳懷堯 經歷是作家的財富，如果時光可倒流，您是否願意重過一次此前的人生？

于　堅 我還是願意向將來走，白髮蒼蒼的將來也有它的魅力啊。好不容易長到這一臉的滄桑，為什麼要去整容呢。這一百年來的中國風氣是青春崇拜，崇拜到今天，速生速朽已經成為時代的速度，青春崇拜已經成為破壞性的力量。過去有過無數美好的時光，**我熱愛生活，生活在過去，在當下，也在將來。時光可以倒流的話，我還是選擇做我自己。**

吳懷堯 您和您女兒關係怎麼樣？在教育子女方面有什麼心得？

于　堅 我們比較平等，她是我的批評者。我真的不知道怎麼教育孩子，「教育」是我不喜歡的詞語之一。我不知道，**我唯一知道的就是愛她，愛她，愛而不是溺愛也許是最好的教育。我從小告訴她生活的真相，多講朋友講的話，少講大人、老師講的話。**在我的少年和青年時代，沒有人告訴過我生活的真相。

吳懷堯 最後一個問題，若讓您來給自己寫墓誌銘，您會寫些什麼？

于　堅 墓誌銘嗎？我一個字都不寫。我已經寫下這麼多，這一句不能再多了。

再見文學。朱大可

大師們正在離去，
世界文壇已經變得空空蕩蕩。

凌晨一點多，手機突然響了，是朱大可的簡訊。

他問我見面時間能否推遲一個鐘頭。我回「好」。

原本我們約的是上午九點見面。

上午十點，我出現在朱大可下榻的賓館。

門開之後，朱大可出現在我面前：圓臉，淡眉，目光炯然，中等身材，微胖，沒有想像中的肅然或張揚。「好多人都以為我是凶神惡煞，有的還把我想像成又高又瘦的電線桿。」他笑著說，普通話裡夾雜著些吳儂軟語。

朱大可，祖籍福建武平，客家人。澳洲雪梨科技大學博士，同濟大學文化批評研究中心教授。入選《鳳凰生活》雜誌「影響世界未來50華人榜」，與李敖、程抱一等人一起，被譽為「思想的力量」代表人物。聽名字像個四平八穩的老學究，事實上卻是中國文化界極具影響力和殺傷力的批評家，以獨特的話語方式見長。

一九八六年，朱大可發表了〈謝晉電影模式的缺陷〉（又名〈告別謝晉電影模式〉），將知名導演謝晉電影歸為一種「與現代意識毫無干係」的「電影儒學」，引發一場關於「謝晉模式」的大討論，此後數載謝晉創作陷入沉寂。

一九九九年，朱大可發表了〈抹著文化口紅遊蕩文壇〉，劍指余秋雨散文，認為余秋雨的散文充其量是一種都市裡的「文化口紅」，暫時麻醉讀者的心靈，但不能深入剖析人生，缺乏正視社會醜陋的勇氣，從此「文化口紅」就成為余秋雨揮之不去的標籤。

二〇一一年，張藝謀執導的《金陵十三釵》熱映，朱大可擲出一篇〈十三釵的情色愛國主義〉，總結出張藝謀作品的創作公式「張藝謀公式＝情色＋暴力＋苦難題材＋愛國主義」，一時間被瘋狂轉載。

朱大可像一頭公牛，闖進了文化領域的瓷器店，打碎了一件件精美的舊瓷器，然後逃之夭夭。

「昨晚在這個房間和一個朋友喝酒，一直喝到凌晨五點多，睡了三個多小時我就起來啦。」他拉開窗簾，燒水沏茶。這次他來北京，是作為嘉賓參加中央三套的一檔節目。

落座後，我們開始對話，準確地說，是閒聊漫談。

話題涉及某些人或事時，他會忍不住哈哈大笑，說到興奮處眉毛都要飛起來，在強調某個觀點時雙手在空中比畫，時不時做出類似擰螺絲釘的動作，讓人聯想到他曾經當過鉗工。

往事並不如煙

一九九四年，因為一場「不願詳談的家庭變故」，處於聲名鼎盛時期的朱大可辭掉在上海師範大學的教職，去國離鄉遠赴澳洲。七年後他回國定居，就教於大學又宣布與文學「離婚」。

「很難有誰能改變我的生活方式。如果我接觸的人很多，時間一長就會感到不安，我就喜歡一個人，自在、獨立。我對婚姻狀態不是太習慣。」談起那次「變故」，朱大可輕描淡寫。

剛到澳洲時，他在一家報紙做主編，不久又離開。然後有一段失業經歷，其間「在建築工地扛過石膏板，做過清潔工」，此後開過廣告公司，還在一家上市公司網站做過媒體總監，但時間都很短。「這都是非常美妙的經驗。」他說，最長的一次是在另一家報社做了四年總編輯，後來又在雪梨科技大學讀博，一直到回國為止。「反正就是什麼活都做過了，還包括自己創辦網站。」

網站最初名叫「澳洲新聞網」，後來改成「文化先鋒」，在中國知識界頗有影響。但由於諸多原因，網站關閉的時間比開放的時間更長，朱大可自嘲似的笑笑：「不過沒關係，這顯得更有趣了。」那時每天上午，他至少有一個半小時在網上流覽各種新聞，從中觸摸中國社會變動的脈搏。

在澳洲定居期間，一九九八年底，朱大可的文學批評集《聒噪的時代》出版，國內文學界驚呼朱大可「復出」了。有評論文章指出：「他那些貌似瑰麗的批評語體後面，蘊藏著摧枯拉朽的『原創性』力量。在眾聲喧譁、撲朔迷離的文化語境中，他對當下文化現象敏銳的洞察和大義滅親式的批判，更顯出了他的難能可貴。」

二〇〇一年，朱大可回國定居，宣布與文學「離婚」。原因聽起來耐人尋味：「文學一而再、再而三地辜負了我的期望。」不久，他又陸續出版了《話語的閃電》、《流氓的盛宴》等著作。

回想國外的那段時光，他覺得「沒多大意思」。「那個國家對孩子和老人挺好，但是我的母語是漢語，在那裡屬於少數民族。連越南人和黎巴嫩人都可以歧視中國人。留學的唯一好處，是得到了文化比較的機會。」

往事並不如煙，他的神色有些黯然。

十七歲那一年「突然成熟」

朱大可童年結束是在十七歲那一年，父親的死讓他「突然成熟了」。一九七四年七月，朱大可中學畢業，進入上海第三機床廠技校讀書。其父是在一九七五年十一月一個寒冷的黃昏病逝的，當時正值「文化大革命」後期。「親友彼此都不敢來往，人際關係非常冷漠。」說到這裡，他兩眼向上凝視，聲音低了下去，「我父親是民主黨派人士，在『文化大革命』中備受折磨。他去世時，病床前就我跟我母親兩個人，四周既沒有親戚，也沒有朋友。他們都逃得很遠。」

在朱大可的記憶裡，「父親是和藹的，可親的，寬容的。」小學時，朱大可和母親住在一起，並且在母親執教的學校讀書。

「我母親最先是音樂老師，後來改做語文老師了，她很嚴厲，而且不苟言笑，從來沒有寵過我，對我就像對其他學生一樣。我對音樂和語文的喜歡，主要是受她的影響。父親是歷史老師，所以我對歷史也很喜歡。」朱大可的父親在很遠的浦東教歷史課，一個禮拜才回來一次。「他從來不打罵呵斥我，因為我超出了他的期望。」

朱大可的表現可圈可點，小學還沒有畢業，「已經通讀四大名著」。到他十二、三歲的時候，父母執教的兩所學校的圖書室他全都看遍了。進入中學後，西方古典文學他也揀重點過濾了一遍。

「這些『文化大革命』殘留的書，被保留得很好，而且傳播廣泛。很多書破舊發黃，封面、書底都沒有了，你只能猜它的書名和作者，但我們通常都能破解這種謎案。」朱大可和母親輪流看書，很多時候通宵不眠。羅曼．羅蘭和托爾斯泰的小說，雪萊、拜倫和但丁的長詩，「是我的隱形的精神搖籃。」

聽課「挑肥揀瘦」

一九七六年七月，朱大可技校畢業，被分配至上海照相機四廠擔任鉗工。「我是做照相館用的相機，海鷗牌，」他用手在空中畫了一個圓，「那種大的。」對於一個飽讀詩書、喜歡音樂，想做鋼琴家、指揮，後來又想當作曲家的少年來說，鉗工的工作無疑是枯燥乏味的。他煩做工人，「開始琢磨如何改變這種狀況。」

一九七七年，高考恢復。這一年，朱大可二十一歲，這個年輕人摸不準考大學究竟意味著什麼，「沒敢考」。直到次年，他終於明白，只要上了大學，就有可能逃離工廠，改變工人身分，改寫人生軌跡。

一九七九年九月，他考入華東師範大學，「我是新三屆裡面的最後一屆。」高考填報志願的時候，他的第一志願是歷史系，第二志願才是中文系。在他看來，文學是自然天成的，完全不需要課堂教誨。「我曾經想考音樂學院，結果這個夢像泡沫一樣破滅了。由於父親的影響，我想做歷史學家。」

結果陰差陽錯，他被分到了中文系。說起當初為何選擇華師時，朱大可告訴我：「當時我母親每月的退休金是七十塊錢，我們家的房租是二十五塊，還剩下四十五塊，兩個人用是很拮据的。那時華師每個月有十八塊五的補貼，基本上能夠解決我的伙食問題。」

剛進大學時，他興奮，如魚得水，「戴著校徽到處走動」。聽課「挑肥揀瘦」，非常清晰地辨認哪門課重要，他一直在走讀，拒絕住校，「不重要的課完全逃掉」。逃到公共圖書館，「從早看到晚上」。

再後來，朱大可進入高校，自己成了一名大學教師。

當我詢問如果有學生蹺課他會如何處理，他說：「我從不點名，學生可以自由選擇，因為我就是這樣過來的。」說完後他笑了笑，趕緊補充道：「事實上，我的教室都坐滿了人。我不需要靠點名來維持到課率。」

從小就自己跟自己玩

一九八三年七月，朱大可從華東師大畢業，被分配至上海財經大學漢語教研室工作，講授「大學語文」課程。

由於與所學專業和研究領域不符，加上失去了大學時代的人文環境，他的心境比較壓抑，「失去了方向，心灰意懶，無所事事啊。」

此間，除了一篇〈電影系統論〉，他幾乎中止了所有的寫作，蟄伏了近兩年之久。

轉機出現在兩年後。一九八五年，朱大可受邀參加在廈大舉辦的全國文藝批評新方法研討會，「這改變了我的未來。」

這次盛會幾乎雲集了中國當時最優秀和最走紅的人才。而朱大可則是「無名鼠輩」。回去後不久，他的第一篇詩歌評論〈焦灼的一代和城市夢〉問世，並於一九八六年發表在當時極具影響力的《當代文藝思潮》上。

「這篇文章完全背離了批評的一般準則，很幼稚，但有殺氣，充滿奇思怪想，與其說是在闡釋他人作品，不如說是在自我賣弄。」對於這篇當年引起文學界普遍關注的文章，朱大可自己並不以為然。

一九八六年，〈謝晉電影模式的缺陷〉發表後，在海內外引起軒然大波，當時中國電影評論學會會長鍾惦棐撰文：「朱大可的文章很有閃光處，除了作為理論的概括和勇氣，更重要的是他把電影作為文化現象，表現了對整個社會和文藝的責任感。」

之後，憑藉一系列文學研究和批評文章，朱大可在中國文壇聲名鵲起，並且奠定了自己的先鋒批評家地位。「那時候我年輕氣盛啊，狂得要死。」他說。在很高規格的學術會上，也可以藐視與會者，自己隨性說一通，在眾人瞠目結舌中當場退會，「得罪了很多人，因為根本不顧別人的感受。」

「這和我的成長環境有關。我是獨生子，精神上極度渴望自由和獨立，從小就自己跟自己玩，孤獨慣了。」

從小學到中學，他的成績單上，評語裡總有「驕傲自滿」這幾個字，「老師總希望我『戒驕戒躁』。」如今，朱大可很少與人爭論，他覺得「那個沒意義，浪費時間而已」。從他的語氣聽，我能感受到被他小心藏起來的傲氣。

「其實我四十歲時就知天命了。」他端起茶，嘬一口，「我是很有爭議的人，有人喜歡，有人討厭。」他低頭又抬頭，看著我說，「其實，爭議是最好的狀態。沒有爭議才是不正常的。我為下個世紀寫作，因為歷史是最好的評判者。」

「市場英雄」與「文學英雄」

吳懷堯 從圖書銷量上看，「八〇後」作家異軍突起，您如何看待這些年輕的創作者？您讀他們的作品嗎？

朱大可 他們的書占有了巨大的市場比例，這是資本催化所帶來的市場價值。人們可能覺得書賣得好，文學價值就高，這是一個很大的誤解。

市場繁榮不等於文學繁榮。他們的作品有時我會看一下，文學性大多不足。新生代作家都面臨一個嚴重的瓶頸，那就是如何完成市場價值向文學價值的轉型，從市場英雄變成文學英雄。

近年我能夠看到的這代人中，李傻傻是個例外，我想他可能是其中最有前途的小說家。韓寒，我欣賞的不是他的小說，而是文化反叛的犀利立場。他是中國最優秀的「博客寫家」之一。至於郭敬明，王朔已經有過很好的評判，我就不再多嘴了。

吳懷堯 您曾經說中國文學成就最高是先秦，相對於先秦文學，您怎樣評價當代文學？

朱大可 當代文學，詩歌的成就最高，更弱一些的是小說，散文最差。到今天為止，散文大多都受楊朔文體的風格支配。各大學的校刊，中文系學生寫的散文，還繼續沉溺在「楊朔體」裡。這是令人失望的事情，我認為散文的問題相當嚴重。

吳懷堯 您早期的文學評論幾乎把「終極價值」視為最高甚至唯一的標準，並有濃重的基督教神學

朱大可 的價值取向。但您對「後朦朧詩」之後的詩歌評論很少。是不屑於評，還是閱讀有限？

那個時期大約是我去澳洲之前，也就是一九八八年到一九九四年這段時間，有五、六年吧，我進入了神學寫作時期。寫作的母題和核心價值，主要圍繞基督教神學，而現在，我轉入了新的階段。中國詩歌總體上是退化的。

二十世紀八〇年代一度到過一個高點，九〇年代再次發生退化，詩歌自然是小命難保啦！退到現在，好像已經所剩無幾了。

現在所謂的「八〇後」寫作，根本就沒有接過優秀的傳統。他們的話語方式，繼承的是五〇年代楊朔、秦牧之類，以及中學作文程式的傳統，跟八〇年代的文學成就沒有任何關係，這是我覺得特別可悲的一點。中國文化是斷裂式的進化，每一次都迴旋到原點，從零重新開始。你說這是悲劇嗎？我看是的。

吳懷堯 您在澳洲修過哲學博士，請簡單說一說中國哲學和西方哲學的區別吧。

朱大可 東西方哲學有相似之處，也有很大的差別，而差別是被蓄意誇大的。西方古典哲學以康德為代表，強調理性的價值，而中國哲學卻是主張感性的，老莊都特別感性，孔子也是這樣，這是中國哲學和西方哲學的本質區別。但是西方哲學後來在尼采那裡發生了巨變，突然折回到了感性，用隱喻表達思想，包括以後的現象學。這是哲學內部的革命。但感性應當被限定在文化的範疇。亞里斯多德開始的理性傳統，是建構合乎人性的社會制度的支柱。

吳懷堯 我聽過一種觀點：「諸子百家之後中國就沒有哲學。」您怎麼看待這個問題？

朱大可 我同意這個說法，後來出了很多哲學家，但都是闡釋者，不是原創者。朱熹、王陽明，以及五四以來的幾代文人，像熊十力和牟宗三，都是優秀的闡釋者。我本人也是闡釋者之一，如此而已。要超越先秦的高度？那是說笑了。

吳懷堯 于丹、易中天等人透過電視媒體走紅的同時，也將大眾的視線重新帶到了傳統文化，這是不是意味著國學的復興？

朱大可 我看這不過是一種有限的文化復甦，還遠遠談不上文藝復興。前兩年，新儒學曾經喧囂一時，他們把孔子和儒家文化作為唯一的核心價值，排斥其他一切學派，這跟文藝復興宣導的人性解放，相距十萬八千里。國學熱還好點，它至少還承認有道家、墨家和佛教等多種文化形態的存在。對待孔子，應當以平常心來解讀，把他當作一位有趣的老師和朋友，而不要像儒學家那樣，把他捧到至聖的地位。那很危險。

世界文壇已經變得空空蕩蕩

吳懷堯 您怎麼看待當下的文學生態和現狀，還有不時發生的學術界抄襲事件？

朱大可 **當下的文學生態，跟用激素、化肥、殺蟲劑弄出來農作物一樣。出版物很多，看起來琳琅滿目，可以拿來「吃」，但卻大多是「問題食品」。**現在也喪失了基本的檢驗標準。文學的核心價值究竟在哪裡？它人間蒸發了，完全不能支撐作家靈魂的內在超越，作家書寫的目標只是基礎價值，也就是市場和版稅，而不是終極價值，甚至不是中間價值。

抄襲是社會道德機制癱瘓的結果，國人的道德防火牆不僅沒有更新，而且被卸載了。當然，腐朽的機制是應當被卸載的，尤其是對身體過多的禁錮。但道德自律的全面崩潰，卻引發了另外的危機。

吳懷堯　中國作家有很濃的「諾貝爾」情結。您覺得諾貝爾文學獎是世界文學最高的榮譽和價值標準嗎？

朱大可　相對而言，所有獎項都有自己的缺陷，但諾貝爾文學獎還算是一個世界公認的重要獎項。當然它本身也在二流化，這是我的一個基本評估。**大師們正在離去，世界文壇已經變得空空蕩蕩。全球文學都面臨萎縮的危機，這是因為新的媒體、新的娛樂和閱讀方式，已經取代了文學。**

吳懷堯　外國文學的翻譯對當代文學的影響是毋庸置疑的，您認為現代漢語的成熟和成就，與翻譯家的翻譯有沒有關係？

朱大可　當然關係很大。漢語的現代化依賴的不是作家，恰恰是那些出色的翻譯家，他們的貢獻遠遠超出作家本身。中國作家的作品，很多只是他們的摹本，比如馬奎斯的漢譯本，就是一個被無限模仿的範例。

翻譯家為二十世紀八〇年代中國文學的轉型，提供了堅實的基礎。翻譯家的成就，超過了作家本身。這些年出版了數不勝數的文學史，卻沒有一本提到這點。我要再一次強調，如果沒有這些優秀的翻譯家和翻譯文本，中國文學的進化是無法想像的。

日光流年。閻連科

用自己的方式發出自己的聲音，
目前我沒有完全做到，
需要進一步努力。

閻連科請我吃麵。

這是盛夏的一天，午飯時間快到了。

「家常便飯，你就湊合一下。」閻連科端出兩碗看上去有點像炸醬麵的自製麵條，麵條是他太太親手做的。

在他家客廳餐桌邊，我們對坐開吃。麵條味道不錯，很快就光碟了。午餐過後，我們繼續聊天。

閻連科，一九五八年出生於河南嵩縣，一九七八年應徵入伍，一九七九年開始寫作，二〇〇四年轉業。現為中國人民大學文學院教授、香港科技大學冼為堅中國文化客座教授。

曾獲第一、二屆魯迅文學獎及第三屆老舍文學獎；入圍二〇一二年度法國費米娜文學獎短名單，三次入圍布克國際文學獎短名單和長名單；獲得第十二屆馬來西亞花蹤世界華文文學大獎、二〇一四年卡夫卡國際文學獎、二〇一五年日本推特文學獎、二〇一六年第六屆世界華文長篇小說獎「紅樓夢獎」。

談話結束後，閻連科將我送至寓所樓下，揮手告別。

依靠寫作行走

吳懷堯 作為您的讀者和朋友，我很尊敬您。但一旦錄音筆打開，我的身分就是記錄者，如果問到您不想回答或者不好回答的問題，您可以繞過去，我們聊下一個話題。

閻連科 沒有問題。沒有什麼不可以問，也沒有什麼不便於答。隨便是問答的精髓。

吳懷堯　先從您的作品《風雅頌》說起，這部小說出版後曾經引發了激烈的爭議，一些來自北京大學的學者認為，小說借《風雅頌》之名「影射北京大學，詆毀高校人文傳統，肆意將高校知識分子形象妖魔化」。有人看完後，義憤填膺地燒了這本書，原因是不看還行，一看就冒火：「他寫的就是北大！難道我們的老師真有閻連科說的那麼齷齪嗎？」……對於這些指責，您怎麼看？在您以前的作品中，有沒有因為讀者對號入座而帶來尷尬？

閻連科　還有一次。一九八七年，我以宋代理學家程頤、程顥的家鄉為故事背景，寫了中篇小說《兩程故里》，結果人家全村二百號人，要來我所在的村子打架。這件事情發生在農村，不識字的農民對說祖宗壞話的人不依不饒，我還能理解。

但是，時隔二十年，如果高校教授認為這本小說挖了教育的祖墳，寫了某某學校，這件事的荒謬，就超出了這部小說本身的荒謬。每個作家筆下的故事，都有其寫作的環境和背景，就是說，故事的發生，脫離不開發生的場景。無論是今天的讀者，還是北京大學的老師和朋友，我想，大家犯不上對這件事情這麼認真。

如果硬說我是寫了北京大學，北京大學有什麼不可以讓人寫呢？又不是什麼「重大題材」，這你們何苦呢？再說，寫北京大學的不是我一個人，而且我僅僅是寫了個「清燕大學」，這不過是一個詞語而已。僅僅因為一個詞語就如此大動肝火，實在沒有這個必要。你們都是教授，都是博士，應該有些文人的胸懷。應該明白，小說的好壞，不在你寫了哪裡，或像是哪裡，不像哪裡。好與壞，應該從文學的本身去討論。不然，就會有些可笑和幼稚。

關於楊科這個形象，他無法概括所有的知識分子，但是這樣的人物，在高校裡其實並不少見。如果你可以正視，高校裡邊有很多很多事情比我寫的還齷齪，只是大家不願意去面對而已。

吳懷堯

那麼，您為何要寫這本書？

閻連科

許多年來，我依靠寫作行走，在北京建立了家庭，說起來我還是個作家，卻連給我那些在鄉村的侄男甥女安排打工的能力都欠缺。有時忽然覺得，我的前半生過得如此沒有意義，除了收穫一身的疲憊和疾病，就是那些招惹是非的文字，總感覺生活在一種不確定的「漂浮」中。一個人在家待著的時候，會經常想家，焦心。

這時候，走進腦子的「回家」兩個字，就顯得格外動情和讓人思考。因此，自寫完《受活》之後，就一直想以「回家」為靈魂寫一部小說。

以我個人經歷來說，我從二十歲離開家鄉，在外邊「奮鬥」、「漂泊」，城市裡有我的家，有我的戶口，有我的妻子、孩子和房子，但這些和「家」似乎又沒有關係。你總是堅定地認為，你的家鄉，是河南鄉村的某個地方、某塊土地……可是真回到那塊土地的鄉村裡去，你又發現，那也早已經不是你少年時期的鄉村了。真的回到那裡生活，也似乎有些不太可能。這就使你意識到，**對我們這一代的許多離開土地出來的人，「家」，其實是上下不靠，左右不沾的。**這說起來有些酸溜溜的，但事實就是如此。於是，我就有了揮之不去的以「回家」為精神脈絡寫一部小說的念頭。當「回家」的意願愈積愈厚，小說的輪廓也就愈來愈清晰。

《風雅頌》的故事其實並不複雜，清燕大學的楊科副教授因發現妻子與副校長的私情而被送進學校的附屬精神病院。在精神病院，楊科被指派給病人們講解《詩經》，結果得到大學裡從未有過的禮遇——病人們回響強烈，掌聲雷動。後來楊科設法飛越瘋人院，回到耙耬山深處的老家，縣城的坐檯小姊成了他的學生和知己……再後來，楊科在一座古城中發現了一首首被孔子從《詩經》中刪去的詩，他坐擁詩經古城，收納各處不為世所容的專家、教授，一座世外桃源般的烏托邦就此誕生……

吳懷堯

小說從「關雎」到「漢廣」到「終風」，每個章節都以《詩經》中的一首詩名為題，這是一種創新還是另有深意？出版時，書名為什麼從《回家》改成《風雅頌》了？

閻連科

對我來說，無論多好的故事，沒有一個相對合適的結構，沒有一個自己認為新鮮的文體，我可能就無法寫作。「回家」這個意念，我一直想寫，但苦於沒有什麼東西能把整部小說貫穿起來。在構思小說期間，有一次與朋友閒聊，他突然把話題轉到了《詩經》上，一下子使我想到《詩經》不僅是文學上游的不竭之源，而且是中國人文化靈魂的歸宿，是中國人用詩歌的形式書寫的中國人的《聖經》。

那一瞬間，我茅塞頓開，如醍醐灌頂，忽然意識到，完全可以用《詩經》來結構這部小說，完全可以讓主人公成為一個高校教《詩經》的教授或專家。

當《詩經》成了小說的一個線索後，還可以與小說本身的故事形成互文效果。

最重要的是，我的家鄉河南那個地方，曾經和《詩經》有那麼親密的聯繫。這時候，小說還沒有開頭和故事的發展，故事的結尾就天窗大開般來到了我的頭腦之中。我隱隱看見，故事結尾中的那個「詩經古城」，已經無比輝煌地在向我的故事招手，要我的故事朝那裡走去。

離開朋友後的第二天，我跑到中關村和西單圖書大廈，買了很多關於《詩經》研究的書，回來學習、琢磨了一段時間，就很快動筆寫作了。大約用了大半年時間，小說寫完了。給一個好朋友王堯看了初稿，他說這部小說的內容，遠遠不是「回家」二字可以支撐起來的，如果用「回家」為題，就是新酒裝進了老瓶裡，回到了舊哲學的道路上。《西部・華語文學》在發表這部小說時，林建法先生建議把它改名為「風雅頌」。現在看來，可能叫「風雅頌」是比「回家」貼切得多。

吳懷堯

主人公的身分可以有很多選擇，楊科為何偏偏是在大學裡教授《詩經》的教授？

閻連科

其實，當初在選擇小說主人公的身分時，我也顧慮重重。既然我把它作為我的「精神自傳」，那麼選擇主人公的身分為作家吧，就顯得我很自戀。

如果讓主人公的身分是我比較熟悉的大學中的教現當代文學的教授或者說理論家，我又怕惹出許多麻煩來。思前想後，就讓他以大學教授和《詩經》研究專家的面目出現了。

吳懷堯 您剛才說這部小說可以看作是您的「精神自傳」，您是楊科式的人嗎？

閻連科 小說中的生活與我的現實生活沒有什麼對應關係，但精神邏輯完全是我個人的。我不算知識分子，可我懦弱、浮誇、崇拜權力，很少承擔，躲閃落下的災難，逃避應承擔的責任，甚至對生活中那些敢作敢為的嫖客和盜賊都懷有一分敬畏之心。我知道，和我熟悉的那些同行、朋友，還有那些博學的知識分子相比，他們有的缺點我有，他們沒有的缺點，我也有。

從精神方面來講，我的人生情境大致與楊科相仿，面對世界、面對社會、面對鄉村、面對愛情，楊科的一切，都處於妥協和懦弱的人生狀態，他是一種戰戰兢兢的人生態度和處世之法。

吳懷堯 《風雅頌》單行本和在《西部・華語文學》上首發的版本相比，除了「無名湖」改成了「荷湖」，還有哪些修改？為什麼要修改？

閻連科 變動比較大，《西部・華語文學》發的是初稿，出版前我修改了五、六次。最重要的修改，是集中在關於院校這一部分。初稿這一部分我寫得有些囉嗦，單行本刪去了許多，也更換了一些重要的情節。還有一處最重要的改動，是小說的結尾。這一結尾，還吸收了著名批評家、上海大學教授王光東的建議。

遲早重寫愛滋病題材

吳懷堯 據我所知，《風雅頌》的出版也不是很順暢，輾轉了五、六家出版社才得以問世。以您現在的知名度，出版社拒絕的理由是什麼？

閻連科 他們拒絕的理由很簡單，我個人非常理解。因為你閻連科是非常敏感又備受爭議的作家，就像定時炸彈。誰都不知道出版我的小說將是什麼樣的結果。

另一方面，你的《風雅頌》寫得如此荒誕，對知識分子是如此的不夠尊敬，他們不願意為此承擔什麼。當然，如果我是出版社的主管，也許我也會對這部小說婉言謝絕，不予出版。也有出版社對這部小說很感興趣，但希望修改。修改意見寫得非常認真、細緻，我為此感動。而且，相當一部分是正確的，是我應該修改的，但個別有那麼一條兩條，我無法修改。比如說你的小說陰暗面比較多，調子灰暗和小說裡沒有正面人物，你說這樣的意見讓我如何修改？

吳懷堯 關於愛滋病題材的長篇小說《丁莊夢》，引發各界熱議。這部作品您構思長達十年，其間七次現場採訪，回頭看《丁莊夢》，您自己是否滿意？

閻連科 今天大家看到的《丁莊夢》確實不是我當初想寫的《丁莊夢》。前前後後，幾年間我去過河南某愛滋病村有十次之多，也在那裡做了不少事情。按原計畫，我是要寫一部紀實作品，然後再沉靜下來，花幾年時間，好好寫一部虛構作品。

今天大家看到的《丁莊夢》，我覺得它太過溫和，沒有完全表達出那種真實的慘烈和震撼，還有我在藝術上「沒有邊界的想像」。就為了這些，我想，我必須把我在愛滋病村看到、聽到和瞭解到的那些人們聞所未聞的東西在合適的時候寫出來。不為了出版，只為了心安。現在的問題是，寫作了現在的《丁莊夢》，在這一題材上，我的寫作激情調動不起來了。這需要我重新開始對這一題材進行新的醞釀和激情與憤怒的積累。但是，無論早晚，我一定會有一次關於愛滋病的新的寫作。

我的小說中確實充滿荒誕

吳懷堯 在您看來，文學作品最可貴的品質是什麼？您的作品具備這些品質嗎？

閻連科 對我來說，最可貴的品質就是絕對的個性化，用自己的方式發出自己的聲音，目前我還沒有完全做到這一點，以後的寫作還要進一步努力。

吳懷堯 對於同年代一些作家的作品，您看得多嗎？您判斷作品好壞的標準是什麼？

閻連科 看了不少，但不會那麼及時去看，一般都是喧鬧之後找來看。我判斷小說的標準非常狹隘，非常不可取。關於一部小說的優劣，對我來說，是你小說中有哪些部分和文學元素，是我無法取代的，是我經過努力也無法完成的。就是說，我喜歡看那些我的寫作無法表現和無法達到的作品。我認為，我無法完成的作品，對我來說，都是好作品。

莫言、余華、李銳、王安憶、賈平凹、史鐵生、韓少功等，他們在藝術上都有不可取代的地方。莫言的《酒國》，裡面紅燒小孩當然是虛幻的想像，但他這種充滿了奇特歡樂景象的想像，我做不到；看《長恨歌》，字裡行間那種簡潔、準確和適宜，以及撲面而來的詩意，我是做不到的；《許三觀賣血記》那種悲痛下面的溫暖我也做不到……這些好作品都有我無法做到的地方，這種作家你就得尊敬他。因為在他的作品裡有你無法完成的元素。我判斷作品好壞只有這一個標準，就是他能做到，我不能做到。

吳懷堯 您現在閱讀情況如何？能不能分享一下您的讀書經驗？

閻連科 我有充分的條件和時間來讀書，欣賞各樣的小說、各樣的書籍，可惜已經沒有了少年時狼吞虎嚥的精力和胃口。讀書變得挑剔而又刻薄。甚至，讀書在許多時候，會成為一種負擔。讀書似乎就是為了寫作，每讀一頁，都期望從中抓撈到自己的所需。如果沒有，就覺得是一次沒有意義的閱讀旅行。還有，總是試圖把閱讀變為自己生活的日常，而不是命運中的經歷，可結果，一切的努力，都是徒勞。再有，如今書是愈讀愈少，閱讀人的靈魂，卻反而愈來愈多；對閱讀變得苛刻挑剔，而對人際世事，也愈發地苛刻和挑剔。總而言之，我現在的讀書經驗不可取，太功利了。

吳懷堯 二十世紀八〇年代以後，儘管文學思潮早已散淡，但文學批評還是習慣於在命名中論述作家作品。對於您，文學評論家們更是絞盡腦汁，魔幻現實主義、狂想現實主義、幻想主義、黑色幽默、後現代、荒誕現實主義……如此的命名都和您發生過關係，您覺得它們能否概括您的寫作？

閻連科 每一次命名，包括命名者本人在內，也不會覺得百分百貼切，但是他需要嘗試，需要有一個命名來闡述自己的觀點。今天說我是荒誕現實主義，是因為我的小說中確實充滿荒誕，而且荒誕在很長一段時間內都是我的小說的重要元素，是我認識世界的一種方法。至於到底是什麼主義，我想這不是最重要的，最重要的是我能否寫出好的作品。

吳懷堯 您平時寫作，是整體框架構思好才動筆，還是一邊寫一邊想？

閻連科 無論長篇、中篇、短篇，對我來說最初就是一個念頭，彷彿星星之火，漫長的構思就是燎原的過程，沒有什麼規矩可言，一般也沒有寫作提綱，但是會有一個大概的方向和路線圖，在腦子裡呈現，這個路線圖更多的時候是故事和人物。

吳懷堯 在寫作過程中有沒有寫不下去的時候？您會反覆思考小說的開頭嗎？

閻連科 只要開了頭，沒有寫不下去的時候。經常看我的小說的讀者，可能會覺得第一句話非常平淡，沒有什麼了不起，但是恰恰這句話會想很久，它是一個線索，透露出整個小說的情感基調和語言基調。

吳懷堯 您不止一次表示，寫作對您來說，已經不再是一件愉快的事情，除了故事本身給您帶來痛苦，還和您的身體狀態有很大關係吧？

閻連科 因為少年時的高強度勞動，加上後來長期伏案寫作，使我的腰椎和頸椎都有病。早些年，寫東西的時候，不是趴在床上，就是用一個特製的寫作架和寫作椅，或者腰上綁一個用鋼板造的寬大腰帶進行寫作。不能在桌前寫，就趴在床上寫，結果又引發頸椎疼痛，最後只好到生產殘疾人設備的機械廠訂了一塊斜板，稿紙夾在上面，像寫毛筆字一樣懸肘寫作。現在，身體好多了，已經可以每天坐下寫作兩個小時，也可以一口氣堅持十天左右。但是，近年寫作長篇，還是每年都會犯病。寫長篇太耗神，這樣就只好一邊寫作一邊看病，很煩惱，這也是寫作讓我痛苦的原因之一。但是如果不寫的話，有時會更痛苦。

我的生活其實非常有規律，每天上午八點坐下來開始寫，寫到十點半，差不多能寫兩千多字。但就是這樣的效率我也堅持不了十天以上，到時候就會筋疲力盡，渾身不舒服。基本上，我上午要是不寫完就不出門。下午不寫，就出去見見朋友，聊聊天吃吃飯。走在社區裡的時候，看見那些綠色的樹枝，心裡會很暢快，有時還會踮起腳尖，去勾一勾。

熬更守夜，母親從來沒說我浪費油

吳懷堯　您出生在河南嵩縣田湖鎮，嵩縣一度是國家級貧困縣，而田湖是宋代理學家程頤、程顥的故鄉。這些年您的寫作在形式和內容上屢有創新，但寫來寫去都是圍繞那小片土地。儘管您在京城生活了這麼多年，但對故土卻有著深厚的感情。在您的寫作中，故鄉占什麼樣的地位？在村莊，您最初是如何與文學結緣並且開始創作的？當時家裡支持您嗎？

閻連科　三十多年前，在我老家那塊偏窮之地，讀書有些荒誕、奢侈和異類。因為我大姊常年有病臥床，不能下地勞動，不能到校讀書，為了消磨時光，她的床頭就總有小說壓在枕下。她那塊被窗光和油燈照著的床頭，就成了我最早的書架和書庫。《豔陽天》、《金光大道》、《青春之歌》、《烈火金剛》、《野火春風鬥古城》等紅色經典，那個年代能夠在鄉村出現的書籍，都會神奇地出現在她的床頭，都會被我一頁頁翻閱，當然還有《西遊記》、《三國演義》這類古典文學。

這是我閱讀的開始，每每回憶起來，都備感溫馨。那個年代，讓我發現，除了貧窮的現實世界之外，原來在那些文學作品中，還有一個與現實完全不同的世界。比如《紅樓夢》，看到黛玉葬花、黛玉之死，我也會黯然傷神；看到賈寶玉出走，我會覺得活著真沒意思。

我最初開始寫作，是二十世紀七〇年代中期，十七、八歲的時候，我讀到了張抗抗的《分界線》，這是對我影響最大的小說。張抗抗憑這部小說從北大荒被調到了哈爾濱，這對我是一個刺激和啟發。當時，逃離土地的願望是支持我奮鬥的動力。我白天勞動，晚上在煤油燈下寫作。父母完全不知道我在做什麼，害怕我得了神經病，但又覺得這件事可能與眾不同。從小我們家裡晚上八、九點鐘母親是要催著熄燈的，怕費油。家裡對我最大的支持就是我寫到深夜，母親從來沒說過我浪費油。

吳懷堯

剛才還提到賈寶玉，您看《紅樓夢》時多大？當時的情景還記得嗎？

閻連科

初中二年級吧，應該是十四、五歲。那個時候，《紅樓夢》書店是沒有的。我的同學的哥哥是飛行員，他往家裡寄了一套《紅樓夢》，我非常想看。有一天，我的同學神祕兮兮地從書包裡摸出一本書給我，我一看是《紅樓夢》，臉都嚇白了。偷偷跑到廁所再看，書的封底上寫著「供內部參考」五個字，那時的激動和心跳無法形容。

吳懷堯 您上學的時候成績怎麼樣？聽說您也參加過高考，但是不幸落榜？

閻連科 剛開始很差，小學一年級考試，我的語文和數學分別是六十一分和六十二分，勉強升級。讀二年級時突然好起來，這要感謝我的同桌。她長得特別漂亮，學習也好，經常考九十多分，讓我心動不已，導致不自覺的努力，期中考試的時候，她九十四分，我九十三分，一分之差，只要再努力就可以趕超。

念到高中時，家裡實在供不起，我有個叔叔在新鄉水泥廠當工人，就介紹我去做工。那時我十七、八歲，每天做八個小時，拉板車、運礦石，賺一塊六毛錢，想再做八小時就得託關係找後門。叔叔給工頭送個菸啊，請他們吃個飯啊，好讓我每天做十六個小時。

有一天，家裡突然來電報，只有兩個字：速回。當時我父親身體不好，姊姊臥病在床，我非常緊張，不知道家裡到底發生了什麼事情，急匆匆提著行李就回家去了，結果是高考恢復了，父親讓我去參考。我想這哪能考上啊，父親說你初中時學習很好，考吧，即便考不上，回來當個村幹部也行。我複習了四、五天，就走進考場。

考完了，在家裡天天等通知，等了一個月，盼啊盼啊，結果那年全校沒一個考上的。

吳懷堯 是什麼原因導致你們集體落榜？

閻連科 這個說起來也非常荒唐。那時候出的題目偏於初中，高中的有一部分，我在學校學習還可以，如果填一般的大學有可能被錄取，但是沒有人告訴我們應該怎麼填志願，我們的一個老師還說，你們可以報河南大學或者北京大學，報哪裡都行。這導致我們全部考生都寫了北大，結果就是你說的集體落榜。

這就是命運，**對於作家來說，其實，命運是真正的寫作。**如果那時我考上了大學，不要說大學，就是中專、大專，今天，我就不知道我會做什麼了。很感謝，命運沒有讓我考上大學。

我在部隊唯一的優勢就是寫作

吳懷堯 大學夢破滅，打工又很辛苦，所以您選擇當兵？

閻連科 對。一九七八年底，我報名參軍。當時我的戶口名簿上的出生日期還是空白。我究竟是哪一年出生的，父母也記不清，回想之下，斷定我生在一九五八年，因為那年糧食大豐收，紅薯多得吃不完。母親說生我時天氣特別熱，我們大隊會計就說那就八月吧。就這樣，大隊會計就「確定」我為一九五八年八月二十四日出生了。早知這樣，讓大隊會計寫個一九六〇年，那我就是六〇年代生了，多牛呀，我就變成「六〇後」作家。

吳懷堯 鐵打的營盤流水的兵（當兵極辛苦，像流水般經常調動），到部隊後不久您就開始發表作品，說說其中的機緣吧。

閻連科 到了新兵連，連長讓大家把各自的名字寫在黑板上相互認識認識，看到我的字寫得不錯，他就讓我去出黑板報。我們的教導員叫張英培，愛寫古體詩，他看到我在黑板報上寫的順口溜詩歌，就把我叫去，問我是不是愛寫詩歌，我說我愛寫小說。他很驚訝，問小說在哪裡呢。我就趕快通知哥哥把那個在老家日夜寫作的長篇寄過來。

不料，哥哥來信說，母親在家裡燒火做飯，把那東西燒掉了，就剩了中間一部分。這一部分，哥哥給寄了過來，我就沒頭沒尾地拿給教導員看。

教導員覺得字數挺多，就把我調到營裡當通訊員。那一年，第一次發小說是〈天麻的故事〉，發在武漢軍區的《戰鬥報》上，大半版，震驚全團。那時候我目標很明確，當了兵就要提幹（由一般群眾提拔為幹部），一定要留在部隊，脫離土地，而我在部隊唯一的優勢就是寫作。

一九七九年，武漢辦了個文學創作學習班，教導員推薦我去。在那裡，我第一次知道小說還分為長篇、中篇、短篇，第一次知道有兩份雜誌叫《人民文學》、《解放軍文藝》。

吳懷堯　後來如願提幹了嗎？

閻連科　那時有個規定，從前線回來的人，立過功的都要提幹，結果幹部特別多。接著就有文件，說要重視文化，不再從戰士中直接提幹，提幹必須通過考軍事院校。而考軍校，年齡又不能超過二十歲。我當兵時就已經是二十歲了。因此，提幹夢破滅，我就想回家。村長告訴我父親，我回去可以當支部書記。這樣，當了三年兵，我領了一百一十七元退伍費、兩個月的糧票，給自己和父母買了衣服，全副武裝就準備回家了。已經上了火車，我們團長突然又開了一輛北京吉普，瘋了一樣開過來大喊：「閻連科在哪個車廂？」見了我，團長告訴我，武漢軍區參加全軍戰士業餘演出隊會演拿了第一名，其中有個獨幕劇是我寫的，為此上級給武漢軍區分了二十多個提幹指標，其中就有一個從事創作的指標落到了我頭上。

在火車啟動前，團長對我說，給你一個星期的時間回家，一個星期不回來，就說明你放棄了提幹。回來，就是同意。

回去後，家裡人特別高興，等我把情況說明，大家又很猶豫，因為那時，畢竟越南前線還在打仗。在縣城郵電局工作的哥哥知道了這事，下班後連夜跑了九六・五公里路回來，說：「一定要讓連科回部隊，他愛寫東西，回家裡一點用都沒有，家裡有多少困難我來支持。」由於哥哥做工作，於是，家裡賣了頭豬，讓我還退伍費，我就拿著錢和糧票又回到部隊。不久參加了一個文化骨幹培訓班，半年後就提幹了。

吳懷堯　在部隊您還做過圖書管理員？

閻連科　對，在我當兵的第二年，組織上把我調到了師部的圖書館，當了圖書館的管理員。那是一九八〇年，大家最願意做的一件事情，就是讀小說和寫小說。我每天把自己反鎖在用小禮堂改建的圖書館裡，把巨大的黑布窗簾拉開一扇、兩扇，冬天讓溫暖的陽光透進來，夏天讓涼爽的窗風吹進來，躺在用閱讀桌拼起來的平臺上，讀托爾斯泰，讀杜思妥耶夫斯基，讀屠格涅夫。對圖書館中十八至十九世紀的長篇一一過目，愛不釋手。

俄羅斯文學，我視為世界文學中最神聖的殿堂。屠格涅夫的《獵人筆記》中描寫大自然風光的段落，如批閱文件一樣，我整段整段地用筆劃出波浪線，並把那些我喜歡的段落抄寫在一個紅皮本子上。

現在回憶起來，在圖書館做管理員那三年時光，有兩件事情讓我既感安慰又感後悔：一是引導我最初閱讀的，是中國當代文學中二十世紀五〇年代的那些小說，如北方人愛吃麵食，又在飢餓中遇到整籠整籠雪白的饅頭和整桌整桌的東北大菜一樣，促使我胃口大開，狼吞虎嚥。這就養壞了我有些粗糙的口味，乃至後來讀到二十世紀的經典著作，如《變形記》、《城堡》等，使我壓根無法順暢地閱讀下去，更不要說對這些作品的理解和心靈相通那樣的高深之道。就是到了二十世紀九〇年代初，我對《喧譁與騷動》和《百年孤寂》這些小說，也還彷彿北京人並不欣賞南方菜一樣，總懷有一種本能的排斥。

吳懷堯 一九八九年，您已經三十一歲了，怎麼想到去解放軍藝術學院念書呢？

閻連科 一九八五年我就發表過兩個中篇小說，那時候發表小說跟現在不一樣，能迅速在部隊成為苗子，不斷參加部隊的文學創作學習班。當時我還想在仕途上有所發展，但是和別人對比後，發現差距太大，就上學去了。

吳懷堯 一九八九年到一九九一年，您收穫很大吧？寫作情況怎麼樣？

閻連科 當時最大的願望就是進一步成名成家，看到莫言紅得發紫，心裡很激動，成名欲和發表欲望更強，這就是大家說的我寫作上的「中篇不過週，短篇不過夜」。當時，確實寫得非常多，發表也很暢快。但寫著寫著，身體不行了，再也無法如以前那樣拚命寫作了，就落下這些毛病來。

我難成為一個好編劇，我不改電視劇

閻連科 在您的同輩作家中，相比蘇童、劉恒、王朔、劉震雲、王海鴒等作家的小說影視改編密度，您的作品很少被改編成影視，您覺得這是什麼原因造成的？遺憾嗎？

吳懷堯 關於改編，我沒有任何遺憾。這恰恰說明了你的某種鮮明的寫作個性，說明你的作品根本不適宜改編。不是說不適宜改編就是好作品，而是說，不適宜改編，也是作家寫作的個性之一。

閻連科 有一種觀點，劇本不是文學，由於對創作的限制太多，作家一旦寫了劇本也就喪失了對文學的崇敬和起碼的尊嚴。我知道您也做過編劇，寫過一些電視劇，能談談您做編劇的體會嗎？如果有機會，您會不會做自己作品的編劇？

吳懷堯 做編劇的體會，就是寫電視劇比小說稿費高。我做編劇，說心裡話，就是為了賺錢，彌補一下寫小說稿費不足的生活之缺。如果小說的稿費可以填補我家的生活所需，我不會去做電視劇的編劇。因為電視劇不需要有文學，只需要有娛樂，這是我最討厭的。同時，寫電視劇久了，確實就有可能寫不好小說，這是我必須警惕的。僅從賺錢這個角度講，我就不是一個好編劇，也難成為一個好編劇。對於改編自己的作品，改電視劇我不會參加。如果改電影，如果是在我寫小說的空檔，也許，有機會我會試試。

閻連科 您現在基本也是靠稿費吃飯，在談到作家是否應該享受免稅特權時，您說作家應該回歸平民，「那些街邊賣油條的都還要納稅」。您怎麼看待文學與金錢的關係？

閻連科　先說一個問題，作家在寫作上不是應該回歸平民，應該就是平民。這一點，我想在我的寫作上必須牢牢記住。關於文學與錢的關係，誰都沒有權力指責那些以文學賺錢的作者，以文學占領市場的作者。**人首先是要活著，其次是要盡可能地活好。**我們可以寫電視劇賺錢，人家為什麼不可以寫小說賺錢？我的意思是，我只管自己寫怎樣的小說，並不管別人寫怎樣的小說。

吳懷堯　接下來幾年您有什麼規劃嗎？

閻連科　不管社會發生多大的事情，發生多大的變化，對我個人都沒有什麼影響，我更關心的是文學。其他的經濟變化或者文化市場的變化，對我的刺激都沒有那麼直接。

在五十歲的時候，我最大的感慨是我最後的寫作年齡已經沒有多少，以樂觀的態度計算，大約還有十年。我是說，六十歲之前，我還能寫動長篇，六十歲之後，就力不從心了。

接下來的幾年，我會把最主要的精力放在長篇上。無論寫得好壞，我想在長篇上繼續試試自己爬坡的能力。更具體和詳細的計畫暫時還沒有，但我會在身體許可的情況下繼續長篇的寫作，繼續一種「放肆」，哪怕罵我的人愈來愈多，只要我以為表達了我的內心和靈魂。

老家我還是常常回去，但並不是一種放鬆。到了我這個年紀，已經無處可逃。回老家也有些煩惱，有更多的事情要處理。所以現在，我真是想要逃離，找個安靜的地方閒散地待著。

吳懷堯　最後一個問題還是回到寫作上，每當新作問世，您最擔心的是什麼？

閻連科

我父母都是大字不識的農民，兄弟姊妹也都只有初中文化程度。每次回去，他們都說你成天寫書，我們也沒看到一本好看的。所以，我下一步準備為他們寫一些他們看得懂的親情散文。

一部小說出版後，對我來說最擔心的有兩種情況，一種是處處充滿著表揚之聲，一種是無聲無息。

宇宙微塵。李銀河

生命就是幽靈島，
它在大海上突然出現，
又瞬間消失，
其意義並不比一座山或者一棵樹大。

「喂——」聲音低沉、急促並且警惕，似乎帶著防備，「你們到哪了……對，就是這兒。」

儘管之前已經通過數次電話，並且有過一面之交，但是，當我再次撥通李銀河的電話時，電話那頭傳來的聲音，依然顯得謹小慎微。

我的攝影師朋友董鑫，開車載我前往李銀河家。按照李銀河的提示，車子七拐八繞後，總算到達了目的地。

這是一棟隱藏在北京大興郊區的乳白色兩層別墅。二〇〇二年起，李銀河一度擇居在此。

李銀河，美國匹茲堡大學社會學博士，中國社會科學院社會學所研究員、教授。主要研究領域為家庭婚姻、性別與性。業餘寫作小說、隨筆和詩歌。曾被《亞洲週刊》評為「中國最具影響力的50人」之一。

一條大狗齜著白牙，趴在門口。我放慢腳步。

「沒事沒事，牠不咬人。」光著腳，穿著紅色塑膠拖鞋的李銀河，站在門口迎接我們，「我現在生活很規律，一般不熬夜。早上起來後喜歡到院子裡散散步。」院子裡月季花正在盛開。

「這些花都是我種的。」她頗為自得。

作為中國第一位研究性的女社會學家和著名作家王小波的愛侶，李銀河一直是媒體和公眾關注的話題人物。她就同性戀、換偶、一夜情等社會現象發表的一系列「離經叛道」的觀點，更是引發激烈的討論。贊同她的人捧之為「英雄」，反對其觀點者則斥責她的言論「無恥」。

見面這一天，她的寓所正在裝修，叮叮噹噹的響聲不絕於耳。我們的對話在二樓相對安靜的一間書房內進行。午間的陽光透過玻璃，打在李銀河的臉上，隨著光影轉換，她看上去忽明忽暗，彷彿一條水草在湖底飄搖。在長達三個小時的溝通中，她始終斜靠在椅子上，蹺著二郎腿，手上還擺弄著一枝鉛筆，隨意而旁若無人，誠摯而言無不盡。

身為社科院社會學所家庭與性別研究室主任，李銀河每週二都會去一趟單位，其他時間則待在家裡，除了寫論文和專著，就是看看電影讀讀書，「陪著可愛的小壯壯」。

小壯壯無疑是她溫情母愛的寄託。這個小男孩是她的養子，在李銀河授意下，他羞怯地向我問好。

「有時候一想起世界上有這麼一個小小的生命在依戀我，眼淚就流個不停，眼淚一直流到耳朵裡，涼涼的。」李銀河說。而電影則是她的生活必需品，每天都會看一兩部，已經養成了習慣，「要是沒有電影頻道，那生活品質就太低了。」

對於現在的居住環境，她感覺滿意：「空氣特別好，吃的東西也很新鮮，剛搬來的時候，都是我們在自己院子裡種菜，番茄、茄子、韭菜什麼的，根本就不用到外面去買菜。」

對於物質，李銀河要求不高，「**一個人消費的欲望再高，他睡的只能是一個人的床位，吃的只能是一個人的飯量。**」在生活上，她崇尚節儉，從來不買名牌，「衣服都是四、五十塊錢的，比我們家保母穿的還便宜——她一條褲子都兩百塊呢。」

平日閒時，李銀河喜歡躺在家裡的沙發上，隨手翻看各種書籍，「好就看，不好就扔在一邊。」或坐在電腦前，「有感覺就寫，找不到感覺就停下。」

有時候，她還會把自己的一些觀點和思緒寫進博客。但是，某些網友的謾罵和人身攻擊讓她覺得無法忍受。「我真替他們難過。」她搖了搖頭，眼睛看著地面，「我的親朋好友對我的做法都挺支持的。王小波如果活到現在，立場肯定也和我一樣，只不過他表達的方式會更幽默。」

二〇〇七年二月四日，是李銀河五十五歲生日。歲月鎏金，她的白髮、眼袋還有抬頭紋，已經清晰可見。「小時候，每年過生日總免不了感慨萬千，隨著年齡漸長，卻變得愈來愈麻木。」她露出笑容，「我的生命在走向後半段，我急切盼望著六十歲以後的生活。」

二〇一九年一月十日，據一條報導，退休後七年，李銀河居住在威海的海邊，過著非常規律的三段式的生活。上午寫作、下午閱讀、晚上看電影，早中晚三次去海邊散散步。閒時，會在微博上回答網友們的付費提問，這些問題也都離不開性愛、婚姻和家庭。

被裹進時代的洪流

一九五二年，李銀河出生在北京。父親是山西人，母親是河南人，均為知識青年，抗戰時相識於延安。革命勝利後隨部隊進京，後來被分配到《人民日報》工作。

李銀河兄妹四人，她排行老末。「大姊比我整整大一輪，老三也比我大五歲。」現在回想童年，她感覺很幸福，「非常和諧，而且不缺玩伴。」

「我們家有一個特點，兄弟姊妹都是屬於特別乖的孩子，學習特別好。」李銀河說，每次考試，不管數學還是語文，自己都能力拔頭籌，無一失手。

說起父母時，她若有所思：「在成長過程中，對我影響最大的其實還是他們。」

「父親經常會給我們講一些為人處世的道理，像『水至清則無魚，人至察則無徒』之類。」李銀河回憶，為了讓自己明白這句話，「父親還舉例分析，說有一次報社開會，大家互相提意見，他直截了當地對一個同事說：『我覺得您這個人有點虛偽。』後來父親挺後悔的，他告誡我們，以後決不能這樣做。」這些言傳身教，對於十幾歲的李銀河來說，影響深遠。

若干年後，當一些專家和學者對她的某些觀點大加討伐時，人們很少看到她站出來反駁或者與之激辯，更多的時候，她一笑了之：「**如果我們對周圍的人只觀察，不批評，那麼我們一定會活得更快樂一些；如果我們總是嘗試去欣賞美好的東西，而不去看醜惡的東西，那麼我們一定會活得更快樂一些。**」

一九六九年，李銀河十七歲，正是花樣年華。然而，「文化大革命」卻把她裹挾進時代的洪流。本來是要被分到吉林去插隊的，當她得知內蒙古正在招人後，有些坐不住了。為了爭取到內蒙古去的機會，「我寫了血書表決心。」在她看來，內蒙古有軍隊編制，算是屯墾戍邊，不像純粹插隊的知青。「就是當兵了嘛，我覺得挺光榮的。」

這一去就是三年。「內蒙古那個地方啊，風沙特別大，有時剛剛挖好的水渠，一場風沙就把它平掉，然後又得重挖，如此反覆。」最讓李銀河無法忍受的是，她插隊所在地位於河套地區，屬鹽鹼地，農區畝產量僅七十斤，但是下的種子就有三十斤。

「這種無收穫的勞動說白了，是對人的一種折磨。如果說其中有什麼正面意義的話，就是讓我明白了社會，知道它和學校還有家庭是不一樣的。這也算一種人生經歷吧。」說起那段生活，她沒有太多抱怨，只是搖頭苦笑。**我能感受到在不理智的時代，個人何其渺小。**

一九七四年是李銀河的人生拐點，因為一篇描寫農村生活的文章，她被推薦到山西大學。「我從初一就開始停課，物理、化學一天都沒學過，最終進了歷史系。因為是工農兵學員，所以大學只念了三年。」

少女的心弦被撥動

在山西大學讀書期間，一次回京，李銀河在一個朋友那裡無意間看到王小波的習作《綠毛水怪》，「覺得很震撼」，少女的心弦被文字撥動，想去看看這個王小波究竟是「何方神聖」。

一九七七年，李銀河回北京過寒假，朋友去王小波家有事，「我也跟著去了。」第一次見王小波，她微微有些失望——「他長得不太好看，而且不熱情，只是隨便和我打了個招呼。」

大學畢業後，李銀河回到北京。和現在的大多數畢業生一樣，「很茫然，沒有明確的目標，就好像在準備，然後等待機會。」《光明日報》的總編輯是她父親的老朋友，透過這層關係，加上本身的文字功底，她成為報社的一名編輯。

然而，讓她措手不及的是，剛到《光明日報》工作沒多久，王小波就騎著自行車去報社找她，聊了沒多久便單刀直入，問李銀河結婚沒有，「我說沒有，他對我說，那您考慮考慮我怎麼樣。」——李銀河被他的直率嚇住了。

不久，他們開始通信和交往。王小波把情書寫在五線譜上，讓李銀河至今記憶猶新。

確定戀愛關係之後，李銀河的母親不大放心，覺得「王小波這孩子傻大黑粗，看上去挺怪，怕靠不住」。每次母親問起，李銀河的回答總是明確而堅定：「這人有很睿智的頭腦，別人不能比。」

熱戀時，她想試探一下這個大個子的底，於是問他最壞能做出什麼事。「他要是說殺人，我怎麼敢嫁給他呢。」李銀河又笑了，「結果小波想了半天才說，殺牛。在農村他可能殺過牛，從人道主義來說這確實比較殘忍。他說這是他做過的最壞事情，我能接受。」

一九八〇年一月二十一日，王小波、李銀河登記結婚。沒拍結婚照，也沒舉行婚禮，兩家各請了一桌。那時王小波二十八歲，正在大學讀二年級，因為學生有規定不准結婚，所以兩個人結婚是祕密進行的。

當我問起王小波的缺點時，李銀河想了好一會兒才回答：「主要體現在生活上，髒亂差，比較懶，看書時像根木頭，你喊他，他聽不見，要踢他一腳才行。有的時候我回娘家去，他到兩點還不吃中午飯，我就電話遙控，告訴他冰箱裡有什麼吃的東西。我媽開玩笑說妳以後就買個大餅套在他脖子上，省得他餓死。」

以溫柔優雅的態度生活

一九八二年，李銀河去美國匹茲堡大學社會學系碩博連讀。兩年後，三十二歲的王小波也來了。在美留學期間，他們驅車遊歷了美國各地，並利用一九八六年暑假遊歷了西歐各國。在美國的四年，王小波基本上沒有工作，只是在家讀書寫作，李銀河下班回來後就忙家務、做飯。他們的好朋友丁學良在一篇回憶王的文章中感歎：「李銀河真可謂是賢慧，王小波則像個大爺。」

對此，李銀河的解釋是：「我不忍心讓那樣智慧的頭腦去做粗活。」

一九八八年從美國回來後，李銀河開始了自己的專業研究。主要集中在四個範疇：婚姻、家庭、性別和性。其中關於性的研究多一些，她的第一本論文集就是《中國人的性愛與婚姻》，其中除了中國人的離婚、獨身、自願不生育等問題，還深入研究了一些同性戀的內容。此間，王小波在中國人民大學執教。小說《黃金時代》在臺灣獲獎後，他乾脆辭掉公職，當起了自由作家。

「當初之所以選擇這個專業方向，是因為這幾個領域都是社會學的經典研究領域，尤其關於性的研究，在國內還很少有人涉足。」她說，對這些問題自己好奇，「研究它們能感覺到快樂，而且，對那些陷於不幸的人也有所幫助。」

幸福時光讓李銀河沉醉，卻沒想到如此短暫。一九九七年四月十日，王小波發給李銀河最後一封電子郵件：「北京風和日麗，我要到郊區的房子去看看了。」次日凌晨，王小波心臟病突發辭世。其時，李銀河正在英國劍橋大學做訪問學者。得到消息後，她「腦子一片空白，耳朵嗡嗡作響。」

後來在〈浪漫騎士．行吟詩人．自由思想家——悼小波〉一文中，李銀河深情寫道：

「作為他的妻子，我曾經是最幸福的人；失去他，我現在是世界上最痛苦的人。」

「我最最親愛的小波，再見，我們來世再見。到那時我們就可以在一起一百年，一千年，一萬年，再也不分開了！」

王小波去世十年，二〇〇七年四月十一日，李銀河和十二位王小波的忠實讀者發起了「重走小波路」的活動。

「這個活動其實是很私人的，就是一幫小波的粉絲為了紀念他，想做點跟他有關的事。他們向我發出邀請，我正好沒去過雲南，就答應了。它本身確實沒有什麼太大的意義。」當我問及私下李銀河會選擇什麼樣的方式懷念王小波時，她淡淡一笑，回答樸實無華：「在心中默默想他。」

回首自己的前半生，李銀河覺得平淡無奇：「跟小波在一起有點轟轟烈烈，除此之外，應該說是乏善可陳，也比較枯燥。」至於目前的狀態，她覺得自己有清醒的認識：「對社會學還比較喜歡，做起來有一些快樂；對文學無限嚮往，但是缺乏才能；也許最終發現，我真正喜歡做的事情是觀察四季輪迴。梭羅有一句話說得好：**『我們為什麼不能像攀折一枝花朵那樣，以溫柔優雅的態度生活呢？』**」——她語氣平緩，似乎在問旁人，更像是在問自己。

晚上不敢看星星

吳懷堯　如果可以從頭來過，您希望如何度過此生？

李銀河　讀有趣的書，寫有趣的書，聽美的音樂，看美的畫，觀賞令人心曠神怡的風景，和自己喜歡的人在一起隨心所欲地享受生活。

吳懷堯　您有很多機會去國外定居，為什麼選擇留下？

李銀河　在美國，國家是人家的國家，文化是人家的文化，喜怒哀樂好像都和自己隔了一層。回國後，國家是自己的國家，文化是自己的文化，做起事來有種如魚得水的感覺。在中國，有些事讓人看了歡欣鼓舞，也有些事讓人看了著急生氣，但無論高興還是著急都是由衷的，像自己的家事一樣切近，沒有了在國外隔靴搔癢的感覺。

吳懷堯 針對您的言論的各種批評，是否會影響到您的生活與心情？

李銀河 我生活得很愉快。我想我所想，說我所說，如果碰巧有人喜歡，我引為同道；如果有人不喜歡，那也是意料之中的事。我不可能讓所有的人都喜歡我，我從來沒有這樣的抱負。

吳懷堯 您的一些看似驚世駭俗的觀點，在西方可能並不新鮮。作為一名社會學家，在理論創新方面，您有什麼遺憾嗎？

李銀河 在理論上我沒有太多的抱負，畢竟理論上的創新是非常非常難的。我現在所做的，更多的是傳播觀點和經驗研究。

吳懷堯 據我瞭解，您即將有新作問世。這是一本什麼樣的書？它和您以往的作品有何不同？

李銀河 我之前的作品都很沉重，而這本書相比之下要輕鬆得多，是一本表明我生活哲學的隨筆集，並且收了一些博客裡的文章，由中國婦女出版社出版。（不久，李銀河的隨筆集《以溫柔優雅的態度生活》出版，本篇對話被全文收錄。）

吳懷堯 當王小波成為現象後，有一撥人在文風上刻意模仿他，甚至自稱「王小波門下走狗」，對此您怎麼看？

李銀河 小波的文章有一種傳統寫作中十分罕見的自由度，看了沒有緊張感，反而有一種飛翔的感覺。他的反諷風格實在是大手筆，而且是從骨子裡出來的，同他的個性、生活經歷連在一起，不是別人想學就能學得來的。

吳懷堯 古人說四十不惑，我發現在您的文章中「生命」這個詞出現較多，現在是不是對此感觸很深？

李銀河 **生命都是很偶然的東西，人類在宇宙中也是很偶然的。我願意用幽靈島來比喻：生命就是幽靈島，它在大海上突然出現，又瞬間消失，其意義並不比一座山或者一棵樹大。**有一陣，晚上我都不敢多看星星，因為看著看著我就會想，咱們這個地球不就是這群星星中的一顆嘛，人就像小螞蟻一樣，爬來爬去幾十年就死掉了，無影無蹤，就跟沒存在過一樣。這些東西想多了，非常恐怖的。

吳懷堯 愛情常常是不可預知的，您還會結婚嗎？

李銀河 如果有人想問我會不會像封建時代的婦女那樣守活寡，我的回答是絕對不會。如果說生活中有新的遭遇，那為什麼不可以呢？至於我為什麼這麼多年沒結婚，是不是沒有遇到合適的人，這些，以後我寫回憶錄時就會真相大白，現在還是留個懸念吧。

電視精靈。李蕾

我最大的挑戰是：不說謊，
勇敢地表達自己；有足夠的體力，
準確地完成表達。

「南有李蕾，北有柴靜。」

這兩位是曾在中國電視界獲得廣泛好評的女主持人。柴靜，因為十年中央電視臺生涯，因為《看見》一紙風行，因為《柴靜調查：穹頂之下》流傳海內，幾乎是家喻戶曉。

相比之下，李蕾不揚於眾——二十世紀七〇年代生於西安，曾在陝西電視臺主持《開壇》，廣受好評，金庸「華山論劍」的全球直播，她是現場主持人；後來在上海電視臺主持《風言鋒語》，再後來在中央電視臺和易中天搭檔主持《一起聊聊》，喜歡她的觀眾，稱其「電視精靈」。

李蕾的半自傳長篇小說處女作《藏地情人》，首刊於二〇一三年十一月的《萌芽》雜誌，受到年輕讀者熱捧。

我們的這次長談，就在這本書單行本出版後不久。

我害怕變成沒有好奇心的人

吳懷堯 二〇〇九年秋天，我從北京來到上海。現在回頭看，發現其間交到的新朋友，都是各領域的高手，其中當然包括您。記得第一次見您是在一個雜亂的飯局，那天，煙雨連城，您熱情地跟每一個人打招呼，最後還悄無聲息地埋單，至於大家茶餘飯後聊的什麼，我已經記不太清。由此知道您叫李蕾，是上海灘有名的電視節目主持人。您是怎麼入的電視這行？

李　蕾 這女漢子是我嗎？哈，我都不怎麼記得了。我很早就在廣播電臺和電視臺兼職了，那時候不到二十歲吧，很想做事，很想賺錢，覺得能養活自己，不伸手跟父母要錢是最基本的。做談話類節目主持人是在二〇〇二年，陝西電視臺有一檔《開壇》節目找主持人，我的老師和同事推薦，節目組就找我去試鏡。我主持《開壇》六年，這個「罎子」教會我很多，逼我做功課，遇見很多「有營養」的人，也得到很多人善待。所以我現在遇見一些年輕人，都覺得應該對他們好一些。

吳懷堯 您生於西安，長於西安，受教於西安，成名於西安，卻不安於西安。是什麼機緣促使您來到上海？

李　蕾 我來上海比你早一點點，二〇〇八年。一直有人問我：妳在西安什麼都有了，為什麼還要離開？我也說不清楚。可能就是不安分吧，我害怕變成一個沒有任何好奇心的人，所以寧願付出很大代價，嘗試改變。**一輩子沒那麼長，到最後財富、名譽、親人都帶不走，只有經歷是屬於自己的。**

我從西安來上海，也得到很多人的幫助，比如應啟明老師，上海紀實頻道的總監，他是老上海人，是他給我申請了辦理特殊人才引進手續，其實我和他不熟悉，並無私交。手續辦得很順利，我也是從應老師身上看到了上海的特點：有契約精神，有分寸感，公平和透明。在這一點上，全國沒有任何一個城市可以與上海比。這也是我喜歡上海的理由。

吳懷堯 說到西安，我想到韓東的《有關大雁塔》，許巍的《藍蓮花》，還有鐘鼓樓小吃一條街上熱氣騰騰的羊肉泡饃。在您的心目中，西安是一座什麼樣的城市？

李　蕾　西安是個穿灰衣服的男人。四四方方，一些街巷的名字千百年沒變過，藏著異人。歷史都在人的臉上。西安女子有情有義；西安男人心熱口拙，年少時叛逆，年長後固執。我喜歡城牆，在上面騎自行車，尖叫。還喜歡乾陵，又大氣又性感。我對這座城的感情一點也不現代，愛得婆婆媽媽，很念舊。

我懊惱沒有能力寫得更真切、更好

吳懷堯　二〇一三年十一月，《萌芽》雜誌增刊頭條推出您的長篇小說處女作《藏地情人》，不久《藏地情人》作品研討會在上海舉行，我留意到孫甘露也去了。據我瞭解，《藏地情人》上市不到一個月就加印，您幾乎成了準暢銷書作家，您最初是怎麼想到要寫小說的？

李　蕾　你告訴了我一個好消息。這是我的第一個長篇小說，我心裡希望它賣得好，不敢說出來，不自信。我不懂市場，也沒想過別人要看什麼，就像一隻笨鳥，只管用自己的方式飛。我從小就想當作家，以為作家又體面又有錢。長大一點遇見個男人說：妳想要什麼？我給妳。我翻白眼，說我想當張愛玲，你能給我不？真會氣人啊。年紀愈大愈發現，妳真正想要的東西只有一點點，誰也給不了妳。寫小說就是我的野心，誰也幫不了，一天不完成它，它就來折磨我，不能忍。

吳懷堯　藏地是一個讓人神往的地方，「情人」是一個讓人浮想的詞語。在《藏地情人》中，為愛痴狂的主角明妙姑娘，滿世界瘋找神祕失蹤的情人，一路交織著愛與恨、殘酷與溫暖。對

李蕾　於明妙的愛情，您怎麼看？作為一名女性，您心目中的完美愛情是什麼樣的？

任何一個小破地方、小角落，都可能很有感情。所以藏地沒那麼重要，情人也沒那麼重要，這是小說的背景。我寫的是一個女子是怎麼長大的，她長得很緩慢，不斷努力，不斷犯錯，有朋友有敵人，走回頭路，也傷害過別人，她叫明妙，也許每個人身上都有一點點明妙。年紀愈長，我愈覺得成長對每個人來說都不容易。我有點愛明妙的是：不管遇到什麼，她還是相信愛情的。相信會有一個人，願意喝下她的骨灰，用一個溫暖的身體來埋葬她。

如果我是個男人，大概不會這麼蠢，認為小說的全部祕密就是感情。很多男作家並不這麼想，他們有更多的計畫和頭腦，所以我覺得他們不可愛。我重視愛情，因為世界上從未出現過完美的愛情，你愛上什麼，就會為什麼吃苦頭。所以愛情是一面照妖鏡，你骨子裡是什麼變的，照一下，清清楚楚，賴都賴不掉。

吳懷堯　對桑塔格而言，情人是一種類似於大麻的物質；對杜拉斯而言，情人是高貴的精神，是刻骨的回憶。您也在寫情人，情人之於您，意味著什麼？它是否值得您用十多萬字來娓娓敘述大書特書？

李蕾　情人就是埋伏在生命中的刺客。你可能已經忘記在什麼時候辜負了他，辱沒了他，可他不會消失不見，他埋伏在你必經的路上，隨時會給你致命一擊。這很危險吧，如果不危險，人就不會保持活力，杜拉斯七十歲還有愛的能力，桑塔格直到生命的最後都不相信自己會死掉，這樣的生命多美多強大。我只是懊惱沒有能力寫得更真切、更好。

吳懷堯　較之於官僚、商賈與黎民大眾，作家是一個特別的群體。在您眼中作家可以分為哪幾類？您更喜歡哪一類作家？

李　蕾　我沒想過給作家分類。我喜歡的作家有共同點：驚人，勇敢，略頑皮，有扭曲或創造一些新東西的能力，他們是所有人，又誰都不是。

我迷戀馬奎斯和小王子

吳懷堯　「一個人下定決心實現願望，總是有辦法的，可是大多數人終其一生都未嘗過願望成真的滋味。人們假裝沒有錢，沒有時間，沒有願望，沒有不顧一切的決心，直到真的一無所有。」您寫進《藏地情人》的這段話在微博、微信和論壇廣泛流傳，引起很多人共鳴。我想知道，您自己小時候的願望是什麼？是否已經實現？當下有沒有新願望並在為之努力？

李　蕾　我小時候三心二意的，連數學測驗考九十分都當成願望，去求一棵大核桃樹保佑。十五歲第一次在報紙上登了文章，拿到三十五元稿費，我立即忠誠了，想把所有白紙都寫滿，想變得不普通，想有錢買好東西，只有當一個作家才能滿足我這種虛榮心。這麼多年，我寫專欄，也出過幾本書，當作家似乎也沒那麼榮耀了，可我一直不大敢說自己是個作家，我對自己的手藝不滿意。手藝人覺得自己技藝不好，這很讓人沮喪，怪誰也沒用。幸運的是我還不算太老，萊辛寫到九十三歲呢。我現在的願望就是身體健康，埋頭寫，寫到廢掉，一筆勾銷。一想到將這樣老去就很快樂。

吳懷堯　吳爾芙說，所謂的天堂就是持續不斷、毫無倦意的閱讀，我們知道，閱讀總是一件愉快的事。但是一旦投身寫作，就面臨著史蒂芬．金似的兩難，您為自己寫作，還是為讀者寫作？

李　蕾　我在寫作的時候從不考慮別人。我最大的挑戰是：不說謊，勇敢地表達自己；有足夠的體力，準確地完成表達。

吳懷堯　在寫作方面您有什麼期望和目標嗎？

李　蕾　我挺倔的，認定一條路，不走到黑走到死，絕不甘心。到這個年紀，作家不是小時候的夢幻了，現實是，寫作既費力又不賺錢。但是它讓我感到愉快。我覺得不難的事情都不值得做吧。今年過生日，我許願祝自己長命百歲。這是最大的心願了，有個好身體，像農民種地一樣，老老實實地寫，寫到那些字句都不肯帶我玩的時候。最好不靠出書賺錢，也不要窮困潦倒。

吳懷堯　有沒有什麼書，是您百讀不厭，願意逢人推薦的？如果有，說說理由。

李　蕾　腦子裡飛快閃過一架子書，可見我多麼沒耐心。在閱讀這件事上，我貪得無厭，喜新厭舊，說實話，沒有一本書能讓我讀一百遍。每隔一段時間就找出來看看的書是《小王子》和馬奎斯的作品，其中有我所迷戀的天真和才華，真是化成灰都會迷戀。

我承認自己笨拙又普通但在變好

吳懷堯　我讀過您一篇寫父母的文章〈唯有我爹我娘是沒辦法選擇的〉，感覺字裡行間滿滿的都是

李　蕾　愛。現在回想，您覺得您父母對您最大的影響在哪裡？

我是父母的第一個女兒。我不大會做女兒，他們也不大會做爹娘。這些年我常常覺得爹娘是住在電話裡的。中國的家庭有很大一部分都是這樣吧，最親的人是最揪心的陌生人。

我在文中寫：我爹我娘不說愛，不說對不起，他們肯剜出心來給我點燈，砸鍋賣鐵也要成全我的心願，但他們從來不問我想什麼，想要什麼。一個朋友看得大哭，我倒不難過，**人間的感情就是這樣的，一輩子互不理解，也可以彼此溫柔對待，這就是好的感情了。**我的父母很普通，我年少時反抗所有普通人的普通生活，現在懂點事了，覺得我爹我娘挺了不起的，他們對我唯一的期望就是身體健康，能自食其力，女孩子不要貪便宜。我做到了。

吳懷堯　您的親人對您的寫作生活和日常狀態持什麼態度，你們現在關係如何？

李　蕾　我的小說出版後，寄了一本給爹娘，糾結死了，心想最好他們不要看。我長成了一個祕密，不再是他們甜蜜的小女兒。我爹我娘老了，我不知道他們是怎麼老的。我希望走過去坐在我爹腿上，可我已經長得太大了，不值得被那麼疼愛。一週前，我娘跟我說，小說看了，愈改愈好了，只是太辛苦了，不要再寫了。我知道她一定會這麼說，她也知道說了我也不肯聽，可是她說出來，我聽著，就挺幸福的。

吳懷堯　陳小春有首歌叫《男人與公狗》，您聽過這首歌嗎？裡面有句歌詞是「為了愛我願意搖尾又擺頭，掏心掏肺只想有人愛我」，相比寫作唱歌，戀愛是不是更有趣一些？

李　蕾　沒聽過呢。第一次聽你說這歌詞，感覺好賤（笑）。我真的覺得戀愛有意思，它好麻煩，不麻煩就沒那麼有意思了。

吳懷堯　昆德拉在《小說的藝術》中說，人類一思考，上帝就發笑。他認為，那是因為人在思考，卻又抓不住真理。您有沒有想過，我們活在這個世上，最該明白的真理是什麼？

李　蕾　昆德拉太聰明了，他聰明得讓我欽佩，同時又覺得有點討厭。我現在終於敢承認自己又笨拙又普通，對我來說，唯一的真理就是改變。我正在艱難地變好，但你不必期待。

吳懷堯　最後，告訴我一個您從來沒有告訴過其他人的祕密吧。

李　蕾　有些祕密說出來會死的。實際上我是外星人，我的責任是欺騙每一個地球人。

多面奇人。陳丹青

我從沒想過給自己定位。

先做一道選擇題。陳丹青是：A.海歸，B.教授，C.畫家，D.作家。只要您知道這個人，或者根本不知道，但您做了這道題，選任意選項或者全選，都會有人告訴您：恭喜您，答對了！

陳丹青，中國當代最具影響力的畫家之一。一九五三年出生於上海，十七歲到農村插隊，其間開始自學油畫。一九七八年被中央美術學院油畫系研究生班錄取。一九八〇年畢業留校，任教於油畫系；同年以油畫《西藏組畫》一舉成名。一九八二年移居美國紐約，為職業畫家。二〇〇〇年回國任教於清華大學，後因故辭職。近年來在繪畫之外，還陸續推出多部著作，均一紙風行。

多少年過去了，陳丹青還是那個陳丹青嗎？他的多重身分，仍在決定著公眾面對的選擇題：他是多面的。

海歸

一九八二年初，即將迎來而立之年的陳丹青移居紐約，在異國他鄉度過了十八年的「洋插隊」（到國外工作、留學）生活。

他說，自己在國外的生活並非如人們想像的那樣。「我第一天到美國，就面臨一個生計問題，我必須靠賣畫來討生活。」

吳懷堯　一九七八年您考上中央美院油畫系研究生，兩年後畢業留校，工作一年。這是一部分知青的典型經歷。這些人日後分成兩撥，一撥留在本土，另一撥出國。跨過門檻，意味著創造與超越。您的出國，是不是一次跨過門檻的過程？

陳丹青 一個現代國家的國民本該出入自由，改革開放只是將事物恢復應有的狀況。

吳懷堯 您有沒有想過自己的定位是什麼？

陳丹青 我從沒想過給自己定位。「定位」這兩字也是近年回國後才知道。為什麼要定位？定了位，人生就安穩、就有價值了嗎？我聽不少人動不動就說「我是做學問的」、「我研究這一行一輩子」，我心裡就想：傻子！

吳懷堯 如果說您的「憤怒是一種高興」，那麼幸福是什麼？

陳丹青 到我這年齡，活著，沒病，就什麼都好。我不會去想：啊！我的生活與精神最近怎樣怎樣……不會的。我只是活著。

吳懷堯 我注意到汶川大地震後，您為賑災所繪的油畫〈中國的山川〉在一場慈善競拍中以人民幣一百六十五萬元拍出。有媒體報導，這筆善款將全部捐助汶川地震災區，用於建立多所希望小學。這些小學，您會用自己的名字命名嗎？

陳丹青 為什麼要用我的名字？我從未想過。我也不知道這些錢會不會拿去蓋小學，甚至不曾指望錢會用在災民身上。只是我得做些什麼，不是為了災民，只為心安。

吳懷堯 一個人用什麼名字，或者接受什麼樣的名字，自有其特殊涵義。從字面意思來看，「丹青」是紅色和青色的顏料，借指繪畫。我很好奇您名字的來歷——是父母取的嗎？如果是，那他們太有先見之明了。

陳丹青 我的名字是父親取的，弟弟名叫「丹心」。父親是抗戰時的過來人，相信「精忠報國」，信奉「留取丹心照汗青」，所以父親給我們兄弟倆起這對名字，當時哪料到我喜歡畫畫。

吳懷堯 您的父母經歷過戰爭、逃難，您的祖父是黃埔軍校的軍官，打了半輩子仗，您的岳父也是軍人，也打了半輩子仗。您雖然生在和平年代，但所受的教育都和戰爭有關。小時候看的電影都是戰爭片，然後經歷過「文化大革命」，這樣的家庭背景和成長經歷，對您性格的形成和人生道路，產生了什麼樣的作用？

陳丹青 我對苦難會敏感。但「苦難」這個詞現在被說濫了，惹人討厭。當我說對苦難敏感，意思是說：苦難是美的，假如進入藝術的話。我喜歡畫悲劇主題。孟德斯鳩說過，人在苦難中才活得像個人。

吳懷堯 在評述王家衛的時候，您說他「一看就是一個流氓」，很多人奇怪您為什麼這麼說。您平時喜歡看什麼類型的電影？能否為大家推薦三部電影？

陳丹青 媒體喜歡聳動，在我全部講演中只摘取這句話，並予以誇張。那是形容詞，表示一種潑辣大膽的影像風格。事後家衛請我吃飯，我說媒體只用這句話，他說對啊，不是流氓你怎能拍電影！即便從電影故事看，事實上，歐美有許多電影以黑幫流氓作主題。我喜歡各種類型的電影。沒有一種類型是好的或不好的，要看拍得好不好。我很難推薦「三部電影」，那樣會對不起其他好電影：好電影太多了。

教授

二〇〇〇年，作為「百名人才引進計畫」的一員，陳丹青被清華大學美術學院聘為教授及博士生導師；二〇〇五年辭職；同年，雜文集《退步集》出版，在讀者中產生巨大影響。

吳懷堯 您二十五歲時考上美院，其時正好是「文化大革命」後各地高校全面恢復招生的一九七八年。據說，在考大學的前幾天，您突然被取消考試資格，真有這事嗎？坊間還流傳一種說法，說那年您以外語零分、專業高分被錄取。您在外語考卷上寫下「我是知青，沒有上過學，不懂外語」，隨即交卷，離開考場，真是這樣？

陳丹青 具體情況就像你所知道的那樣。但考試前幾天忽然被取消資格，完全沒這事。那時國家拚命鼓勵所有年輕人考試，每個縣委公開發放申請表，誰都可以填表申請。國家十年不招生，急壞了。

吳懷堯 您小時候是乖孩子嗎？學習成績如何？有沒有翻牆越界本事給大人捉牢了的經歷？

陳丹青 我小時候很乖，聽話，又很頑皮，叛逆。我想現在也差不多。媒體誇張了我的叛逆。許多記者一見我，發現完全不像他們想像的樣子，他們大概以為這傢伙是個瘋子。

吳懷堯 有人問畢達哥拉斯，女人是否值得尊重。畢達哥拉斯說：她們有三個神聖的名字——起初被叫做女兒，接著被叫做新娘，然後被叫做母親。能否說說您對女性的看法？

陳丹青 上帝創造男女。我對女性談不出什麼要緊的話，太多人已經發表過意見了。我也談不出對女性的「看法」，一個男人對女性不是抱有看法，而是被吸引，或不被吸引——這要看你面對一位怎樣的女性。

我不會對太寬泛的詞語發表意見：「女性」一詞什麼都沒說出，一位八十歲的老太太和一位五歲的女孩，都是女性，但你希望我回應的顯然不是這兩年齡段的「女性」。

吳懷堯 那我們來談談男性吧，二〇〇八年十一月二十三日晚上，在北人的百年世紀大講堂，您和賈樟柯圍繞電影《小武》展開對話，退場時我看見有個男同學衝著臺上大喊：「我愛你！」看得出，不少年輕人對您很是崇拜，不少聽上去「很深刻，很哲學，很迷茫」的問題，您也面帶微笑，耐心作答，您當時內心是一種什麼樣的感覺？

陳丹青 我喜歡小孩，喜歡看見年輕人。中老年人要麼對年輕人討厭——年輕人處處提醒他們，你老了，快死了；要麼看見年輕人會高興。我屬於後一種吧。我年輕時，凡是對我笑的、善意的中老年人，我也會喜歡。

畫家

二十世紀八〇年代初，陳丹青曾被同仁認為是最具才華的油畫家。直至今日，油畫圈仍存在著「陳丹青情結」。

他的《西藏組畫》在美術界及文藝界引起轟動，並獲得持久廣泛的關注、評論、研究與影響。所以，無論何時何地，他的畫家身分都不會被忽略。

吳懷堯 一九七九年，您在拉薩畫的《西藏組畫》共計七幅，由於它們跳出了當時的主流風格，以寫生般的直接和果斷描繪出藏民的日常生活片段，畫作公開後，轟動一時，被譽為「現實主義經典油畫作品」。現在回頭看，您自己如何評價《西藏組畫》？

陳丹青 我覺得人不應該評價自己的畫。

吳懷堯 您的油畫〈國學研究院〉以人民幣一千二百萬元落槌；〈牧羊人〉以七百萬元起拍，經過幾輪叫價，最後以三千二百萬元賣出。這種價格，很多明清時期的畫作都達不到，對此您怎麼看？很多人都以為藝術家一天到晚在數錢，實際情況如何？

陳丹青 我對太過瘋狂的事情，說不出看法。瘋狂不需要看法。目前，不少幸運的藝術家可能是在數錢，但我自己知道，藝術家並不是天天在喝咖啡。真的藝術家幾乎都是工作狂，而且獨自工作。有誰會看見藝術家獨自工作的情形呢？工作是不能展覽的。藝術市場問題的誤區之一，是媒體總要問藝術家——完全錯了，應該問買家和賣家，那是商場的事情，作品只是貨品，理論上和一雙皮鞋或一支口紅一樣。

吳懷堯 從近年拍賣現狀來看，為什麼國畫賣不過油畫？

陳丹青 國畫被認為是紙本的，油畫是布面的，可以保存得長久，似乎是價格高的一個理由，當然，那是西方給出的理由。問題是中國在太多事物上認同西方的準則。

吳懷堯 畫家黃永砅稱美術館為墳墓，他說美術館展出的所有東西都是僵屍，不可能在美術館裡學到藝術。對於這種觀點，您怎麼看？請說說您對美術館的理解和定義。

陳丹青 美術館的確是墳墓。一個沒有墳墓的文明是不可想像的。黃永砯認為學不到東西，我沒意見。沒有一個場所能夠讓你學到或學不到「東西」，只看你想不想學。我喜歡進美術館，但不會想到學什麼，只是喜歡走進去看，發呆。我對美術館無法給出定義，我只是看見，一個有美術館的社會與一個沒有美術館的社會，大不一樣。就目前而言，我們沒有「美術館文化」，那是一個專業。「美術館學」就像「圖書館學」一樣，有一整套觀念和方法。

吳懷堯 美術界近十年來出現了一個奇特的「畫家村」現象。先是圓明園畫家村，繼而是798藝術區，還有現在已經受到海內外廣泛關注的京郊宋莊畫家村、上苑畫家村。這些「畫家村」您關注嗎？您覺得它們的崛起和衰落，和藝術有關係嗎？

陳丹青 自從資本主義興起，畫家不再受雇於王室、貴族、教宗，個體的自由的藝術家出現了，於是變成波希米亞人。北京藝術家群體和窩點再正常不過，這種動物自會尋找棲息聚合的區域，然後創作。一件創作能否成為藝術品，能否被確認為藝術品，前提是你得持續創作。

吳懷堯 您認為齊白石是二十世紀最偉大的中國畫家。那麼吳冠中呢？這位對中國美術界影響深遠並享有國際聲譽的畫家，在談藝術時說：「藝術只有兩條路：小路，娛己娛人；大路，震撼人心。三百個齊白石抵不了一個魯迅。」對此說法，您作何評價？

陳丹青 我的私人意見，以為齊白石是過去百年最重要的中國畫家，我的理由是：百年來的西畫家固然有傑出者，但和歐洲人比，還差得遠；國畫家更多，但和歷代古人比，也差得遠。但齊先生的花鳥畫獨樹一幟，比清末民初的吳昌碩更清新、更有趣。論高雅，齊固然不及宋元人，但宋元沒有他那樣的類型和風格。吳冠中先生被全國美術界關注，是在「文化大革命」後，因為那時文藝一片凋零，我們忽然發現還有一位留學法國的前輩。

吳懷堯 您在一篇文章中說過，假如林布蘭或畢卡索坐在您的正對面，您會目不轉睛地看他們，假如能夠，您願為他們捶背、洗腳、倒尿壺。為什麼這麼說呢？現在很多文藝工作者都喜歡以否定前人來體現自己，對此您如何看？

陳丹青 如果否定前人能體現自己，那就請否定前人吧。我熱愛「前人」。上個月我去了維也納，特意去了莫札特、貝多芬和舒伯特的故居。非常感動的經驗。我不能想像我活著，可以沒有這些「前人」。

作家

陳丹青著作頗豐，從《紐約瑣記》、《多餘的素材》，到《退步集》、《退步集續編》，一直到《談話的泥沼》，作品出版後均一紙風行。於是，出現在公眾視野中的陳丹青，已經不僅僅是一個畫畫的陳丹青，還是一個寫作的陳丹青。對於這種角色變換，他表示：「我並不是要搶作家的飯碗。」

吳懷堯 身為畫家，您屢有新的文字作品問世；因為寫作，您成為跨專業的學者明星，在更廣闊的領域發出聲音。對於那些讓您的生活出現新地帶的文字，您自己如何評價？

陳丹青 我無法評價自己的文字。我只是堅持寫。

吳懷堯 您對您的老師木心推舉有加，稱他是「唯一銜接漢語傳統和五四傳統的作家」，《三聯生活週刊》主編朱偉因觀點與您相左且甏掉了記者關於您《再談木心》的訪談，還引起過您的口誅筆伐。您評價文章好壞的標準是什麼？能否以巴金和木心為例，作一次具體的分析和闡釋？

陳丹青 我與朱偉一來一去，那年居然在媒體上算一點小熱鬧，實在可憐。中國的許多人會吵架、會叫罵，但不會辯論、不會爭議。這一層，我們遠遠不如巴金與李健吾們的青年時代。將巴金與木心比較，令我難煞。無論如何，巴金是中國現代白話長篇小說的初期實踐者，他的位置會在那裡。

吳懷堯 杜尚說只有藝術家，沒有藝術。藝術家和藝術之間誰更重要？在您看來一個藝術家最重要的價值是什麼？您如何看待自己的生活？

陳丹青 我認同杜尚的話：只有藝術家，沒有藝術。貢布里希說過同樣的話。但福樓拜說過另一句話：呈現藝術，隱退藝術家。我也十二分認同。我最愛維拉斯奎茲的畫，他在作品中完全隱去自己的性格和任何私人印跡，你看到的只是那幅「畫」。一個藝術家最重要的價值是什麼？這等於問陽光、風、花朵或月光的「最重要的價值是什麼」。你能夠想像沒有藝術的文明嗎？我活著，但不會問自己「怎樣看待」這種「生活」。相對我曾活過的階段，我對目前的生活很滿意。

吳懷堯　您曾開通博客，不久您關掉博客，能說說開關博客的緣由嗎？您平時上網會關注什麼？

陳丹青　開博是被動的，我當時甚至不知道什麼是博客，關博是主動的，很簡單，我時間有限。關博時我正離開清華，要畫畫，現在我回到紐約時期的生活，天天畫畫。我不上網，也是時間有限。朋友會轉來各種有趣的網路文章，我每天會看郵箱。

吳懷堯　《東方藝術》雜誌曾經登過一篇文章〈我不喜歡陳丹青〉，作者列出了三個理由。第一個理由是您現在所畫的畫，語言過於直白，觀念過分簡單，就其視覺給人的感受而言，已經無法滿足當代人豐富的心理期待與視覺要求，對年輕人更是難以再像您以前的作品那樣提供營養；第二，寫生活瑣記，作懷舊文章，不溫不火地撓癢癢，是流於表面的玩味；第三是您在待人接物方面所表現出的那種左右逢源的乖巧。對此觀點，您怎麼看？

陳丹青　這篇文章我讀過，附有作者的照片，一個小夥子，相貌滿好看。我沒有意見，希望他是對的。常有年輕人表達對我的不屑與憤怒，我瞧著這些批評，就像看見我年輕時。

批評

「諛友當忌，諍友難求。」然而在中國傳統文化中，「批評」向來是一把雙刃劍，即使是孔子，在批評弟子時，也多採用委婉的方式。在日常生活中，不留情面的當頭棒喝，多半會引起人際關係的波動。所謂人情練達即文章，其實陳丹青也並不是一個開口就罵的人——「我不是說我全在說假話，但是我真話有絕大部分不敢說出來。」

吳懷堯 我記得有一年，您與韓寒在一檔電視節目中就閱讀與小說進行討論，當韓寒說「老舍、茅盾他們的文筆都很差」時，您表示贊同並且補充：「還有巴金，寫得很差的。冰心的完全沒有辦法看。」

節目播出後，輿論激憤，畢竟，在很多人看來，您是公眾人物，發言需謹慎；在網路上，因為「炮轟文學大家」，韓寒更是遭受廣泛的質疑與批評。在此期間，您基本保持沉默，這是為什麼？

另外，對於公眾的激烈反應，您是否預料到了？如何看待他們的聲討？

陳丹青 上海作家陳村，我的一位老朋友，也在自己網站中批評韓寒與我。我對他的批評逐句回應，承陳村大度，貼在他的「小眾菜園」論壇上。

我一時想不出對這次集體聲討有什麼意見。我不知道當年王朔撰寫長文質疑魯迅後，輿論如何。那時沒有網路，紙媒也不像今天這麼多。我想不出有什麼特別要說的。倒是有朋友告訴我，一九三五年，巴金好友李健吾曾公開撰文批評巴金的小說，互相打了將近一年「筆仗」。他倆此後是終生好友，「文化大革命」前後，兩家家屬還曾有過艱難的物質支持。

我還記得魯迅發表小說集之後，二十多歲的清華學生李長之即寫出《魯迅批判》一書，評析魯迅哪幾篇寫得好，怎樣好，哪幾篇不夠好，怎樣不好，然後寄給魯迅。魯迅回信，還送自己的照片給他。

文學魅力的久暫、閱讀趣味的差異、作者之間的好惡，原極複雜而微妙，這次爭議的善道，應是進而探討「文采」的是非，但問罪者的痛點哪裡是關於文學，而是點了威權的名姓。韓寒的書我並未讀過，也不在乎茅廬初出的寫手是否文采斐然，他不過是如巴金所願，講了幾句平凡透頂的真話。說來慚愧，我與韓寒只是聊天，根本算不得文學批評。

吳懷堯　您回應陳村的帖子我在論壇上看過，您說過一句話：「我從未讀過『七〇後』、『八〇後』的任何一本書，此後也未必會讀。我讀書很少很少的。」您讀書少的原因是什麼？您是不信「七〇後」、「八〇後」能寫出好作品？

陳丹青　哪一代人都能寫出好作品、爛作品。可是「八〇後」、「七〇後」、「六〇後」，包括我輩「五〇後」作者寫的書，我讀得很少很少，或幾乎沒讀。年輕時讀書，因為不上學，有的是時間，中年至今，讀書時間愈來愈少，書卻愈來愈多，包括雜誌報紙網路，哪裡讀得過來？畫家堆裡，我讀書大約算是略微多的，和真的讀書人——作家、學者比，則我讀的書少得可憐。

吳懷堯　讀書不如經歷重要嗎？您如何看待一個人的學歷？

陳丹青　讀書、經歷，都重要，也都不重要，要看書本和經歷遭遇誰。至於學歷，也看人。王安憶與我學歷相同，初中畢業，至今沒上過高中和大學，可是她在復旦中文系當教授，還是作協主席。阿城初中畢業，至今也沒上過大學，可是王安憶也佩服他。

學歷對我是不起作用的，我看人只看他那個「人」，那張臉，如果有趣，我就發生興趣。我一點不想貶低學歷，你瞧陳寅恪，學歷多麼齊整，可是他在歐美上學，不要學歷，學得意思到了，就走開。蔡元培請陳獨秀去北大當「文科頭目」，陳學歷不夠，蔡幫他偽造學歷。

吳懷堯 在媒體筆下，您一天到晚開罵，凶巴巴的樣子。您說：「其實是媒體把我變成這樣，媒體就像是蟋蟀草，引誘我跳出來鬥。」您真的是一隻容易引誘的「蟋蟀」嗎？

陳丹青 我是在認真批評，不是罵。今天的媒體和輿論會將一個批評者說成是「憤青」，說他在「罵人」。也難怪，媒體要製造聳動。大家巴望聽傻子站出來叫罵，解解悶，同時耍弄批評者，以便集體性置身事外。

吳懷堯 我看了很多關於您的訪談以及相關著作，我注意到，早些年在接受媒體採訪時，您是有問必答，而且熱烈真誠。但最近幾年，您變得遊刃有餘，成為各種觀點的生產者，讓人多少疑心您的思考是否真誠和嚴肅。誠如您所言，很多媒體喜歡聳人聽聞，但並非所有記者都如此。如果您覺得自己被誤解了，為何不選擇徹底拒絕媒體？

陳丹青 好問題！剛回國時，國內媒體對我好奇，我也對國內種種好奇，凡事初打交道，雙方新鮮，自然比較「熱烈真誠」。近年採訪太多了，不免應對不暇。

我沮喪的是近十年來遭遇的記者、學生、同行，問的問題，提問的方式，開口的話題，幾乎一樣，幾乎沒變，南北各大學，不管名牌還是雜牌，除了極個別例外，所有學生的思路和話語方式都是一樣的，遞上來的條子，連字跡和錯字都相似——你想想看，這樣折騰八年，怎麼持續「熱烈真誠」？

但我自以為是真誠的、嚴肅的，不然我不會計較這些，彼此糊弄，彼此敷衍，多容易啊。

你假如希望我「徹底拒絕媒體」，很好，但首先我得拒絕和你對話，你樂意嗎？**一個人老是處在被要求的狀況中，怎麼弄都是不對的，因為他被假定必須滿足所有人，你覺得有這樣的傢伙能滿足所有人嗎？**——我不會徹底拒絕什麼，或接受什麼，杜尚說得好，**拒絕或接受，其實是一回事。**

天下無敵。沙葉新

作家沒有良心不可能寫出好作品。

二〇〇八年四月一日愚人節，沙葉新被查出患有胃癌，四天後住進醫院，四月十日開刀，二十四日回到家中休息調養了十一天，五月五日回到醫院做化療。

晚秋時節，經過郵件和電話溝通，我和沙葉新約好了見面的時間。

「我當初之所以沒說我患癌，絕對不是因為我擔心讓大家知道了，我會自卑，我會變成需要眷顧和同情的『弱者』，從而我會在正常、健康的群體中被疏離。不，我是怕給人添麻煩，怕人為我擔憂，我不願意別人為我憂心忡忡。」他說。

回溯一九〇七年，留學日本的中國青年組織話劇社「春柳社」在東京上演話劇《黑奴籲天錄》，這一年作為中國話劇史的序幕已被載入史冊。中華人民共和國成立後，中國話劇迎來了它的黃金時代，郭沫若的《蔡文姬》、老舍的《駱駝祥子》和《茶館》，以及曹禺的《雷雨》等劇碼，光彩奪目。

回首中國話劇的百年發展歷程，在它從繁盛步入孤獨的途中，時有力作並獲得卓著聲名的劇作家屈指可數。其中，弱冠之年便開始發表作品的沙葉新，可謂最為耀眼的扛鼎者，胡耀邦同志甚至譽之為「當代莎士比亞」。

二十世紀九〇年代之後，沙葉新逐漸淡出了公眾視線。

如果不是因為他的《陳毅市長》曾入選語文教科書，可能很多年輕人都不清楚其為何人。

沙葉新，一九三九年出生於江蘇南京，回族人。一九五七年入華東師範大學中文系學習，一九六三年七月畢業於上海戲劇學院戲曲創作研究班，同年進入上海人民藝術劇院任編劇。一九八五年至一九九三年任上海人民藝術劇院院長。

一九五六年開始發表詩歌和小說。話劇代表作有《假如我是真的》、《陳毅市長》、《幸遇先生蔡》、《尋找男子漢》、《耶穌．孔子．披頭四藍儂》《都是因為那個屁》，喜劇《一分錢》、《約會》，電影劇本《尋找男子漢》，電視劇劇本《陳毅與刺客》、《百老匯100號》、《綠卡族》等作品。

比起他網上的照片，沙葉新瘦了一大圈。

我問他：「健康狀況的變化是否給您帶來心理上的影響？」

「生完病的狀態跟以往不太一樣，」他說，「消極的不是沒有，總覺得有陰影，不知道什麼時候會復發和轉移，這是我以前從來沒有過的。十年以前還可以說來日方長，現在不知道來日到什麼時候，好像我總是喜歡去想像，可能人離死亡愈近就離世俗愈遠。」

他靠在椅子上，拿著一個按摩儀在身上來回回，若有所思地說：「如果獲得第二次生命，就覺得打了勝仗，會更積極工作，更熱愛生活，更熱愛生命，更熱愛我的朋友，更熱愛我的家人。」聊天過程中，沙先生熱情地招呼我喝茶，配合我拍照，回答我的提問，為我朗讀他弟弟的詩歌，讓孫女「乖，把門帶上，出去玩哈。」

一個下午不停歇的談話，我見識了一個劇作家頑童般的幽默、令人敬佩的樂觀和不摧不折的良知。

天黑的時候，他明顯有些累了。

我們隨之停止了這次談話，並約定透過郵件完成餘下的對話。不久後，當我再次簡訊聯繫沙先生的時候，獲悉他身體不適。顯然，在這種情況下，讓一個受到病痛折磨的白髮老人，坐在電腦前回答我的提問是不合適的。為此，我從頭到尾通讀了沙先生個人博客的所有文章，希望能有所收穫。

幸運的是，我的有些問題，沙先生在以前的文章中或多或少有過闡述。我針對性地採用了其中的部分內容，將之和此前的對話融為一體，經沙先生過目後，全文發表於《延安文學》二〇〇九年第二期。

二〇一八年七月二十六日凌晨五時三分，沙葉新因病去世，享年七十九歲。作家北村在微博緬懷稱，「他不僅貢獻了傑出的戲劇作品，還貢獻了中國知識分子的良知。」

一看到書就聞到瓜子、花生米的味

吳懷堯 二〇〇九年八月號的《上海文學》（總三百七十七期）重點推出了您二〇〇一年夏天創作完成的劇作《幸遇先生蔡》，這是您近十年來首次公開發表劇作。該劇敘述了蔡元培於一九一七年至一九一九年在北京大學任校長期間的動盪經歷，充滿濃郁的理想主義色彩。這部作品我是坐地鐵時讀完的，這裡想問下您，當初怎麼會想到創作這樣一部紀念蔡元培的劇作？

沙葉新 《幸遇先生蔡》是一九九八年我應北京大學之約，為他們的百年校慶紀念蔡元培而寫，後來由於種種原因沒有寫下去。三年後，香港特區中英劇團得知此事，誠懇請我將此劇繼續寫完，由他們排演。當時我在美國，既感動又感慨。感動的是，香港本是成龍、周星馳、張曼玉、梁朝偉的藝術天下，如今蔡元培這個世紀偉人也將躋身其間，和這些演藝明星所扮演的形形色色人物平分秋色，這怎不令人感動？這至少說明香港的藝術也需要崇高和深刻，並非一味娛樂，一味搞笑。感慨的是，蔡元培藝術形象的首次出現是在香港，而不是在更應該出現的北京；就像蔡元培的墓地本應安置在北京大學寧靜的燕園，而不是安置在如今香港狹窄的公墓一樣。

吳懷堯　我上初中時語文課本節選了您的作品《陳毅市長》，夜訪齊仰之，「閒談不得超過三分鐘，時間到了！」據我瞭解，這部戲劇曾受到廣泛讚揚，還獲得文化部和中國劇協聯合頒發的全國優秀劇本獎。但和它差不多同期創作的《假如我是真的》卻有著截然不同的命運，先是在國內引發爭議，後來還被停演。這麼多年過去了，現在能否披露下內幕？

沙葉新　「四人幫」倒臺之後，我寫的第一部戲是《陳毅市長》，當時我們的一位領導不同意演這齣戲，因為寫陳毅老市長是一件重大嚴肅的事情，我卻用和正式戲劇不太一樣的形式，他接受不了，沒有排演。我喜歡陳毅的幽默，他喜怒形於色，我對他的孩子和祕書採訪很多，印象比較深。後來就寫了《假如我是真的》。其實這兩部戲的宗旨是一樣的。一部表示我的肯定，一部表示批判。愛和恨是相通的。這兩部戲讓我開始進入劇作家的隊伍。

《假如我是真的》是根據上海真實發生的一起騙子冒充高幹子弟招搖撞騙的案件編寫的，是「文化大革命」之後第一部反映幹部搞特權的話劇，也可能以前的戲劇都是歌功頌德的，而這部卻是首次揭露瘡疤的，所以在當時掀起軒然大波，多次進行內部排演，聽取意見。後在上海和北京舉行「內部上演」，即在有選擇的觀眾中演出，不久就在全國的許多城市相繼演出，同時又伴隨著激烈的爭論，直到一九八一年停演。《假如我是真的》引發的風波在當時看是史無前例的。一改「文化大革命」時期領導說了算的做法，專為一部戲由國家領導人在北京親自召開座談會，「商量」而不是「指示」、「命令」，《假如我是真的》大概是「文化大革命」後第一例了。這部劇在中國第一個提出幹部隊伍中的「特權」問題。

吳懷堯　七十年前，您生在南京一個典型的回族家庭中，年少時的家庭背景和成長環境如何？

沙葉新　我們家所從事的職業是回族最慣常的職業：我祖母在家門口賣牛雜碎，我父親開回民飯店，他們都是虔誠的穆斯林。我至今還記得我小時候學會的一些漢化或南京話的阿拉伯詞語，如「知感主」（感謝主）、「夥世魯」（莫生氣）、「定堪你」（謝謝你），等等。家庭和清真寺讓我從小就接受了濃濃的伊斯蘭宗教文化薰陶。父親、母親沒有多少文化。他們都屬於勞動人民吧，什麼最底層的活都做過。後來開始做生意，開過飯店、炒貨店、五洋店（進口日用品雜貨），還開過當時在南京有些名氣的南京板鴨公司。生意做得不錯，極盛時同時開了四家店，還蓋了兩層樓的前後兩幢樓房。這在當時絕大多數是瓦房是舊宅是破屋的洪武路上非常顯眼。

吳懷堯　成長路上，您和父母關係怎麼樣？他們對您有哪些影響？

沙葉新　我們關係很好。父親對我採取的是「不管」政策，將來做什麼，不做什麼，都沒有規定。但只要求我做個老實人，不能有不義之財、不義之舉。他還以他自己的言行，昭示我們做子女的要有愛心，要有孝心。這是很傳統的、很基本的道德倫理方面的家庭教育。母親是典型的賢妻良母，慈祥、善良。父親對我的影響是艱苦奮鬥，母親對我的影響是善待一切。我始終將我母親年輕時候的一張美麗的照片放在我的皮夾子裡，放在貼近我心窩的地方。

吳懷堯 在文章中您經常提到您的妻子和弟弟，看得出您非常愛他們。除了丈夫和兄長的身分，您在他們的生活中還扮演什麼樣的角色？

沙葉新 我不但愛妻子、愛弟弟、愛妹妹，還愛我的朋友。每個人都有自己的長處，尺有所短，寸有所長，你坐車坐地鐵，旁邊一個人很不起眼，說不定他有一兩句話讓你終生難忘。真的是這樣，要記住別人的內涵。你待人好，別人才待你好；你愛別人，別人才愛你；你尊重別人，別人才尊重你。另外，**錢會使人貪婪，要有一點錢，但不要太多，要有幾個朋友，也不要太多，多則濫。**

吳懷堯 有的學者年邁之後會變得迂腐固執，晚景堪哀。但您卻謙虛明朗，在網路上還經常和網友交流，熱心聽取他們的意見和建議，很想知道，您是如何保持如此樂觀平和的心態的？

沙葉新 怎麼做到保持樂觀的心態，真的很難講，謝謝你提這樣的問題。我自己就想可能是因為我母親對我的影響，要善。善是美好的事情，你比別人歡樂，你尊重別人，別人也會尊重你，你善，就沒有仇，沒有恨，所以我思想情緒上，仇恨這種情緒不是說沒有，很少。恨誰，想殺死他，咬牙切齒，非要上門打他去，沒有這樣。年輕的時候你踩我一腳，對不起，咱們沒空吵架，就這樣的脾氣，是不是沒有原則（笑）？我覺得我對藝術挺有原則的。所以可能跟我媽媽的善有關係，所以我回顧文藝基因時提到我媽媽，可能有點關係。我做人比較熱情誠懇，比較善良，真的比較善良，別人對我好我真是感激別人。

吳懷堯 您童年所接受的回族文化薰陶，對您的一生，特別是對您的文學創作有什麼影響？

沙葉新 我先說點我家的小故事。我父親在青少年時非常窮苦，憑著一股吃苦耐勞的韌勁，艱苦創業，終有小成，在南京鬧市區陸續開辦了三家商鋪，當了老闆，還和我姨父合作，開辦了南京板鴨公司，生活逐漸富裕起來。我父親發家之後，樂於助人，常常幫左鄰右舍操辦紅白喜事，有求必應，與喪家、婚家同哀樂。他不忘窮人，熱衷公益事業，曾捐助過回民義學，擔任校董。每年盛夏，南京酷熱難當，他總在自家店門口施茶，滿滿一大缸茶水，裡面除了茶葉還有草藥，清涼消暑。飲用者多為拉車的、挑擔的勞苦大眾。我還聽父親說，每年除夕之夜，他會送「乜貼」給窮困回民，用紅紙將錢包好，塞進他們的門縫。我問父親：「那些人知道這錢是你送的嗎？」父親說：「為什麼要他們知道？」他覺得應該做的事情就不必張揚。

我母親是個典型的舊式婦女，丈夫和孩子便是她生命的一切。她很善良，性格溫厚，從不疾言厲色，我從來沒看她跟誰吵過架。她常常說的一句話是：「不能待人『強勉』。」「強勉」和「勉強」有別，「強勉」的意思是不要欺負人，即便自己對了，也不能得理不讓人，對有錯的人要寬容。她還說，一個人不要貪，不義之財不能取，就是路上有根金條，誰也看不見，你也不能蹲下去撿回家。

我想我父母身上的精神品質與其說來自家庭的傳統，不如說來自回族的血統。因為這是回族共有的，很多回民都和我父母一樣，都具有這樣的精神品質。我是回族，在我的血液中，也不可避免地溶入這樣的精神血統和文化基因。我說這些絕不是彰顯自己，標榜自己，我只是以自己為例，來說明回族的文化基因對一個回族後裔、回族作家的深刻影響。我的短長、我的一切都來自這深刻影響。我說這些，是表明我的這些作為是來自父母的影響。是回族的文化基因在產生作用；我要感謝民族文化精神對我的影響。

吳懷堯 您最初的漢語文學教育源頭來自哪裡？

沙葉新 我們家裡開炒貨店呀，瓜子、花生米，需要用舊書紙來包瓜子、花生米。這些包炒貨的舊書，有很多經典，記得有《魯迅自選集》、《巴金自選集》和好多現代作家的作品，有葉聖陶、沈從文、鄭振鐸、郭沫若、丁玲、冰心、廬隱的作品。我是來者不拒、囫圇吞棗、生吞活剝、似懂非懂。好多現代文學的名著我都是那個時候在我們家炒貨店裡閱讀的，所以現在我一看到書就聞到瓜子、花生米的味，大概這也是兒時記憶的一種延續。我就是在瓜子、花生的香味中接受文學啟蒙的。

大學二年級成了「頭條作家」

吳懷堯 後來是什麼時候、什麼原因促使您開始文學創作的？

沙葉新 高二時我的語文老師是安徽人，姓武，叫武酉山。他的語文課教得好，非常生動。他總是飽含感情地把中國文學特別是中國古典文學的崇高和美好很生動地傳達給我們，使我覺得我做個中國人特別特別幸福，因為我們有如此豐厚的中國古典文學的遺產，供我們享用，給我們薰陶，滋養我們，豐富我們，讓我們智慧和文明起來。

當時我們班上有兩個同學，都比我大一點。一個叫王善繼，王善繼稿子寫好了，寄到北京的《人民文學》，當時是最高最權威的文學刊物，不但發表了，而且還獲得了全國兒童文學的一等獎。獎金五百元！一九五六年啊，你們算算現在值多少錢！現在我們稿費實在太低了。另外一個王立信同學也愛寫稿子，他在上海的《少年文藝》發表過一兩篇小說。大家都是同學，為什麼你能寫我就不能寫？我也得試試啊！我也開始寫。我也寫了一篇小說，發表在《雨花》的前身《江蘇文藝》上，那是我的處女作。後來還寫了兩首短詩，發表在上海的《萌芽》上，現在還有這本雜誌。發表時我十六歲，不，十七歲吧。第一首是情詩。那時的中學生不像現在早熟，那時怎麼都熟不起來。雖然是情詩，自己實在是情竇未開。現在想想很可笑，悔其少作。可那時還不知天高地厚，覺得我要做個作家，甚至已經是個作家了。誰會想到作家這條路是如此艱難，需要付出一生的努力。

吳懷堯 您最初接觸的文藝作品是小說，最初寫的也是小說，後來進入華東師範大學中文系後，為什麼轉到戲劇創作上去了？大學期間，您的閱讀興趣和創作情況如何？

沙葉新 進了大學，我比較用功，特別喜歡中國古典文學。在大學二年級吧，我又開始發表小說。我連續在《萌芽》上發表兩篇短篇，都上了頭條，編輯部還加了編者按。這在當時有點了不得，轟動師大校園，至少轟動了中文系。那時我很自信，我想我將來肯定是作家了，現在是準作家了。

大學畢業前夕，周揚到上海來考察上海的戲劇。上海有十大劇種，淮劇呀、話劇呀、歌劇呀、滑稽戲呀，等等。他發現劇團的編劇，很多都是舊時代過來的，沒經過專業訓練，文學素養和編劇知識都較弱。有些老劇團都根本沒劇本的，叫幕表制，到上場前，把大致劇情寫好，貼在後臺，都是很簡單的，比如誰上場，什麼規定情境，公園呀還是家裡。然後是所謂的劇情：什麼一男一女呀，數年不見，訴說衷腸，或萍水相逢，一見鍾情，最後或相擁接吻，或再約佳期，諸如此類。然後你上臺去表演。這樣的編劇水準當然不符合時代發展需要。於是當年決定，在華東師範大學、上海師範學院和復旦大學三所大學的中文系裡，挑選一些出類拔萃保送到上海戲劇學院辦的戲曲創作研究班去深造。我就在那做研究生。大學畢業分配我到文化局，說我有一點理論思維，就分到文化局的理論什麼什麼室。

吳懷堯 生活就像一場電影，當下一個鏡頭呈現在我們面前，您已經是上海藝術劇院的一員，開始從事專業創作了，這中間的切換是如何實現的？

沙葉新 我的恩師黃佐臨先生從文化局把我要了回來，要到他領導的上海人民藝術劇院來。這位老專家改變了我的道路。我就開始從事專業創作了。

「文化大革命」以前，我寫了一部戲，叫《一分錢》。黃佐臨先生導演，莫大的榮耀。就那麼一部小小的獨幕戲呀，這麼個大導演親自導演！這部戲有不少趣味性的東西，比如在舞臺上變魔術呀，這在以往話劇舞臺上是沒有的。黃佐臨非常喜歡這個劇本，他說我寫得非常俏。「俏皮」的「俏」，「猶有花枝俏」的「俏」。他還對我說：「小沙啊，你有本錢了，不過這個本錢不大，只有『一分錢』。」既肯定了我，又叫我不要驕傲。

吳懷堯　您的主要劇作都是二十世紀七〇年代末、八〇年代初創作出來的，九〇年代以後作品似乎不多？

沙葉新　其實我一直在創作。二十世紀八〇年代末我在寫《孔子．耶穌．披頭四藍儂》，寫了好幾年，很艱苦，我說我如果能寫好這齣戲，生了癌病我也不後悔。後來又繼續寫了一些戲，都在上海演出了。二〇〇五年我還寫了《幸遇先生蔡》，在香港特區演出了。我比較喜歡的還是《孔子．耶穌．披頭四藍儂》。

二〇〇五年我有三部戲在演出。一部是在上海，我剛才說了，二〇〇五年的五月和七月吧，兩次演出我的《陳毅市長》。一部是在紐約，四月二十一日上映我的《假如我是真的》，是臺灣導演王童在紐約舉行他的影片回顧展，《假如我是真的》是他的七部展片之一。三是在香港特區，十一月演出我的《幸遇先生蔡》，這是寫蔡元培的戲。三個國際大都市同時演出我三部戲，可喜可賀吧？

但最讓我高興的還是我得知《孔子．耶穌．披頭四藍儂》被選在一九九九年出版的《中國當代文學作品選》中，不是存目，不是選場，是全文。這是中國教育部重點推薦的高校中文專業教材。我不矯情，我說實話，我很高興，我一直比較喜歡我的這部作品。

吳懷堯　二十世紀九〇年代商業浪潮凶猛，中國轉身進入消費時代，您個人是否受到衝擊？

沙葉新　進入二十世紀九〇年代，知識分子又面臨著另外一種選擇，說俗了，就是權和錢的選擇。正如魯迅所言，有人退隱，有人消沉，有人流亡，有人當官，有人發財，但也有人堅守。可悲的是堅守的人愈來愈少，作家沒有良心不可能寫出好作品。九〇年代是知識分子大分化的年代。知識分子應該具有的責任、良心、道義、勇氣、執著、誠實、規範、準則都被恥笑，說「什麼年代了，你還堅守這樣一些破爛」，所以很多像我這樣的人又不適應了。我也有過彷徨、有過困惑，也有過笑話。

九〇年代的商業大潮，把一部分想堅守的知識分子席捲而去，就像錢江大潮一樣，即便原先只是想在岸上看看的，也會被席捲下海。

可是我理解那些下海的知識分子。九〇年代，知識分子是分化了，被官場、商場沖走了。但還有一小部分人在堅守。他們面對不公，面對邪惡，沒有閉上眼睛，沒有掉頭而去；他們仍有良知，還在堅持真理，敢說真話，堅持伸張正義，揭露陰暗。

面對真實生活它掉頭不顧

吳懷堯　商業戲劇在歐美歷史悠久，目前已經形成了成熟的產業化的運作模式。但是在中國，戲劇

沙葉新 一直都不是很景氣，相對影視、音樂顯得小眾化，您認為問題出在哪裡？

戲劇要貼近生活。而戲劇目前不景氣的很大原因就是面對真實的生活它掉頭不顧，因為前者太真實，它不敢面對；而面對虛假的生活它撲面而去，因為虛假能一團和氣。戲劇不是為了觀眾，戲劇不是反映生活，而是為了得獎，但誰喜歡看這樣的戲？

所以我覺得戲劇應該邁向真實的生活。**人要活在真實中，戲劇也要活在真實中。但生活不要戲劇化。**生活戲劇化會很噁心。生活戲劇化叫裝酷作秀。我個人認為當代話劇最大的問題之一是缺乏真實性，和現實生活無關，缺乏干預生活的激情。

吳懷堯 除了創作之外，當代戲劇創作在體制、市場、教育等方面還存在哪些弊端？

沙葉新 據我有限的瞭解，幾大戲劇院校招生時「走後門」似乎成了潛規則，這當然是教育腐敗的結果，這樣的招生能培養出真正的人才嗎？真的很難說。編劇和導演需要藝術，需要思想，更需要品格，如果這幾方面全都缺失，對整個戲劇事業的發展將有重大影響。至於劇團體制，已經有了很大變化，走向了市場。

一九八五年到一九九三年，我在上海人民話劇院當院長的時候，經費來源相當一部分已經靠演出了，不足部分才需要財政補貼。合併之後的上海話劇藝術中心體制更靈活，演員、編劇的使用基本符合市場化規律，獎勵制度、用人制度都有很大變化，這是好事，能激發藝術生產力。

吳懷堯 當代社會休閒娛樂方式的多元化，這是話劇市場衰落的主要原因嗎？

沙葉新　娛樂方式的多元化有影響，但它不是根本原因。我在美、英、德、加、澳、日都看過戲。美國百老匯的戲劇非常發達，它固然很多是商業戲劇，但也仍然有不少新銳的、先鋒的好戲；即便商業戲劇也極為精彩。我去英國倫敦考察，計程車司機竟然不知道我們要找的劇院在哪裡，不是司機對倫敦不熟悉，而是倫敦的劇院太多；在個人所得稅極高的英國，戲劇工作者的所得稅卻是比較低的，這是因為他們為倫敦成為「戲劇之都」、增加財政收入立了大功；我去參觀演員進修所，那裡全是自費且價格不菲，五、六十歲的老演員尚且一絲不苟地練體形，真讓人感動。這些國家的娛樂方式比我們中國更加多樣化，但他們的戲劇仍然興盛不衰。

對國外戲劇人而言，戲劇是一座精神的聖殿，是生命的追求。為什麼要當演員？「別人只有一個生命，我有上百個生命活在我的角色中！」中國當代話劇人更多的則是浮躁。

我有點俏皮或者調皮

吳懷堯　全球化正在改寫人類社會的發展軌跡。在這種大形勢下，您覺得民族文化如何才能得到保護和發展？

沙葉新　全球化勢不可當，誰也阻擋不了。我們改革開放以來三十年的現代化其實就是朝向全球化，所謂跟國際接軌，所謂改革開放，什麼意思？就是全球化！我覺得全球化之後，很多意識形態的東西會進來，美國的大片會進來，唱片會進來，沒有關係。美國全球化的程度應該比我們高多了吧，應該是全球化程度最高的國家吧，你們去看美國，他們也保護本土文化。也許他們不典型，他們歷史太短，本土沒什麼東西。儘管如此，他們對印第安的文化還是加以保護的呀。假如美國是中國這樣的國家，五千年歷史，有豐厚的民族文化，那它在全球化的過程當中，一定會考慮民族文化問題。我們不用擔心，不是說愈是民族的就是愈具有世界性的嗎？看來這句話有點道理。全球化不會淹沒本土真正有價值的東西，相反還會豐富全球文化。如果全球化讓所有人都說一種語言，都穿一樣的服裝，都是一種性格，都跳一樣的舞，這樣的全球化，還有什麼意義呢？全球性不是破壞性，對民族文化還是會保護的。

吳懷堯

上海曾經是中國近現代文化的重鎮，但近些年最讓人矚目的是它跑步前進的經濟，而不是整體的文化深度，這和上海的文化人肯定是有關係的，對此您怎麼看？

沙葉新

上海是商業城市，將本求利，要精密計算產出和投入。這濃厚的商業氣氛和價值取向，不能不對海派作家有所影響，所以海派作家多少都有點生意經、生意眼。這也很難說是壞事，否則也太書生氣，太不食人間煙火了。但儘管如此，海派作家也並非沒思想、沒腦子、沒是非、沒正義。只是他們需要一個前提，就是首先必須保證他們的安全不會受影響，其次必須保證他們的利益不會受損傷，這樣他們才「敢於」出頭，「敢於」說點真話；否則便明哲保身，退避三舍。在某種情況之下，他們似乎也敢放言，比如在文人面前說說官員的腐敗現象，也很激揚；在官員面前說說文人的異端，也無忌諱。但他們絕不願意在官員面前罵官員，也絕不願意在文人面前罵文人。上海素稱冒險家的樂園，但上海人只敢冒險做無本的生意，絕不冒險做無利的買賣。這就是上海人的精明，包括文人。

我理解他們，同情他們，並不鄙視他們。他們其中不乏極富才華的人，也不乏我的好友。只要他們不為虎作倀，只要他們不損害他人，他們的小心保護自己就應該得到理解和尊重。他們有沉默的權利，有自保的權利。尤其難能可貴的是，在他們的心中也並非沒有良知和正義的火焰，只是有待點燃罷了。況且也不能要求所有的作家都像我這樣「大聲喧譁」，就像不能要求我都像他們那樣「沉默是金」；我不說你懦夫，你也別說我憤青，相互尊重對方的態度和立場，否則思想文化的生態也會失去平衡，也很不正常。

吳懷堯 幽默是一種境界和力量，您的文章嬉笑怒罵冷嘲熱諷，您覺得自己幽默嗎？

沙葉新 自認為幽默是很不幽默的一件事情。佐臨先生跟我講：哪有自己講自己幽默的呢？什麼是幽默？**幽默是洞察事物本質的一種能力，是一種不僅洞察事物本質的矛盾，並且能用一種喜劇化的方式把它表現出來的才智。**

幽默的人有一種豁達的、開朗的情懷。要真正做到幽默，真的不是很容易的。我只能說我有點俏皮或者調皮。幽默這個級別，我還達不到。

吳懷堯 對中國歷史上特殊年代的八個樣板戲之一《紅燈記》，您似乎有一種特殊的情感記憶，在一篇文章中對其著墨甚多，能說說背後的故事嗎？

沙葉新

一九六五年三月，中國京劇院《紅燈記》劇組來上海獻演，我去看了，地點是在上海九江路的人民大舞臺。我坐在樓下第一排的邊座。大幕在開場鑼鼓聲中升起，第一場是粥棚，李玉和在跟交通員接關係，矛盾突出，衝突激烈，極為簡練地就將全場觀眾立即帶入戲劇的規定情景之中，令人不得不看下去。隨著劇情的發展，高潮迭起，精彩紛呈，我熱血沸騰，情緒高漲，鼓掌拍紅了雙手，眼淚模糊了雙眼：那樣的激賞，那樣的亢奮，那樣的感動，那樣的讚歎，直至劇終都覺得自己的情感在燃燒，從面頰到周身血液都是火辣辣的。這樣的觀賞經驗，令人久久難忘，已事過三十多年，和當年一同看過此劇的朋友談起那一次的觀劇感受，還是那麼激動不已。需要說明的是，我們看此劇是在一九六五年，那時「文化大革命」還沒開始，雖然政治颱風已起於青蘋之末，但整個社會還沒經過「文化大革命」那樣狂暴的政治大沖洗，當時的氣氛還不像一年之後那樣緊張和肅殺。

那時對我以及絕大部分的觀眾來說，看戲還僅僅是看戲、是欣賞、是玩樂、是嗜好、是享受；不是上課、不是受教。那時藝術欣賞中的觀演之間的關係還屬正常；雖然政治第一仍被視為金科玉律，但也還沒有絕對化到以後那樣嚇人的程度。鑑賞心態還是自然的、真實的。所以我和我的同時代人那時在觀賞《紅燈記》時所獲得的強烈情緒感染應該是種美學感受，當年那樣一種空前的激動也純因《紅燈記》的藝術魅力所致，眼淚絕不是硬擠的，掌聲更不是誇張的。這和以後在「文化大革命」中再度觀看此劇時的心態有所不同。

《紅燈記》儘管在「文化大革命」中被神化，被罩上一層靈光，但在此之前，你不得不承認它本身自有強大的藝術魅力，它確實是好，確實是美，確實是精彩，確實是令人激動。雖然它也有時代侷限性，但不論從劇本本身還是從演員的表演、導演、音樂創作，以及舞臺美術的水準來說，都代表了那個時代京劇藝術的最高水準，尤其在用古老的京劇藝術形式來表現現代生活方面它更取得了突破性的成就。正因為如此，它才能被那個時代的觀眾普遍接受，才能感動當年整個一代人，以至於對它如痴如狂，就像當年我看此戲時所表現出的那樣。

我本來就是一個京劇迷，小時候也學過一些京劇唱段，看了《紅燈記》之後我又成了現代京劇迷，迷上了樣板戲。我女兒是在「文化大革命」中出生的，我給她取了個樣板名字，叫「沙智紅」，即《沙家浜》、《智取威虎山》、《紅燈記》。當時全國一共只有八齣樣板戲，我讓我女兒一人就占了三齣，可見我對以《紅燈記》為代表的樣板戲的痴迷。

有什麼樣的時代就有什麼樣的戲劇，有什麼樣的戲劇就有什麼樣的觀眾。當年像我這樣痴迷於樣板戲特別是痴迷於《紅燈記》的觀眾為數並不少。

吳懷堯 如果現在回頭總結過往，您覺得最欣慰的是什麼？

沙葉新 就是我這一生做了自己最喜歡做的事，寫作，這是我最欣慰的。一個人一生能從事他最喜歡的工作，不是那麼容易的。我年輕的時候就想當一名作家，但是那時候不知天高地厚，現在基本還算是吧，不是很有成就。另外，我每次轉型都不錯，先是戲劇創作，後來當院長，當院長至少沒有成為貪官，清清白白上臺，不帶汙點下臺。

吳懷堯 在祝您早日康復的同時，我想問最後一個問題，您有沒有孤獨的時候？

沙葉新 我覺得社會愈進步，社會愈文明，孤獨者應該愈來愈少，解決孤獨的方法，包括藥物也愈多。

我之所以持這樣的看法，可能是因為我這個人就不孤獨。我有三不，一是從來不知道什麼叫睡不著覺，挨著枕頭就打呼；二是從來不知道什麼叫胃口不好，精飼料、粗飼料都能吃；三是不知道什麼叫生氣，但總是惹別人生氣。

不生氣的人一般不太會孤獨，他的人際關係好呀。我因為從小受寵愛，我的家庭也很和美，而且我的基因不是孤獨型的，所以我不孤獨。這真的和基因有關係。

有一次，我參加一個研究孤獨的座談會，主持人在採訪我的時候說，她不信我不孤獨，硬追著我問：「沙先生，你想想看，你一定會有孤獨的時候。」我想了半天，我說：「有了，有了。」她很高興我想起來了，問：「什麼時候？」我說一九三九年。「啊？在什麼地方？」我說在媽媽的子宮裡。在媽媽的肚子裡那多孤獨啊，關在裡面十個月，沒電燈，沒電話，漆黑一片；養出來了，誰都不願再回去，可見那是孤獨之處，你說是不是？

黃梅戲精。時白林

無論如何也要忍辱活下去，
野蠻殘酷的黑暗歲月肯定不會長久。

「樹上的鳥兒成雙對……夫妻雙雙把家還。」

這曲家喻戶曉的黃梅戲《天仙配》，無數人看到詞，腦海就會情不自禁響起熟悉的旋律。

黃梅戲原名「黃梅調」，是十八世紀後期在皖、鄂、贛三省毗鄰地區形成的一種民間小戲。其中一支逐漸東移到安徽省安慶市為中心的安慶地區，與當地民間藝術相結合，用當地語言歌唱、說白，形成了自己的特點。從前不為人知的地方小劇種，衍變成享譽海內外的藝術靈葩，這和許多人的努力密不可分。其中，時白林無疑是具有符號性的代表人物。

時白林，一九二七年生，曾擔任中國戲曲音樂學會會長。其參與創作的《天仙配》、《女駙馬》、《牛郎織女》、《孟姜女》、《江姊》、《雷雨》、《梁山伯與祝英臺》等黃梅戲劇碼，多年來在海內外廣泛流傳，已被公認為經典曲目。

寫出《天仙配》，娶了「七仙女」

吳懷堯　時老，說起您，很多人並不是特別瞭解，但「樹上的鳥兒成雙對，綠水青山帶笑顏」卻婦孺皆知，看來您的作品比您的知名度要高。

時白林　一九九三年十月在合肥舉辦我的個人聲樂作品音樂會時，我們的一位省委書記，很激動地到臺上祝賀，他說他有很多話要講，長話短說就兩句，「黃梅戲成全了時白林，時白林創造了黃梅戲。」但我一直認為，是黃梅戲哺育了我——當然，還有其他民族音樂。

吳懷堯　說到黃梅戲，不得不說《天仙配》，這個戲不但傾注了您的大量心血，而且成就一段姻緣佳話。您的妻子丁俊美，小您十歲，曾是嚴鳳英的舞臺姊妹，在電影《天仙配》中扮演過四姊一角。你們在一起半個多世紀，是什麼讓你們相濡以沫執手至今？

時白林 我對我的夫人，始終保持一種仰慕之情。一九五四年我到黃梅戲劇團的時候，她才十七歲，非常漂亮。我是她的老師，帶音樂課，教樂理常識。她二十歲時嫁給我，我有義務和權利去疼愛她，任何非分想法都是不允許的。

吳懷堯 有點師生戀的感覺。在黃梅戲的創作上，丁老師對您也有幫助？

時白林 那是當然，我有幾個記黃梅戲唱腔的本子，第一篇記的就是她演唱的。回來我寫唱腔，她是第一個聽眾，也是第一個把關者。我寫文章，她是第一個讀者，也是第一個參謀。

吳懷堯 十年「文化大革命」，您被打成「牛鬼蛇神」，批鬥了七年，其間受了很多罪吧？

時白林 在萬人矚目下被毆打、唾罵、踐踏，是痛苦而悲哀但很常見的事情，由於殘酷的武鬥，我兩次當場休克，後來留下腦血管痙攣症和神經性頭痛等後遺症。

吳懷堯 相對身體的創傷，精神的打擊只怕更讓人心灰意冷，有沒有萬念俱灰的時候？

時白林 年復一年的批鬥和非人的折磨，曾經讓我動了尋死的念頭。有一次遊完街回到家中，我們住的院子裡有一棵大榕樹，當時正開滿了漂亮的榕花，那個美麗啊，和人類世界的醜惡完全不相干。晚上我站在樹下看了好久的榕花，想著如果吊死在這棵樹上，應該也挺美的吧。

吳懷堯 跟活著相比，再詩意的死亡都不值得嚮往。最後是誰挽救了您，丁老師？

時白林 對，當她發現我的精神和舉止不對勁後，哭著對我說：「我相信你沒有問題，要挺住。

你到哪裡我們都跟你到哪裡，你要是想不開，我也不活了。可三個孩子怎麼辦？大的才十歲。」妻子的眼淚讓我如萬箭穿心，最終放棄了自殺的想法，決定無論如何也要忍辱活下去，相信那種顛倒是非、野蠻殘酷的黑暗歲月肯定不會長久。

說不清夢到她多少回

吳懷堯

二〇〇八年四月八日，是黃梅戲表演名家嚴鳳英逝世四十週年的日子，當年，她的一曲「為救李郎離家園，誰料皇榜中狀元」風靡全中國。您和她還有王少舫不僅是合作夥伴，而且感情非同一般，能說說您的這兩位摯友嗎？

時白林

我進安徽黃梅戲劇團時二十七、八歲，還是沒有結婚的大小夥子，進團後就跟他們合作。嚴鳳英小我三歲，她天資出眾，十二歲學唱黃梅戲，十五歲登臺表演引起轟動，卻觸犯了族規，被迫離家出走。

一年之後，因為美貌出眾，被一個反動軍官逼做四姨太太，她寧死不從。最後這個惡棍軍官說：「妳一定要走也行，但以後不許唱戲，也不許再嫁，要是被我逮到，一槍崩了妳！」嚴鳳英被趕出門後，不敢回原來的戲班子，一路奔波直到大通、青陽。在青陽演出時又被當地豪門少爺強占，她以死相拚才保住清白……

正是因為中華人民共和國成立前受盡欺壓的經歷，她對新中國給予自己的機會和尊重無比珍惜，每一次演出都充滿熱情全力以赴，第一次為國家領導人演出之後，她激動得在後臺哭了一個多小時。

吳懷堯 王少舫長我七歲，他少年時期是一位京戲演員，在變聲期的「倒倉」（倒嗓）過程中嗓子曾經病變，由於保護和治療得當，以及他堅持不懈的鍛鍊，終於練出了一副風格獨特的好嗓子。我們仨一個單位，一天到晚在一起，上哪裡去都是三人行，偶爾我單獨出差，回來後他們就會異口同聲地說：「總算回來啦！在一起老吵嘴，分開後想得慌。」

時白林 你們並肩工作了十五個年頭，合作過大小二十多部戲，在創作和表演方面，您怎麼看待嚴鳳英和王少舫的表演？

吳懷堯 如果沒有他們，黃梅戲肯定不會有今天的成就，嚴、王在我看來是天衣無縫的黃金搭檔，他們在藝術上對自己的要求都極為嚴格。

時白林 正因為這種親密無間和完美組合，「文化大革命」時期，你們被戴上一頂嚇人的大帽子「黃梅戲的三座大山——時嚴王」，但遊街的就您一個人，這是為什麼？

吳懷堯 那時嚴鳳英名氣最大，然後是王少舫，說時白林很多人都不知道。但是他們演的大部分作品都是我作的曲，而且當時我是劇團的業務團長，兼著副書記，還擔任指揮，民兵營長也是我，我是「牛鬼蛇神」頭子，不鬥我鬥誰呢？

時白林 嚴鳳英服毒自殺的噩耗，您是什麼時候知道的？能不能說一說您記憶中的細節？

吳懷堯 一九六八年四月八日凌晨五點剛過，天沒大亮，我還在睡覺，忽然鈴聲就響了，然後大家起來排隊，造反派頭頭背著手，來回踱著幾步，然後大喝一聲：「牛鬼蛇神你們聽著！不齒於人類的狗屎堆——嚴鳳英自殺了！任何人都不要向她學習，好好交代自己的問題……」

吳懷堯 過了很久您才知道事情的詳情？

時白林 對。四月七日晚上，鳳英服毒後沒多久便被她的丈夫王冠亞發現，王衝出大門到軍代表處求救，紅衛兵們跑來之後不但不救人，反而圍在她床前，手持語錄怒罵教訓她：「別裝樣了，妳還在演戲……」好容易送到醫院後，醫院還因為鳳英的身分，由拒絕接收到消極搶救。終因搶救時間延誤，次日凌晨，鳳英停止了呼吸。死後，她還被打開腹腔，造反派們尋找臆想的「特務發報機」……「文化大革命」結束後，我才第一次看到嚴鳳英當時留下的遺書：「革命小將們，人言可畏，謹防政治扒手……」

吳懷堯 《紅樓夢》中有兩句詩：「揉碎桃花紅滿地，玉山傾倒再難扶」，我猜想它們也概括不了您當時的感受。

時白林 是呀，這些事過去都幾十年了，現在想起來還會傷心，說不清夢到她多少回，每次夢裡的情景都差不多，有時是在小河邊，有時候是在她家裡，看見她向我走來。我在夢裡問：「鳳英，妳不是已經死了嗎？」她笑著說：「沒有啊，後來我又被救活了。」

吳懷堯 換個輕鬆點的話題，繼嚴鳳英和王少舫之後，您覺得黃梅戲的最佳拍檔是？

時白林 當然首推馬蘭和黃新德了，他們配合默契，表演到位，唱腔的韻味濃郁，聲情並茂，又是一對黃金搭檔，多好啊！

吳懷堯　馬蘭是您夫人培養的「黃梅戲五朵金花」之一，也曾演過您寫的戲，但是二〇〇〇年左右，她逐漸消失在舞臺上，離開安徽，淡出人們的視野，其原因一直廣受關注。有人說她之所以離開戲劇舞臺是不想捲入權力鬥爭，真是這樣嗎？

時白林　這個事情可以說一說，但是不宜深聊，畢竟我離開劇院這麼多年了，不是特別瞭解。馬蘭離開安徽黃梅戲劇團，我和我的夫人都感覺很惋惜。馬蘭是非常有才華的演員，形象好，形體漂亮，表演深入淺出，在表現人物方面更是有獨到之處。

她離開的真正原因至今我也沒弄明白，也許她的先生余秋雨最清楚。如果說是因為安徽文藝界的鉤心鬥角，對此我無法苟同。

沒有繼承談革新只能是空談

吳懷堯　您房門口懸掛的羅漢竹上刻著的對聯「自信自尊復自否，學古學今更學新」是您的藝術觀嗎？

時白林　是藝術觀也是人生觀。我在音樂學院學的都是西洋音樂，那時候音樂學院整個體系基本上都是照搬歐洲的，很多從事西洋音樂的人瞧不起民族音樂，有些從事京劇的人又瞧不起地方戲，偏偏我從事的黃梅戲就是地方戲，而且是地方小戲。

這讓我在開始時很苦惱，後來又想通了，既然我做這個工作，就要自信自尊，把它弄好，同時還要自我超越。當古也學了，今也學了，新的東西沒學，還是要落後，因為觀眾對藝術是很挑剔的。

藝術貴在出新，所以還得「更學新」。

吳懷堯　在黃梅戲音樂史上，您是第一個採用總譜的，又是第一個使用了混編樂隊，第一個用手和板交替指揮，在《夫妻雙雙把家還》中第一個利用了西洋男女聲二重唱的形式。對於傳統戲曲的傳統與革新，您持什麼樣的觀點？

時白林　沒有繼承談革新只能是空談。觀眾買票來看黃梅戲，就是要聽黃梅戲的聲腔和韻味，如果這些東西沒有了，就是革新的失敗。從作品和人物出發，不拘一格，力求達到繼承與革新的和諧統一，這個是大方向。

吳懷堯　教育部曾在十個省市的二十所義務教育階段學校確定了十五首京劇唱段（音樂課中加京劇曲目），其中九首是樣板戲。獨尊京劇與文化傳統的傳承，是否背道而馳？對此您怎麼看？

時白林　我支持京劇進學堂，它是中國戲曲的一個代表，而且是集大成者，總要讓後人知道一些。中國的戲曲藝術豐富多彩，它獨特的個性、持久的生命力和受歡迎程度在全世界都是獨一無二的。

吳懷堯　還有一種說法，京劇雖好，但樣板戲內容多半表現暴力革命、敵我鬥爭，不應讓學生從小就接觸這些充滿仇恨和衝突的東西。如果拋開這些因素，您覺得樣板戲藝術水準如何？

時白林　樣板戲雖然是江青插手創作出來為政治服務的，但經過一批音樂家的共同努力，樣板戲的音樂寫得非常漂亮，經得住推敲。我認為它推動了中國戲曲事業的發展，有些唱段已經是經典了。

有些在「文化大革命」當中受了迫害，受了打擊，受了侮辱，受了摧殘的人害怕聽樣板戲，聽了容易想起自己當年被造反派往臉上吐痰、罰跪時的情景，這個可以理解，我自己也跪了好幾年，膝蓋都跪破了淌膿，但是我們不能因為政治的原因就否定它的藝術價值。

吳懷堯 藝術性是相對抽象的概念，您能不能說詳細點呢？

時白林 我舉幾個例子，比如《智取威虎山》的「打虎上山」，開始管弦樂伴奏，楊子榮的打虎上山，音樂激動人心，結構複雜，創作技巧高，演唱也比較難，京戲傳統裡不可能有；比如《杜鵑山》中的「亂雲飛」、「家住安源」，《海港》中的「細讀了全會公報」，《紅燈記》中的「學你爹心紅膽壯志如鋼」等，從作曲理論和技法上分析，都是相當高明的，好聽，表現人物生動、準確。

沒有爭議才是壞事

吳懷堯 您會不會提倡讓黃梅戲也進教材？

時白林 目前我正在編高中音樂教材，安徽的主要劇種都有入選，當然是以黃梅戲為主，有些唱腔的選段已由安徽文藝出版社出版，簡譜、五線譜的都有，主旨是培養孩子們對傳統戲曲的興趣。

吳懷堯 這個教材是在安徽省內推行嗎？如果孩子們不喜歡怎麼辦？是否擔心惹爭議？

時白林 對。中國的傳統戲曲、民族音樂藝術讓後人知道並傳承下去是非常有必要的。以前的洋務運動、五四運動，其實都有些負面的影響，就是崇洋媚外。我是從事音樂的，有些人談到音樂，張口貝多芬，閉口莫札特，動輒就說中國沒有音樂——胡鬧！中國的民族音樂很豐富，多的是。

至於爭議，我一直認為是好事，沒有爭議才是壞事。爭鳴之後，肯定會留下有用的東西。

吳懷堯 剛才您說中國的民族音樂很豐富，我奇怪在當今音樂領域最具學術影響力和權威性的「百科全書」《新格羅夫音樂大辭典》中，關於中國音樂和樂器的介紹並不是很多。

時白林 主要是不被人瞭解，這些讓我心酸，也很著急。你看裡面的介紹，什麼日本三味弦啊日本笙，這些東西其實都是中國的。春秋戰國時期，教育家孔子教學生「六藝」，他把「樂」擺在第二位，他自己就是會吹笙的。三國時曹操在《短歌行》裡面也說「我有嘉賓，鼓瑟吹笙」，吹的就是這種樂器。後來笙傳到日本，傳到韓國，都是中國式的笙；傳到歐洲，人家從十六世紀開始進行工業革命，他們就根據中國笙簧的原理發明出口琴、風琴、手風琴，不管怎麼變化，都是根據我們中國的笙簧發明出來的。

吳懷堯 回到黃梅戲，從現狀來看，遠慮是什麼？

時白林 黃梅戲在前進的道路上，千萬不能斷代，希望後繼有人。第一要素是要有演員，因為舞臺的中心是演員，然後是編劇、作曲、導演，這些方面要是斷代了，就很難銜接。

吳懷堯 有斷代的危險？

時白林 有這種憂慮。現在招黃梅戲的演員，每次考試的時候，生源愈來愈少啊，因為很多人都講究學歷，唱黃梅戲了怎麼去讀大學呢？這個問題一時半刻還無法解決。當務之急是從有實踐經驗的年輕人中挑選人才，把經驗傳授給他們。

吳懷堯 一九五四年秋天您發表了〈對改革地方戲音樂的意見〉，文中對黃梅戲音樂改革的見解引起了文藝界的關注。次年初您被調入安徽省黃梅戲劇團，專門從事音樂創作，到現在半個世紀過去了，您仍未停息，帶研究生、參加研討會、創作、寫書、編書……我想知道，您還要工作多久？為什麼如此拚搏？

時白林 我所崇拜的音樂家賀綠汀先生九十歲時還在寫歌，我比起那些著名的作曲家，差距還是很大的。很多人對我的讚譽，我覺得過了，感到汗顏，那怎麼辦呢？只好繼續努力，在我有生之年，只要身體還可以，會一直做下去，只要活著，就不會停止。

閣樓人語。沈昌文

慢，也是一種進取。

慢，人生才是一種享受。

一個月的時間，我和沈昌文見了四次面，他稱我吳兄。

見面的地點都是在北京美術館東街二十二號三聯韜奮書店二樓雕刻時光咖啡館，相當於閣樓的一個地方。

第一回聊完後，一起吃午飯，他點的菜裡面有一種烤魚味道很特別，帶有煙熏香氣。他喜歡這道菜，極力向我推薦，自己還喝了幾杯冰啤酒。我說您一向喝冰的嗎？他笑答，「要壓一壓欲火。」

第二回聊完後，我的朋友兼攝影師董鑫給沈昌文拍照，他很配合，脫了外套倚牆而立，眼睛看鏡頭，說過幾年你們再想找我拍照，「我可能都不在啦。」

第三回正好我主編的《新青年》第一輯的文稿排完，我請他過目提些意見，他看後點點頭，說已經非常好，「建議封面樸素些。」

第四回見面，我問他對一些社會事件的看法，他大多繞過去了，他端起黑咖啡，眉目間透著與人為善的表情，笑呵呵地說，「我老了，不想發表太多的意見。」

沈昌文，一九三一年九月生於上海，因家道中落，十四歲時輟學，開始長達六年的學徒生涯，工作之餘自學無休，最後取得的學歷是上海民治新聞專科學校採訪系二年級肄業。

一九五一年考取人民出版社校對員，此後屢有文章及譯作問世。一九八六年一月起，任生活·讀書·新知三聯書店總經理兼《讀書》雜誌主編，一九九六年一月一日奉命退休，此後仍會參加各類文化藝術活動。個人主要著作有《閣樓人語》、《書商的舊夢》、《最後的晚餐》、《知道》，譯作《控訴法西斯》、《出版物的成本核算》等。

這個在出版界摸爬滾打五十餘年的愛書人，儘管年歲已高，有著諸多光環，卻無任何炫耀。經過多次溝通，我看到他的溫潤、謙卑、自省和坦誠。

他喜歡佛教，也讀《聖經》，愛好美食，尊重女性。

他踽踽獨行，不知疲倦，說話慢條斯理，少見慷慨激昂。因聽力不佳，交流時他會側耳傾聽。他自嘲為「知道」分子，但細察會發現，他的觀點其實隱藏在「知道」背後。

半個世紀以來，作為文化殿堂的守護神，沈昌文在捍衛閱讀的趣味，點燃的是萬丈書香。

二〇二一年一月十日清晨，沈昌文在睡夢中離世，享年九十歲。

學徒生涯

從念小學開始，沈昌文就處於人性扭曲的環境之中。「我連哭都不能大聲哭，笑也不能大聲笑，說話也不能隨便說。我始終要仰仗別人的幫助。為了能上一個好一點的小學，我連自己的姓都得改掉。我不能和鄰居的孩子一起玩，因為我的祖母不允許，那是她眼裡的『野蠻小鬼』。正是在喜好玩耍的時候，我唯一的遊戲就是悶在家裡，隔著板縫往外看。這形成了我比較特別的經歷，也促使我這個當學徒的永遠要念書，要上進。在以後幾十年的生涯中，我始終不跟荒廢時間的事情打交道，只知道要多學一點東西，自己去找飯吃。現在想想，我唯一能玩的，現在也還是這樣在玩的，就是從板縫裡看這個世界。」

吳懷堯　在見您之前，我們素未謀面，但是說到三聯書店，說到《讀書》雜誌，說到沈昌文，還是會有一種油然而生的親切感，不會覺得坐在面前的是一個陌路人。所以，我不想把這次溝通弄得很嚴肅、很深沉，更希望是輕鬆有趣的談話。

沈昌文 你已經界定了是聊天性的，我們聊天可以很親切，可是一談到業務啊，我就沒有辦法談，因為現在已經很有隔膜了，我每天談的沒有一件事是正經的，沒有一件事是要訂合約的。說不正經，那倒也不是唱歌跳舞，都是談跟文化有關的。這個在飯桌上就比較合適。我本人也喜歡做飯，我很少自己下廚招待別人，我會到飯館點菜，有些飯館我非常熟。這樣我就經常跟朋友聊天，有時也在飯館裡聊。吃飯可以有一種高興，有一種喜悅，談事情就容易，感情也容易交流。

吳懷堯 接受媒體採訪時，您常用「吃喝玩樂」形容自己的日常生活，我想知道，面對當下各種觸目驚心的食品問題，您是「吃」心不改呢、還是心有餘悸？

沈昌文 我很大膽，我喜歡去小飯館，用噁心的話說就是髒兮兮的小飯館，都在這（美術館東街三聯韜奮圖書中心）附近。我每天要做的事就是跟朋友聊天、交往，過半都是在飯桌上，如果大家很熟，就在附近找個小飯館，不是太熟悉的，就去像樣些的地方。

吳懷堯 平時您和朋友們主要聊些什麼？

沈昌文 找我的朋友非常多，大部分來自海外，要談的無非是內地的各種新情況，或者是思想界、文化界的各種傾向。這種閒談，在飯桌上顯然比較合適。我沒有實質性的業務，沒有誰委託我組織寫稿，出版作品。如果有的話，我就牽線搭橋，我絕對不管所謂的業務，我已經七十八歲了（二〇〇九年），我不能再管這些事情。

吳懷堯 您生在寧波，長在上海，現在還會經常回去看看嗎？又是出於什麼原因，您可以這麼多年一直待在北京？

沈昌文 我生在上海，長在上海。之所以和寧波有緣，是因為我媽媽是寧波人，我又在寧波人開的商店裡打了六年工。現在年紀大了，哪裡都不怎麼去，家裡也不放心我一個人去。我家人都不住上海，我太太是北京人，而且是蒙古族的旗人。

吳懷堯 您是一九六二年一月結婚的，到現在（二〇〇九年）差不多五十年。金婚對於現在的年輕人來說，是很難想像的事情。

沈昌文 我們那時候談戀愛的方式很簡單，是支部書記介紹的。我們的支部書記生病，去醫院裡看病，病好後就把女醫生介紹給我了。

我可以告訴你一個祕密，因為這以前我在單位裡追求女孩子都失敗了，我們的支部書記說這樣一個優秀的青年——我那時候正在積極爭取入黨，我是一九六一年十月份入黨的——居然找不到對象——我遭到單位裡面女同志的白眼。

吳懷堯 您戀愛受挫的原因是什麼？

沈昌文 我原來是工人，儘管上過大學，也是業餘時間念的，所以我到了單位非常急切地要上進，要做好多事，比如翻譯。我原來是做校對，校對上升需要拿出東西來，在我們出版社能夠自己做翻譯或者寫作。

當時我看上了一個做翻譯的女同志。我們那裡的優秀女士都跟我講，你要追求，不是說直接告訴她「我們倆好吧」，這不行，得追求。可我沒時間追求，我要翻譯，我就是靠這個——說得難聽點就是靠這個「爬」上去的，我能翻譯不同的東西。所以人家說我變成工人階級知識分子，我去當領導的祕書，然後當編輯，當編輯室主任、總編輯等等。

我的「邪門歪道」是，今天在座的有俄國人我講俄國話，有德國人我講德國話，有法國人我講法國話，都能夠多少講幾句。俄文我最厲害了，我是在上海淮海路學的俄語，都是夜校。我在上海、在北京都上夜校，夜校非常辛苦。多的時候一天要上五個補習學校，早上五點鐘到晚上十點鐘。

吳懷堯 自我教育和上進心真的是非常重要。

沈昌文 我自學的缺點是不注意文化積累，只注意謀生，學什麼我就看將來能不能用於謀生。我在上海觀察家庭教育，發現關鍵就是靠實力做事。我沒有資產，也沒有背景。我父親是很有錢的家庭，行為端正，用我祖母的說話，連玩女人的心情都沒有，可是他抽大菸，把家產全抽光，他死了以後，房子賣掉抵債。

後來我才知道，鴉片並沒有那麼花錢，以至於把家產都抽光，問題是抽了鴉片人就沒有上進心，沒有上進心就給人坑蒙拐騙，把事業給毀了。

由於母親認定家道中落的原因是嫁錯了上海人，所以我從小在上海的寧波圈子裡長大。雖然家裡一貧如洗，但外婆還是認定好人家的孩子一定要上最好的學校，於是我冒充一位在上海工部局工作的親戚的孩子，得以進入上海工部局子弟學校——一個由英國人辦的學校裡上學。親戚姓王，所以我讀書時的名字實際上是「王昌文」。念到初二，繳不起學費，學校老師來催欠款，很無奈，我祖母和我媽媽就決定讓我離開學校。走的時候，我沒有跟任何同學打招呼。十三歲時我又冒充寧波人，開始在南洋橋一家寧波人開的銀樓裡的學徒生涯。這一類的商店，為了知根知底用的都是同鄉。

吳懷堯 您父親去世時您多大？

沈昌文 我父親死的時候我實際年齡只有三歲，我連他的容貌都不記得了，很多都是聽我的家人，特別是我的祖母說的。我十多歲的時候，家裡已經窮得一塌糊塗，就住在上海人所謂的城戶臨時建築裡。

吳懷堯 在您的成長過程中，實際上是缺少父親這個角色的？

沈昌文 不但缺少父親，而且我媽媽從小給我的教育就是上海人是不行的，她這輩子的錯誤就是嫁了一個上海人。按籍貫來說，我是上海人，可是我更看得起寧波人。我媽媽是寧波人。我從小就學寧波話，我在寧波人的圈子裡長大，我講寧波話比上海話還地道。尤其是我學徒六年，這個店是寧波人的商店，這個店是不許非寧波人進去的，寧波人的鄉土觀念非常厲害。

寧波人有一點是好的，做商業講究誠信，我從一九四五年以後完全講寧波話了，完全寧波化了，在這之前我還講一點上海話，之後完全是變成寧波人了。所以寧波人的特點，在我身上非常明顯，而寧波人除了有一套商業辦法以外，還有本事，因為寧波開埠早，航海出去比較早，我的很多親戚都是做航海的，做船長，因此能夠接受外來文化。

吳懷堯 能否說一件在學徒生涯期間，讓您難以忘懷的事情？

沈昌文 一九四五年抗戰勝利，美國兵帶妓女到處閒逛。我是賣首飾的，我要招呼他們，就喊美國兵「羅斯福先生」和「杜魯門先生」，他們聽了很歡喜，帶著女伴就進來看。我在店裡本來是工人，後來變成帳房了。為什麼做帳房？我告訴你我的一大創造：那些賣給女孩的首飾，通常上面會鐫刻讚美女性的詞語，什麼「沉魚落雁」、「閉月羞花」、「國色天香」之類。後來我改革了，我從來喜歡改革，我改寫成「妹妹我愛妳」，這樣一來，我所在的店裡首飾賣得好著呢。

編輯時間

中華人民共和國成立後三聯書店在上海招考，沈昌文喜出望外，寫了一封熱情洋溢的信毛遂自薦。「我覺得我是工人，三聯書店一定願意讓我去。結果，人家回信說要的是大學生。再後來人民出版社在上海招考，這一次我就變成大學生了，因為我在市內的新聞專科學校讀書。我自己刻了一個圖章『學習報』，說『介紹本報記者沈昌文前來應考』。我考得也不錯，就到北京來了。當年三聯書店沒有錄用我，多年以後，我當了三聯書店的總經理。」

吳懷堯 從一九四五年到一九五一年，您一共當了六年學徒，白天伺候八方來客，晚上去夜校進修，後來考取了民治新聞專科學校。按照這個路子往下走，您應該是當記者，最後怎麼陰差陽錯上了出版這條船？

沈昌文 在第一學期，我的採訪學的成績是五十分。六十分及格，我才五十分！班裡屬我最差，我真是丟人啊。這當然不能抱怨老師，我自己不會寫嘛。我的攝影課、電影課成績都很好，可是正經的新聞課都沒有學好。我沒有學好語文，只是念熟了《古文觀止》，現在還能背很多。大概是一九四九年底到一九五〇年，三聯書店在上海招考，報名的條件是要有大學一年級的文化程度，我剛好夠了。可是他們沒有要我，我估計是我太誠懇了，寫了真實心情，說我以前是個學徒，如何喜歡三聯書店，想去為它工作。

吳懷堯 和現在很多大學生投簡歷的情況差不多？

沈昌文 一九五〇年底，人民出版社要在上海招收校對員，我和幾個同學就去了。這次報考，我接受了上次的教訓，偽造了證件和介紹信，說我是報社的工作人員，後來就考上了嘛。第二年三月二十四日，我就到了北京，開始做校對，同時繼續學習俄文。做校對時，「抗美援朝」錯成「援美抗朝」，我卻漏校了。最驚險的是一九五三年的「洗澡運動」（思想改造運動），我懷著一種虔誠的心理，把自己曾經做過的「所有醜惡的事情」一股腦說了出來，包括如何隱瞞「學徒史」造假開證明，包括為了賺錢上學曾幫資本家做過假帳等等。結果思想彙報交上去後，不久人事部門找我談話，認為我「歷史太複雜」，準備將我辭退回上海。

吳懷堯 剛直起腰，頭又碰到天花板，心裡不太好受吧？

沈昌文 是啊，覺得非常悲哀，等於以前所有的努力都白費了。好在這時，我翻譯的兩本書出版了，而且被時任人民出版社副社長的王子野看到，他推翻了人事部門的決定，不但沒讓我走，還把我調到身邊當祕書。不久我又被評為「青年社會主義建設積極分子」，現在獎狀還在家裡。

當時的人民出版社下設人民出版社、三聯書店、世界知識出版社三塊牌子，所以我實際上已經邁進了三聯書店的門檻。在體制內，能當領導的祕書，一般都是比較受信任的。從一九五四年以後，我就一帆風順了，入黨，當編輯室主任，儘管也有挫折，我都過來了。

吳懷堯 對自己的發展方向，您是潛心規劃好，還是且走且看，順其自然？

沈昌文 兩個都不是，開頭是有目標的，後來發覺目標都達不到。我學過很多東西。我學攝影，沒人找我照相，我也進不了照相館。我學過收發電報，後來也沒成功。我學過會計，因為沒有很好的學歷，我也當不了會計師。可是透過這些事情，我慢慢形成一個觀念，**一旦機會來了，你必須有所準備，抓住機會。**我沒有能力，我沒有人脈，所以我在上海的學習很多都浪費了。一直等到二十世紀五〇年代初，我才獲得了機會，要是沒有出書，我可能就被解雇了。

吳懷堯 現在回憶那些陳年往事，您是記憶猶新，還是需要努力回想？

沈昌文 我覺得比較清晰。我喜歡講半通不通的英語，很抱歉，我們上海人的壞習慣，必須要不斷地strive，鬥爭，只要有一種本事，總是會有成果的。

我是暗暗地用功，人們都不知道，我要翻譯東西，換句話說我要出人頭地。所以到了一九五四年的時候我得了大病，看上去沒有什麼，咳嗽很厲害，肺結核、氣管炎、關節炎等等，我生活中最苦惱的是失眠了。當年我到北大醫院看病也得頭天晚上去排隊，第二天早上才能拿到號。那一年上海的英漢大字典要重印，我會英語，就被派到上海去出差，裡面有一些地方要做校對工作。

吳懷堯

您接觸氣功就是這段時期吧？

沈昌文

對，我在上海的時候，認識了一位叫蔣維喬的老先生，他當過江蘇省的教育廳廳長。我跟他學氣功時他已經八十多歲了。他的功法非常簡單，不講什麼外功內功，亂七八糟的更是沒有，起首只有一條，就是「意守丹田」。怎麼能「意守丹田」呢？這一點我很得意，他講的一句話我能落實，就是「破除我執」。

他認為，愈是「執」於一點，就愈不能成功，所以要放鬆。放鬆之後，把注意力集中在肚臍之下一寸三分，老是想著那裡，那裡就會發熱，一旦發熱了，就是所謂「得氣」了。然後，你就按著書上講的經絡路線，把得的氣引導到一定的穴位上。需要治哪個部位，就讓氣走到哪個地方，慢慢地病就會好了。

這個氣功本身不重要，重要的是一個人生哲學，就是要把心安下來。比如說公共汽車沒擠上，你可以恨得要死，這趟車看著就差一步，但是沒趕上，可是你再解釋一下就很簡單，這一趟過去了，還有下一趟，下一趟可能更寬敞。我過去有那麼一股進取之心，可我不知道退。他告訴我，**要進還要退，你才能有真正的進步**。若是沒有他告訴我這一點，我可能之後就毀了。我當然還是要進，但是不再刻意去追求效果了。

所以慢慢我就學了很多東西。他去世後，很多人說是正常死亡。廈門大學的謝泳寫了文章，經過調查才知道，一九五七年底，蔣維喬知道兒子被劃了「右派」，老頭想不開。老頭一輩子教我各種想開的辦法，結果他後來到氣功室上吊死了。

吳懷堯 一九七九年四月《讀書》雜誌創刊，李洪林寫的《讀書無禁區》引發強烈的社會回響。一九八〇年三月，您被調到《讀書》雜誌編輯部，這中間又有什麼樣的因緣際會？後來您又如何做了主編？

沈昌文 有一段時間我想離開人民出版社，去陳原主持的商務印書館，當時我在人民出版社的頂頭上司范用把我留下了，他說陳原現在還管著《讀書》雜誌，你就去《讀書》吧。就這樣，我到《讀書》當了編輯室主任。

二十世紀八〇年代初期，我們刊登了一些被認為是有問題的文章，老是要去做檢討，下面也流傳說，《讀書》出事了，要停掉。正在我們很緊張的時候，一九八三年，胡喬木在通俗讀物出版會議上有一次講話，他講著講著，忽然講到《讀書》，他說《讀書》雜誌大家很有意見，這個雜誌該怎麼辦呢？我看還是要辦下去，要他們加強馬列主義的學習嘛，等等。所以，新聞出版署趕緊根據這個精神重新研究《讀書》怎麼辦下去，其中一條是，把黨員沈昌文的地位升高，變成執行副主編了。

這個事情過去以後，喬木同志給《讀書》雜誌投了篇稿，是他出版的詩集《人比月光更美麗》的序言。他完全是以普通讀者的身分投稿給我們的，信中說：我寫了篇文章，你們看看，能不能採用，等等。我就以編輯部的名義回信，對喬木同志來稿表示歡迎，並建議文章做兩個改動，其中一個是把「我的拙著」中的「我的」兩字刪去。他又給我一封回信，同意修改，語氣客氣得不得了，意思是說，對他這樣的人來稿，像對一般作者那樣就好了，用語不必客氣。後來，我到新聞出版署開會，「無意」之中，向署裡的領導講了喬木同志給《讀書》投稿的事。不管怎樣，《讀書》最後還是過關了。

吳懷堯　您主持工作的十年，堪稱《讀書》雜誌的黃金時代，它成為文化界的指標性讀物，許多知識分子以在《讀書》刊登文章為榮。知名博主和菜頭說：「三聯書店在您手下時，是那種值得學人騎自行車經過時踩一腳剎車，下來鞠一躬再走的所在。」現在回頭看，您覺得《讀書》當年為什麼能登高一呼，應者雲集？

沈昌文　它剛剛問世，就站在了一個很高的起點上。眾多老知識分子和出版家為它塑造了一個獨特的風格。《讀書》的主張是陳原老總主張的，我覺得很受教益：要有思想性，要有啟蒙，可是絕對不能說教，而是要有可讀性。他認為文章要短，不能超過三千字，後來我接手後改為不能超過五千字。

大家說當年的《讀書》如何如何，其實不是我們有能耐，而是我們當年形勢有利，多年不開放，大門忽然敞開，金克木、張中行、錢鍾書這些老知識分子憋了很久，第一次得到講話的機會，金克木簡直有寫不完的文章，他說你們一個月才發我一篇，我一個月至少寫四、五篇。找金克木去談事，在門口已經握手告別了，在門檻上他還要跟你談十五分鐘呢。錢鍾書也有講不完的話，滔滔不絕。張中行也是如此。當時還有一個痛快的是，我們從來不操心發行量和盈利問題。我接手的時候是兩萬冊，我移交工作的時候是十三萬冊。

書商舊夢

回首過去的時光，沈昌文如此總結：「我這一輩子都是做牛式的出版：聽話、恭順，不敢越雷池一步。你們可能不知道，在幾十年前，說某人從事出版長於『獨立思考』，那可能是對其他人最大的打擊。這樣一來，他也許會遭難多年。現在世道不同，新型的出版家們，可以做鴕鳥，做駱駝，做鯨魚了。」

吳懷堯　一九九六年一月一日上午，您接到三聯書店人事部門負責人的電話，被告知退休。退休之後您也沒有閒著，一直在文化圈奔走，相比之前有什麼區別？

沈昌文　退出後做事跟過去不一樣了，就是玩的態度，不是真正的做事。過去做事是要求一個目標，講穿了就是功名。退出後就是好玩了，這以後我還做了好多事，都是為了好玩，不是為了功名，我已經不需要功名了。

吳懷堯　也不做翻譯了？

沈昌文　我跟你說實話，我的翻譯水準並不高，我能翻譯史達林時候的東西，我不能翻譯那以後的。現在中文的東西靈活，過去毛澤東時代的《人民日報》社論，多好翻譯，我翻譯當時那個《真理報》的社論，因為有一套規矩，很容易翻譯。

這套規矩現在沒有了，我何必呢，我花的成本太高，所以我現在就是玩了，完全是從個人主義出發，我是典型的個人主義，我想得挺透。

吳懷堯　不翻譯但是寫了不少東西。我發現您的著作《閣樓人語》、《書商的舊夢》、《最後的晚餐》，包括最近正在熱賣的口述自傳《知道》，沒有一本是三聯書店出的，為什麼會這樣子？

沈昌文　我離開三聯以後，海外報紙不斷地有文章出來，說《讀書》犯忌，沈昌文被迫退休。有的人認為是我挑動起來的，這當然是個誤會，我也不想去做解釋。既然有了這麼大的誤會，為了保全三聯書店，我只好劃清界線，不再有業務往來。我到三聯來就喝咖啡，業務我一點也不管，我自己的事情更不能夠求三聯。

吳懷堯　您現在和三聯是什麼關係？

沈昌文　我是三聯的退休職工，我不擔任任何職務。

吳懷堯　在三聯的時候，您引進《寬容》、《情愛論》；近些年又引進《歐洲風化史》，編了楊絳先生的《我們仨》，還將臺灣的《蔡志忠漫畫》、《朱德庸漫畫》和《幾米繪本》推薦到內地出版。這些書銷量都非常好，相比之下，您對非大陸的作品似乎很看重？

沈昌文 大陸出版的發展在某些方面比西方落後，也比臺灣落後。我做出版的，我很清楚，臺灣出版走過的路子，我們現在正在走。所以，境外的作者經常有一些思路值得我們借鑑，並且境外的學術機構也沒有像我們這樣多，寫純學術、看不懂的文章是沒出路的，他們比較講究可讀性。

吳懷堯 您的大半生都在跟書打交道，對當下的出版界怎麼看？您會讀什麼樣的書？

沈昌文 我個人的經驗不足取，我喜歡流覽，因為我是書商，我要瞭解整個書業的全貌，我的缺點和優點都在這裡，我看得比較多，但是缺少深入的思考和研究。中國的出版，至今病在謀略太多，機心太重，理想太少。

可是不管怎麼樣，我相信開卷有益，不管你是什麼態度，你都會得到好處。剛才我說了，我的毛病很大，因為我要看的東西實在太多了，一本書剛看了三頁，發現一個問題，我又去查另外一本書，我家裡書也多，這樣一天到晚就在流覽。所以我做不了專家，當不成學者，我自己是「知道」分子，就是這個道理。而且我有一點特別覺得要告訴年輕朋友，你們身處現在很幸福，現在的書實在多，夠你們看的了。要是前三十年，簡直是不可想像。我個人特別愛看的書，我說不出來了，我只能學學某些老前輩的說法，我還是懷舊的時候多，我現在經常要懷舊的一本書，就是《古文觀止》。

吳懷堯 從數量上講，書是多了，但是有資料顯示，因為網路和視覺影像的影響，加上各種原因，看書的人數在下降，對此您怎麼看？

沈昌文 閱讀率下降出版商要負責，應該用各種生動的手段來吸引讀者。像蔡志忠用漫畫的形式詮釋包括《道德經》、《論語》、《菜根譚》等中國傳統文化，就很流行。

「知道」分子

沈昌文算是文化出版界的「老土地」，他表示自己有責任把知道的種種說出來，提供一些素材。「我特別擔心的是，因為我是殘留的老人中苟活得較長久的，後人會把改革開放時期不是我的功勞歸到我名下。」

吳懷堯 我曾在《南方週末》上讀到一篇寫王元化的文章，說晚年的王元化在主編《學術集林》文叢時，不能把所有的思考都只集中在學術問題上。他在卷二的編後記中就體會到：「最頭痛的是要花費大量精力，去排除本不應有的無謂干擾。編者已不年輕，以現在的年紀和身體來說，就成為超重的負荷了。」後來又在日記中寫道：「凌晨醒來想到《集林》事。我名為主編，實為初審。經我定稿後，還至少要再過三次堂，且同一問題也需回答三次。編輯技術處理極差。只有妥協……」此類情形，您可曾遭遇過？

沈昌文 我的情況跟王元化完全不一樣。我編的《讀書》雜誌是願意發表各種不同意見，希望大家都寫出好的文章，能夠說服別人。我做編輯是我站在旁邊看，王元化做編輯是主角，他有自己的觀點，我本身沒有觀點，我是看大家在那說話。

吳懷堯 王小波的雜文集收錄了發表在《讀書》上的〈擺脫童稚狀態〉、〈智慧與國學〉、〈思維的樂趣〉、〈花剌子模信使問題〉等文章。私底下，您和他交往多嗎？

沈昌文 沒有什麼個人交往，他就是投稿，我喜歡他的稿子。《讀書》產生風波的時候，提倡思想解放，可是一定還要有可讀性，王小波的稿子就有這兩個特點，寫得好是一種概括，指的是寫得風趣。表達得好是非常難的藝術，王小波的表達是曲裡拐彎的好，有一篇文章我現在背不出來了，講的就是知識淵博，一篇雜文講一個很簡單的道理，三句話講完了，他可以寫三千字，而且寫得很有趣。

吳懷堯 他在世時是曲高和寡，小說發表更是費盡周折。

沈昌文 我同意你說的曲高和寡，所謂（可讀性）要好，往往是拐彎，拐了幾個彎，有的人就不耐煩了。小波知識淵博，他講道理的時候，表達方式簡直出人意料。

吳懷堯 在您的口述自傳《知道》中，有一句話是：「當時的那些事，我在回憶文章裡不好寫。不好寫的事多著呢！以後會慢慢說。」到底是什麼事情讓您欲言又止？

沈昌文 主要牽扯到人事關係，張三看不起李四，李四看不起王五之類。過去階級鬥爭為綱的年代，複雜的事情太多了。

吳懷堯 比較圓滑的手段……請問，您有宗教信仰嗎？

沈昌文 沒有，我沒有宗教信仰，我喜歡佛教，但不是信徒。「放下」是中國宗教一個很重要的觀念。此外因為工作的關係，以前也研究過宗教觀，僅此而已。

吳懷堯　如果沒有特殊情況，您每天早上四、五點鐘就起來上網，看各類新聞和博客，但是只潛水，從來不發言，是擔心遭遇「跨省追捕」嗎？

沈昌文　沒有，我每天上網看各種東西，本來就不想發表評論，實在有的時候點名道姓讓我發表意見，我也請朋友幫我代發，因為我不知道這個手續，要註冊等等，我一聽到「註冊」兩個字就非常緊張。我謝絕這些活動，可以說一句簡單的話，老年人怕麻煩，我不願意有這些麻煩，註冊了人家還跟你討論，有不同意見等等。從我做編輯來說，我需要瞭解這個世界，網路是很重要的視窗。我老了，我不發表意見，而且需要發表意見的地方太多了。

吳懷堯　就我所知，您和您的外孫關係不錯，您對年輕人有什麼建議嗎？

沈昌文　在馬路上不能賣弄聰明，比如說看見兩個人在下棋，你認為你很高明，你告訴這個人該吃那個人的車了，這樣一來你就糟糕了，他們會慢慢把你套上，然後跟你賭錢。你看對方本領不高，以為自己肯定可以下贏，可是快到你要贏的時候，他們突然說一句「員警來了」，這些人全走了，你的錢也不見了。

所以我在上海生活過以後，我到了北京，我實在很奇怪，怎麼有人把錢存在銀行裡，憑一張卡去取，我不敢相信這個卡。我最相信 cash，現金，看得見摸得著的。

吳懷堯　您警惕性這麼高，追根溯源，這和您小時候的生活環境是否有關？

沈昌文　我少年時生活的地方是上海最複雜的地帶，挨著法租界，那個地方做壞事的最多，做好事的也多。好事是什麼你知道嗎？共產黨聽說要被抓了，就穿過法租界，國民黨的員警就進不來了，那個地方叫老西門……

我就生活在這個地方，我念書時候的好朋友是扒手，他不念書，整天去扒，晚上跟我聊他扒到了什麼東西。

吳懷堯　近墨者黑，很難得，您的扒手朋友沒有帶壞您。

沈昌文　我得靠自己的本事啊。在階級鬥爭為綱的年代，我大量的時間是在翻譯書，翻譯了差不多有一百萬字。我自學出身的，我靠什麼讓社會承認我呢，我要拿出東西來，我要翻譯寫東西。

所以我覺得年輕人重要的就是永遠要有一個觀念，**就是要有一技之長，這一技暫時被冷落了沒關係，時代在發展，你這個行業總有一天它又會走到前面，我就是靠這個東西起來的。**外面的鬥爭再厲害，我應付過關，回過頭來在家裡做我的翻譯，必須要有一種實力才能在社會立足。

吳懷堯　突然想起一件事情，曾有政協委員建議全國用十年時間，分批廢除簡體漢字，恢復使用繁體字，引發了一場關於是否恢復繁體字教育的論爭。作為一個關切文化的退休主編，您是否支持此舉？

沈昌文　我不支持。中國的文字原先是為有產者服務的，簡體字工農大眾都可以接受。大家說的國學熱，有的人有意見，我是擁護的，因為我覺得能夠治療煩躁。中國的哲學對個人修養有好處，對社會是不是有好處我不敢說。**我非常欣賞西方所謂的慢生活，現在不提倡快了，**

提倡慢，我覺得人生需要有這樣的態度，這樣才覺得人生是一種享受，也是一種進取。

吳懷堯 您的老友漫畫家丁聰去世時，享年九十三歲，緬懷者眾，讓人徒生「風流總被雨打風吹去」之感。當然，生老病死乃人生常態，如果有一天您不在了，您希望有什麼樣的墓誌銘？

沈昌文 關於丁老，最可敬的是他的豁達。我要向他學習，悄然謝世，不為人知最好。

童話大王。鄭淵潔

要想真正獲得幸福，
只有一個方法，就是幫助別人。

北京王府井新東安市場，地下一層星巴克咖啡廳。

光頭、隱約可見的白髮、大衣、誇張的墨鏡、彪悍的體型，坐定後摘掉墨鏡，他很和善地笑著說：「你好，我是鄭淵潔。」這是我和鄭淵潔第一次見面時的情景。

鄭淵潔，一九五五年六月十五日出生，一九七七年開始文學創作。一九八五年創刊的《童話大王》月刊是只刊登鄭淵潔一個人作品的期刊，時間長達三十餘年，這是一項世界紀錄。

鄭淵潔作品書刊總銷量超過三億冊，數度問鼎作家富豪榜首富。他筆下的文學形象皮皮魯、魯西西、大灰狼羅克、舒克和貝塔影響了中國億萬讀者。二〇〇八年，聯合國向鄭淵潔頒發「國際版權創意金獎」，表彰他創作了眾多經典作品。汶川和玉樹地震時，鄭淵潔向地震災區的孩子捐款人民幣一百五十萬元，國家民政部授予鄭淵潔「中華慈善楷模」稱號。

咖啡廳嘈雜，咖啡香氣彌漫，我們面對面坐著聊著過往。

憋了二十多年

「我現在（二〇〇七年）每天只睡三、四個小時，五個小時算是很奢侈了。寫作安排在早上四點半到六點半進行，兩個小時可以寫三千字。」鄭淵潔喜歡養狗，主要是德國牧羊犬，還有兩條藏獒，遛完狗吃早飯，吃完早飯後如果不出門的話，會陪女兒鄭亞飛。「我的時間還算自由，上午寫寫博客，下午看看書或報紙。」

自從播客視頻上線之後，他的網路脫口秀節目《鄭在方便》更新得更勤了。「播客這東西可能會革掉電視的命。」他說，現在的年輕人更喜歡在網路上看節目。以前自己想表達觀點，會在博客裡寫出來。但是文字很容易被轉載，不利於保護版權，視頻就不那麼容易了。

二〇〇七年二月五日，鄭淵潔索性把網路脫口秀搬到湖南衛視。由他和主持人李好搭檔的十分鐘脫口秀節目《鄭好十分鐘》亮相螢幕。這檔別出心裁的電視教子脫口秀是鄭淵潔與李好邊吃邊聊，節目播出的時間正好是人們吃午飯的時候。

一位觀眾在湖南衛視的論壇裡留言：「邊吃飯邊聽著鄭淵潔『好孩子是寵出來的』、『父母是政府，子女是公民』等教育理念，還真能學到不少教孩子的訣竅。」

但也有人認為，以前「童話大王」深居簡出，專心寫作，現在卻拋頭露面，參加各種活動，還寫博客，錄節目，這是不務正業。鄭淵潔告訴我，自己現在所經歷的生活，是以前未曾經歷過的。「而這些，都是寫作的素材。再說，我都憋了二十多年，出來活動活動還不行呀！」

鄭淵潔被「打臉」

一九七七年高考恢復，對於很對多人而言，這是喜從天降，因為命運可能由此改變。可是對鄭淵潔來說，卻是他的一場「人生災難」。

原來，鄭淵潔女友的父母要求他考大學。他清楚考試是自己的弱項，參加高考是自取其辱。於是女友在父母的壓力下，離開了他。這一年，鄭淵潔二十二歲，工作是在工廠看水泵。和女友分手後，他痛下決心，一定要透過一種方法，即使不上大學，也能讓對方後悔一輩子。

效之。

當時，有農民透過寫詩調到《詩刊》編輯部，轟動一時，想到自己小學時作文好，他決定仿而效之。

一九七七年，《汾水文學》第四期刊發了鄭淵潔的處女作，他領到了十元的稿費，這筆錢是他當時工資的四分之一。之後，鄭淵潔陸續發表了近百首詩。但是和那些真正的詩人打過交道後，他不免有些失落和失望，覺得在寫詩方面，自己只是三流。如何才能做到一流？他將所有的文學體裁寫在一張掛曆的背面。詩、散文、報告文學，接著是小說、戲劇……倒數第二是童話，最後一項是相聲。

鄭淵潔選擇了童話，「很簡單，上學少的人想像力豐富。要知道，獲得知識的過程是一個扼殺想像力的過程。而童話，最需要的莫過於想像力。」

一九八五年五月十日，一本專門刊登鄭淵潔作品的雜誌《童話大王》月刊誕生，當期印量十三萬本。鄭淵潔說，當時他的想法其實很簡單，「只要堅持三期就算勝利」，但後來一位北大教授的話刺激了他。

「一九八六年我參加了一個兒童文學界的會，當時是在廬山舉行的，好多兒童文學作家都去了。可能是我沒上過大學的緣故吧，北大的一位教授就說，咱們這裡有人不知天高地厚，一個人寫一本月刊，還說，如果我能夠寫兩年，他就把名字倒著寫。」

當眾被「打臉」，憋著這口氣，鄭淵潔一寫就是數十年。

曾任中國兒童文學研究會會長的宗介華很為鄭淵潔不平：「某些文學評獎者不願意給他獎項，說他的童話胡編亂造，有時甚至一票都不肯給鄭淵潔，而輪到孩子們投票時，他又幾乎總是第一名！」

面對這種怪現象，鄭淵潔心態坦然，「有資格給作家頒發文學獎的，是讀者。任何文學獎評委會都沒有讀者公正和準確。」

喜歡《現代漢語詞典》和各種小廣告

德國漢學家顧彬曾炮轟中國文學，引起輿論波瀾。

對此，鄭淵潔也有自己的看法：「他的這種言論本身就很垃圾。無論哪個作家，寫得再怎麼糟糕，也不能這樣指責。畢竟，人家既沒有搶銀行，也沒有抄襲，一個字一個字刻出來，應該受到尊重。更何況，我們不看好的某些作品，若干年後可能就是金子。」

他覺得，只要王朔、蘇童、韓寒、姜戎和二月河這五位健在，中國文學就有戲。

說到這裡，鄭淵潔突然劍指諾貝爾文學獎：「在我看來，很多獲獎的文學作品，套用某些漢學家的話，同樣是垃圾。比如帕慕克的《我的名字叫紅》和賽珍珠的一些作品。」

「老實說，我從來就沒有覺得自己的作品好，寫作對我而言，只是一種謀生手段。」鄭淵潔希望自己的作品在死後五十年內有讀者。從第五十一年起，最好就沒有讀者買了。他說自己作品的品質都是按這個年限設計的，「多賣一年都吃虧」，因為「五十年過後，作品就進入公有領域，誰想印製發行都可以，無須支付稿費。」

鄭淵潔對那些動輒就向讀者推薦「必讀書」的作家表示鄙視：「怎麼會有必讀書呀？我才不信呢！」說起自己的閱讀，鄭淵潔對《古文觀止》推崇備至。

「這本書裡面的碑文寫得不是一般的好，寥寥數百字就把一個人的生平概括無遺，既沒有明目張譫的溜鬚拍馬，又能讓家屬高興，其功力可見一斑。」然而，鄭淵潔閱讀最多的卻是《現代漢語詞典》和各種小廣告。「《現代漢語詞典》都翻破好幾本了。小廣告我也很喜歡，有些比名著都強。」他用手比畫道，一張小紙片，幾十個字，想表達的東西全出來了，而且有人看了還真的就去打電話。「這太厲害啦！」

自己覓食的野獸

吳懷堯 作為一個著作等身的「文盲」，您獲取知識的途徑有哪些？

鄭淵潔 只靠別人教的獲取知識的方式屬於餵養式，別人給你什麼知識你就只能被動地吃什麼，不管身體是否需要這些營養。而我這類靠自學獲取知識的人，則是自然界裡的野獸，根據自己身體的需要覓食，喜歡吃什麼就吃什麼，一般來說，想吃的正是身體需要的。

吳懷堯 有人指責您經常不自覺地「炫耀」自己的低學歷，真是這樣嗎？

鄭淵潔 這其實是一種誤解，他們認為我是在提倡不上大學。我的真實意思是，以我的經歷，給那些沒有機會上大學的人特別是年輕人以信心，讓他們不氣餒。條條道路通羅馬，沒有機會上大學，一樣可以獲得人生的成功。畢竟中國沒有上過大學的人占絕大多數。如果絕大多數人心灰意冷，對民族不是好事。生活中政府對貧困家庭有最低生活保障。我就是想透過「炫耀」低學歷給那些沒有機會讀大學的人最低信心保障和最低尊嚴保障。

吳懷堯 您的作品廣受歡迎，您自己覺得原因是什麼？

鄭淵潔　一部作品，如果說是托爾斯泰寫的，大家可能會說怎麼寫得這麼爛。而同一部作品，如果說是一個小學四年級學生寫的，大家會驚歎怎麼寫得這麼好。我的作品之所以受到較多的讀者歡迎，這是最根本的原因。

吳懷堯　是什麼促使您筆耕不輟？

鄭淵潔　我能源源不斷地出作品，受益於我當過五年工人。在這五年中，我的唯一工作是看水泵。工廠打了一口井，為全廠提供生活用水，我的職責是開啟水泵，將井裡的水抽上來輸入工廠的每個衛生間、食堂、澡堂。看管水泵最重要的職責就是要保證源源不斷，不能時斷時續。在這五年的看水泵歷程中，我養成了源源不斷的習慣。我將這個習慣帶到了後來的寫作中。

吳懷堯　簡單介紹一下您眼中的鄭淵潔吧。

鄭淵潔　愛聽鼓勵話。聞過不喜。寵辱都驚。牢記恩仇。喜走獨木橋。如果當婊子，決不立牌坊。能熟練使用五百個漢字，在計算機的輔助下會四則運算。

作家要維護自己的利益

吳懷堯　我印象中汶川大地震時，您是作家中捐款最多的。您如何看待作家在特殊情況下的捐款行為？

鄭淵潔 其實不在於捐錢多少，只要有這個心就行了，有力出力，有錢出錢。以前得過好多別的獎，都沒有幸福感，只是高興，只有成就感。二〇〇八年國家給了我一個「中華慈善獎」，我當時有一個感覺：領這個獎感覺非常好。**我覺得一個人要想真正獲得幸福，只有一個管道，就是幫助別人。**你住著別墅，開著寶馬，你也不幸福，這是我的體會。但是話又說回來了，公眾人物在國難的時候沽名釣譽的話，就是十惡不赦。

吳懷堯 有沒有計畫將來辦一個慈善機構，在更廣泛的範圍內幫助人？

鄭淵潔 目前有兩種基金會。一種是封閉式的，我只用自己的錢，不要別人捐錢，我要做這種。一種是開放式的，用別人的，自己不掏，靠自己的名氣，這個也好。

吳懷堯 《皮皮魯總動員》近年的銷售情況都非常好，僅二〇〇九年二月，就銷售出一百多萬冊。您覺得自己的作品能持續熱銷的原因是什麼？

鄭淵潔 我覺得可能和兩個原因有關，一個是經濟不好，一個是甲流（甲型H1N1流行性感冒）——很多孩子週末和暑假原本是要出去玩的，包括我的孩子，後來都取消了。不出去以後，很多家長就去書店買書，我估計可能跟這個有關係。

吳懷堯 為什麼您的財富觀大大方方，從來不藏著掖著？

鄭淵潔 我爸是山西人，我媽是浙江人，他們的結合就是錢莊和票號的結合，我的血液裡就有理財的東西。對作家來說，財富其實是兩筆，一筆是稿費，一筆是作品。作品是無形資產，比稿費厲害得多，是真正的搖錢樹。

這個搖錢樹將來還可以派生出很多產品，如影視、網路之類。說到稿費這一塊，我覺得我可能是臭名遠揚，給人的感覺是老跟出版社談錢。我覺得，作家還是要維護自己的利益。如果自己的衣食住行都解決了，就要盡可能地幫助別人，做慈善事業。

抓住時機狠狠打擊盜版

吳懷堯 暢銷書作家如何防止盜版、盜印，這方面您是專家，能不能透露下心得？

鄭淵潔 我覺得盜版、盜印有四種：第一種是被不法書商盜；第二種是出版社隱瞞印量；第三種是某些書的主編強行收錄你的作品；第四種是作家盜出版社，就是作家的作品在這家出版社出版後不久，又拿出其中的一部分內容改頭換面，然後賣給另外一家出版社。

第一種，有人盜版你的書，說明你寫得好；其次要抓住時機狠狠打擊。我的書現在盜版相對較少，就是我和二十一世紀出版社合力打擊盜版的結果，包括採取報警的方式。員警立案後就會跟蹤盜版商。我的書在江西發現大量盜版，但是源頭都在北京。這些盜版商很聰明，北京資訊多，而且就在你眼皮底下，反而你倒麻痺了。那次打擊盜版行動抓了六個人，《新聞聯播》都播了。

第二種，出版社隱瞞印量。我上次跟你說了用防偽標識，我的所有在圖書市場銷售的作品，都貼有「鄭淵潔授權」防偽標識。當使用驗鈔燈照射防偽標識後，裡面會顯示浮水印，而沒有防偽標識或者有防偽標識而無浮水印的即為盜版書。這樣，出版社就一本都瞞不了。

第三種是變相侵權。第四種根源在作家自己。關於防盜印，還有一種方式就是一次性買斷，這是最省心的辦法，國外也有這樣做的。

吳懷堯 中央電視臺讀書節目《子午書簡》曾連續十天播出您在皮皮魯講堂的授課內容，成了暑期熱點檔。我聽製片人李潘說，您在現場的表現非常到位，孩子們笑聲不斷。相比之下，有些作家上電視就能看出明顯的緊張，您在鏡頭前怎麼做到揮灑自如的？

鄭淵潔 最早上電視我也發抖。緊張到什麼程度呢？二〇〇四年五月，中央電視臺《成長線上》節目播放了一個對我的訪談。那天在錄製節目現場，因為怕人看到我肚子大，我就把皮帶繫得很緊，縮著肚子。當我走到女主持人身邊的時候，我的皮帶突然斷了。當然我也不懂什麼錄播、直播，也不能夠跟人家說，就很緊張，一步一步蹭到椅子旁邊，坐下我就踏實了，反正我也不站起來了。沒想到中間有一個環節是站起來的，就很糟糕，所以一開始緊張，燈一亮，就是你剛才說的那個緊張的感覺。什麼時候第一次找到感覺了？做電視，實際上它的招數就是鬥智。其實作家完全具備這個實力，他就是緊張，我認為得找一個給他「開苞」的人。給我「開苞」的是魯豫。之前我就很緊張，主持人一拿稿子，我就緊張，就煩。我覺得你不重視我，你還一邊看著編導給你寫的東西，一邊跟我說話。而且我跟你說的時候，希望你看著我。魯豫，我第一次做她的節目，她連錄三場。我記得那天有毛阿敏、朱時茂，我是第三個，她不拿稿子，這個當時我就感覺很舒服，她重視我。然後我突然就找到感覺了，就開始進攻。其實談話節目，你就要逼得她沒話說。我記得很清楚，她的老闆劉長樂看了這期以後說，這個人要弄到咱們這裡來。他們的人跟我聯繫去做《鏘鏘三人行》，當常駐嘉賓。

不要輕易批評孩子

吳懷堯 您的「皮皮魯中文總動員計畫」很火，有沒有老師來聽講？

鄭淵潔 語文教學最重要的就是認識字和寫文章，可是絕大部分老師自己寫不了好文章。現在北京教育學院已經找到我們這裡，計畫讓北京的語文教學骨幹分批到這裡來聽課，但是這裡的孩子全都不同意。我問他們為什麼，他們說要是有老師在一起聽課，會覺得彆扭。將來我也許會透過網路，辦一個免費的線上學校，把我在這裡講的東西教給他們。

吳懷堯 和孩子交往溝通，很需要技巧。作為童話大王，您能不能給家長們傳授幾招？

鄭淵潔 每個孩子都有他的特點，要因材施教。家長和老師不能隨便說孩子某一個毛病，也許本來他這個毛病不是毛病。跟我小時候似的，三歲時有一次在家吃麵條，我媽把麵條做鹹了我就沒吃，第二天早晨，我姥姥家正吃麵條，我媽就說我不愛吃麵條，從此到現在我都不吃麵條了。

我的孩子有的時候眼睛不舒服愛眨，在見朋友之前我會打電話給對方，說你見面以後不許說我的孩子眨眼。你一說，她就永遠眨，沒人說，她很快就不眨了。有一個小女孩說話的聲音很小，平時都不怎麼敢說話。我想她一定是小時候偶爾有一次不說話，爸爸媽媽就跟老師說，我這個孩子不愛說話。有一次我去這個孩子的學校講課，當著全校的人，我說：你們知道這世界上誰的聲音我最愛聽嗎？他們說誰的，我說誰誰的，就是這個小孩的名字。我說她是我的學生，她的聲音是世界上最好聽的。然後我讓她上來，給全校的同學們說說話。

現在，這個小孩善於溝通，說話暢通無阻。

詩意人生。何三坡

美好的東西是稀缺的，
它註定只屬於有限的少數人。

「風一起，燕山青；風一歇，燕山藍。」

何三坡的朋友圈，有一句他自己的詩歌。

他這一段不住北京燕山，暫住上海松江，松江古稱雲間，是西晉詩人陸機、陸雲的家鄉。這裡還是蘇東坡、董其昌的淹留之地。

我們相約在松江泰晤士小鎮的一座咖啡廳見面。他頭戴禮帽，一襲黑衣，言談舉止溫文爾雅，眼神清澈宛如孩童，彷彿誤入鬧市的一隻烏鴉或者喜鵲。

何三坡進入大眾視野始於二〇〇七年，當時，針對國學家季羨林作品《生命沉思錄》中「新詩很失敗」、「孔教該成國教」等觀點，何三坡公開發文「炮轟」季羨林「一直在說昏話，不如一隻青蛙」，引來萬民謾罵；時隔一年，他的詩集《灰喜鵲》出版，定價高達九十八元，此事經媒體報導和網路發酵，再次引發熱議，有評論稱《灰喜鵲》是「史上最牛詩集」，也有人質疑何三坡譁眾取寵炒作新書。

《雲南日報》對何三坡的報導標題是「何三坡語言尖刻，嚇倒記者！」、「採訪中，各種觀點像刀片一樣飛來」。

何三坡，一九六四年生於貴州。土家族人。一九九一年畢業於解放軍藝術學院文學系。組詩《木刻師魯迅》獲丁玲文學獎，詩集《灰喜鵲》獲徐志摩詩歌獎，小說《挎一籃粽子出夜郎》入選《中國先鋒小說二十家》。隱居北京燕山十年，下山後，自編自導電影作品《星空》、《離騷》。

在外界看來，何三坡金剛怒目；在親友眼中，何三坡菩薩低眉。我與他相識多年，每次相談，都有娓娓忘倦之感。

野馬會返回黑夜，人類會返回塵埃／海的巨浪會返回雲的悠閒／參天的古樹會返回鳥嘴裡的種子／細碎的喊聲／愛與恨會返回陌路／消失的會返回永恆／春天的豐饒會返回夏夜的風／深秋的朗月會返回寒冬的寂靜／天地把沉默的美／返回了每一年，每個月，每一天以及它的每一瞬／如同宇宙會返回神靈的一個夢／濁世加諸於你的苦酒，終究會返回一首清澈的詩篇

——何三坡〈清澈的詩篇〉

在藝術上，詩人是救世主

吳懷堯 我知道您拍完了兩部電影短片，您是個詩人，而且年過半百，為什麼要拍電影？

何三坡 做過一個夢，所有的人都在滿地撒尿，亂扔垃圾，一個叫魯迅的蹲在黑屋子裡大聲吶喊生悶氣，而沈從文老師帶著幾個孩子在垃圾上種花種樹，樹上有一朵巨大的白雲。我問沈從文老師，孩子是誰？沈從文老師告訴我，他們是詩人。我知道這是詩人應該做的事情。阿巴斯會讓人愛上電影，塔可夫斯基的每一部電影都是優美的詩篇，安哲羅普洛斯會讓我原諒世界的醜陋與無情，而每個有頭腦的觀眾都不會嫌棄花白頭髮的宮崎駿。他們都是詩人，他們都在拯救電影，如果沒有詩人，電影就會愈來愈世故惡俗，讓人討厭。

吳懷堯 但拍電影就像一場戰爭，您還得帶著百十號人打上幾十天，勝負難料不說，和寫一首詩的難度不可同日而語，您電影拍完後是否想過重新回到寫作的道路上來？

何三坡 這是我年輕時夢想又畏懼的事，許多年一直在猶疑中，導演畢贛給了我積極有益的影響。他是個好詩人，那麼年輕就拍出了《路邊野餐》那樣的電影，百年難遇的電影，讓人歡喜又鼓舞的電影。

拍電影當然危險又艱難，開拍前總是如臨深淵，但**我愛艱難的事物，每隻鳥都很艱難，尤其在大風裡，但飛翔多美。如果世界允許，我會一直飛下去。**還有，按照宇宙平衡法則，我多拍一部電影，世界就多一朵花，多一片雲，而那些不學無術的人就會少一次製造垃圾的機會。

吳懷堯 我曾聽您說，詩歌是宮殿，修築過宮殿的人可以蓋好任何房子。您堅信詩人可以做好一切事嗎？

何三坡 在世俗生活裡，詩人幾乎是失敗的代名詞，但在藝術上，詩人是救世主。前幾天在讀王爾德，想起他悲慘的生活還止不住老淚縱橫。生活中，他遭遇的任何一個商人與貴族都比他過得好一萬倍，但時間證明那些人都變作塵埃，埋進了更深的塵埃，但王爾德們不會死，他們永遠活了下來。你一定記得王爾德說過的話：**人們躺在陰溝裡，總有人在仰望星空。**

有三種人蔑視詩歌

吳懷堯 在很多實用主義者看來，詩歌既不能當飯吃，也不能做下酒菜，無非是一些文人墨客的詞語拼貼遊戲而已。在您看來，詩歌究竟是什麼？它的意義體現在哪裡？

何三坡

詩歌是河流散漫，是野草蔓延，它高貴又自由，一直在大地上搖曳、奔湧，生生不息。如果生活止於飯菜，止於苟活，就看不出人類與一頭豬的差距在哪裡。

幾千年來，詩歌是中國人的宗教，這麼一個泱泱大國，靠的就是這把來自天空的掃帚來掃卻它心頭的塵土。否則，陰謀與殺戮，各種骯髒的事物將會像漫天飛沙擋住我們的視野，我們的生民將身陷卑汙，無法知道美為何物。

從古至今，我們的文人墨客就與詞語待在一起，詞語豈止是拼貼遊戲？它是最神性的謎語。有史以來，萬物都靠詞語命名。如果沒有詞語，我們全都是啞巴。它是照亮心靈的偉大事物，是打開世界的祕密鑰匙。

在這個世上，熱愛詩歌的人是有福的，他們會理解活著的真義，會懷著美好度過一生。他們可能在塵世就能入天堂，抑或，在命運的拐角處遇見天使。有三種人蔑視詩歌，他們分別是：白痴、暴發戶、給皇帝抬大轎的人。他們活著時是塵土，死後，仍然是塵土。

吳懷堯

您有十多年隱遁燕山，每天和清風明月為伴，與山水鳥獸為鄰，您有足夠的時間享受詩意之美，但這種生活於大多數人來說，可望而不可即，在嘈雜、機械、忙亂的都市生活中，詩歌對於大眾的意義體現在哪裡？

何三坡

我看過一部德國的名叫《竊聽風暴》的電影，它溫暖、荒誕而諷喻。其中有這樣一個細節，一個政府祕密警察受上級指派，負責監視一個詩人的行蹤。一次他因為讀到這個詩人的詩歌而深受震撼，這是布萊希特的一首詩，詩歌是這樣寫的：初秋九月的每一天都是藍色的

／年輕、挺拔的樹向上伸展著／就像愛情一樣茂盛生長／我們頭頂美麗乾淨的天空／一朵雲慢慢移動／它是那樣潔白無瑕／而只要你從心底相信／它就會一直在你身邊。

祕密警察讀完這首詩歌，感動莫名，並在陡然之間，恢復了人性。我想說的是，**無論我們身在何時，身居何處，做著何種營生，都有一萬種理由去接近詩歌，都可以去發現美好，並讓我們的內心變得幸福。**

吳懷堯

二〇〇八年六月，您的詩集《灰喜鵲》出版，被譽為陶潛田園詩的現代版，我記得當時有業內人士發表評論文章稱：「只有何三坡，肯向燕山上那些美麗的動物和花花草草致敬，主動與它們成為知己，並被它們的卑微和快樂打動……」我很好奇是什麼力量促使您如此熱愛詩歌？

何三坡

我們生活在一個最實用主義的時代，一個讚美工業而踐踏自然的時代，一個聰明而不美好的時代，一個神造的東西日漸稀少、人造的東西日漸增多的時代。在這樣一個時代，詩歌受到羞辱理所當然，我不驚訝、不憤懣。我願意像陶潛和梭羅一樣站在花草一邊，鳥獸一邊，雲朵一邊，站在受侮辱和受損害者一邊，站在瘋狂的掠奪者的反面，申述那些正在大面積消逝的田園之美、自然之美。我知道，唯有這樣的美，才能拯救我們日益貪婪的靈魂。

在工業革命以來的短短一百多年裡，相信每一個關注自然與熟知鄉村的人，都會驚奇地目睹這樣一個事實：我們的自然環境正在經歷著它的滄海桑田，經歷著它前所未有的痛苦的巨變。與其說我熱愛詩歌，不如說我熱愛山川之美，這些一去不返的偉大的美，讓我疼惜、流連。我希望用我的寫作來提醒人們：在背離自然，追求繁榮的道路上，走得愈遠，就愈愚蠢。

吳懷堯　在您的詩集封底，我看到詩人莫妮卡的一句話：「我唯一擔心的是，當今的中國已沒有欣賞它們的心境與教養了。」這句話振聾發聵又讓人傷懷，您認為當今中國，還有欣賞詩歌的心境與教養嗎？作為詩人，您怎樣面對自己的命運？

何三坡　**在這個廣大的世界上，美好的東西總是稀缺的，它註定只屬於有限的少數人。**我並不傷感。記得有年夏天，我領取了一個獨立詩歌獎，在發言中，我表達過對詩歌命運的見解。我願意給你再說一遍：在一個詩歌備遭羞辱的時代，我不覺得做詩人是羞恥的。即便沒有了菊花，沒有了酒，只要還有明月，我就會喜悅，就不會羞愧。我願意像一隻喜鵲，哼著小曲度過這緩慢的一生。

連詩歌都不懂的人，就沒文化

吳懷堯　在您年輕時代，幾乎寂寂無名，年過不惑，卻突然名聞坊間，這種境況與寫《塵埃落定》的作家阿來的境況差不多，您如何看待這種轉變？

何三坡　我年輕時無心功名，由於一個特別的原因，幾乎整整二十年，拒絕在任何公開刊物上發表作品，因為網路上的一個博客，這一切都被打破了。

我說過，互聯網帶來了藝術創作中最寶貴的種子：廣闊的自由。我看到了它的燎原之火在隨風蔓延，給黑夜漫遊的人們帶來了無邊的道路。我有足夠的理由相信它。

吳懷堯 一九七八年，詩人北島和芒克創辦民間詩歌刊物《今天》，高舉詩歌理想的旗幟，推出了一批優秀詩人的作品，如北島、楊煉、顧城、舒婷、芒克、嚴力等，並且引發了詩歌界乃至整個文學界的一次歷時數年聲勢浩大的關於「朦朧詩」的論爭。您如何評價《今天》對於中國當代文學的意義？

何三坡 《今天》雜誌的創辦帶來了中國文學的又一次啟蒙，它的意義之大，完全可以與新文化運動相媲美，它對於漢語，有著起死回生的貢獻。芒克作為《今天》的創辦者，六十歲壽辰時，在三里屯黃軻的酒吧，我專程去向他老人家致敬。在他放聲高歌的那一瞬間，我想起詩人呂德安的句子：像過冬的梅花／他的頭髮已經全白／但近乎一種靈魂／讓人肅然起敬。我看到人們爭相朗誦他的詩篇，幾乎所有的人都喝醉了，都由衷地熱愛他。而在北京老故事酒吧，帕米爾國際詩歌頒獎典禮上，北島妻子甘琦在北島的答謝詞中有這樣一句話讓我印象殊深：「我們至少做了一件事，恢復了漢語的自由與尊嚴。」

吳懷堯 一九九九年，王朔、阿城、丁天、馬原、徐星、陳村等國內著名作家開了一個筆會，討論「這個年代還有沒有詩意」，整個討論過程構成了一部電影的紀錄部分。我想問您同樣的話題，您覺得「這個年代還有沒有詩意」？

何三坡 **一個人無法選擇他的家國、他的性別、他的傳統、他所身處的時代，但他可以選擇他的快**

樂與幸福，他的友誼與愛情，他的喜悅與悲傷，他的高貴與卑俗，他的智慧與愚蠢。蘇東坡說，耳得之而為聲，目遇之而成色。天空就在頭頂，月光就在窗前，詩意無處不在，無時不在，只是可憐的人們看不見它。

吳懷堯 據我所知，您所喜歡的一些作家，比如魯迅、沈從文、木心、王小波、張萬新，都有過寫詩的經歷，您覺得會寫詩的作家和不會寫詩的作家，他們的文學作品差別在哪裡？對於那些不會寫詩也不願意讀詩的作家，您對他們有什麼建議嗎？

何三坡 我喜歡的中國作家，還應該補上曹雪芹，兩百多年前，這個曠世天才因為詩才蓋世卻無人賞識，決計寫一本暢銷書，希望藉此讓自己的詩歌永世流傳，偉大的《紅樓夢》由此得以誕生。結果，人們卻因著迷於他編排的這個故事而忽略了他的寫作初衷。我相信如果他老人家地下有知，一定會流下心酸的淚水。

我固執地以為，世上只有一種作家：會寫詩的作家，因為只有把詩歌寫好的人，才配去做作家。而不會寫詩也不願讀詩的人，只配叫寫字師傅，他們「錢」途更廣闊、更光明，但我不認為他們是作家。我以為，連詩歌都不懂的人，就沒文化。

詩人是世界的光輝

吳懷堯 您有閱讀文學刊物的習慣嗎？您覺得這些刊物對文學是否起到推動作用？

何三坡 有一年春天，我與同學閻連科相約在三聯韜奮中心碰頭，因為提前趕到了，趁閒翻看了幾乎所有的文學雜誌。差不多二十年沒看過雜誌了，彷彿舊愛重逢，很興奮，握手，寒暄，寒暄後的感想是：這麼面目憔悴了，怎麼敢出來晃蕩呢？真是太大膽了。

當時我在想，光天化日下的文學雜誌是如此不堪，是誰的災難？災難與編輯相關。當所有的編輯都迷信名氣與資歷的時候，文學差不多就完蛋了。

吳懷堯　學術大師陳寅恪強調「獨立之精神，自由之思想」，您能否談談您對這句話的理解？

何三坡　在波斯大詩人薩迪的《花園》中，有這樣一段話，基本上能代表我對自由獨立的理解——

人們問一位智者：「為什麼在上帝種植美樹的高大華蓋中，除了柏樹，沒有一枝是自由的？智者回答，**任何事物都有自己的時令，符合時令則茂盛開花，不符合時令便乾枯萎謝；柏樹不在此列，它永遠蒼翠，永遠獨立，永遠自由，因為它的內心，從不依賴於外在的事物。**」

比起其他人來，詩人是一株柏樹，更容易忠實於他們的內心。

吳懷堯　您喜歡的詩人有哪些？請您說說喜歡他們的理由。

何三坡　我喜歡的詩人太多，不勝枚舉，我隨口說說吧。

死去的有：陶潛，王維，蘇東坡，納蘭性德，耶麥，梭羅，布萊希特；活著的有：史耐德，布萊，鐘鳴，楊鍵。像面對一隻鳥、一朵雲、一顆星星，你喜歡它們卻說不出緣由。

我喜歡梭羅的說法：時間是供我垂釣的河。我從中汲水，卻同時發現了河底的淤沙，意識到它是如何清淺。它涓細的脈流漫過，但留下了永恆。我願意啜飲更深的溪水；那就在天空中垂釣吧，天空的河底都是星辰做成的卵石。

吳懷堯 寫詩是不是詩人的專利？

何三坡 一個好詩人不寫詩也可以，同樣一個寫詩的未必是詩人。這樣一來，你就很容易明白詩歌與詩人的關係了。另外，我不想誇大詩人與普通人的區別，但卡萊爾說：「詩人是世界的光輝。」對此我沒有異見。

說話是看客的權利

吳懷堯 我知道您一度在燕山過著與世隔絕的生活，偶有接受媒體採訪，因觀點令人耳目一新，多次引起網友熱議，甚至被指譁眾取寵，對此您怎麼看？

何三坡 我其實都做了幾十年的看客了，一直是沉默的大多數，不太喜歡發言。實在是看不下去，才說幾句。這就是初衷。說話應該是每個看客的權利哦。這個說話的效果，非我能知。就像在夜晚擦根火柴比白天明亮一樣，**在謊話成堆的地方，真話的聲音可能就格外刺耳。**至於說到譁眾取寵，我不知道這個「眾」是誰，我「譁」他們有什麼用。更不知道他們「寵」我幹什麼。

吳懷堯 「人非聖賢，孰能無過」，看到別人說了幾句錯話，一笑而過也是一種態度，您為什麼選擇口誅筆伐？

何三坡　一個線民說昏話情有可原，一個知識分子說昏話就不能諒解。一個德高望重的人，在儒家那裡就應該是君子了。孔子說：君子於其言，無所苟而已矣。說的是一個正人君子應該言行謹慎，而不能胡亂說。

吳懷堯　關於新詩的爭論是個「歷史問題」，您認為要理解新詩的關鍵是什麼？

何三坡　我曾跟吳冠中先生聊天，他說過這樣一句話我記憶猶新，他說中國人缺乏的不是知識，而是審美。知識很好學，花點時間就可以了。審美就太要命了，它需要的是天才、閱歷、藝術修養與情趣，這是天生的缺陷，就不是一代人可以解決的。有關新詩的論爭，確實由來已久，幾乎從新文化運動之初就沸沸揚揚，胡適與劉半農的白話詩遭到穆木天猛烈的詰難，北島與顧城的朦朧詩受到臧克家的憤怒指責。然而，時間已經證明，任何對新詩的責難都是螳臂當車，都不能阻止它的一往無前，都不能遮蔽它的滔天巨浪。

吳懷堯　您不介意我叫您「毒舌詩人」吧？

何三坡　喜歡給我戴什麼帽子都可以，今天戴詩人的帽子、評論家的帽子，明天給我戴一頂導演帽子，後天我可能搖身一變，戴上了一頂研究《金瓶梅》學問家的帽子呢。這都說不定，誰知道呢。它們就是帽子而已。我不覺得是緊箍咒，沒覺得頭疼。

吳懷堯　我聽說，您曾經在清華大學講過文學課？

何三坡　差不多快二十年前的事了，是受藍棣之先生的邀請去給文學院講先鋒文學，我印象最深的是，一個學習現代詩歌的博士真誠又痛苦地告訴我，他完全讀不懂任何一首海子的詩歌。

吳懷堯 百年來，寫過河流的作家屈指可數，其中有兩個人寫過酉水：一個是沈從文，一個是張萬新。我知道，您很推崇沈從文的《邊城》和張萬新的《馬口魚》，您認為他們的作品究竟好在哪裡？

何三坡 同樣的一條河，不一樣的奇觀。這在世界文學史上也是罕見的。沈從文的《邊城》是天真的歌謠。鄉野的仁厚，人性的純良，生命的自然本真，都在這溫婉純淨的曲子中唱盡了。張萬新的《馬口魚》是悲傷的喜劇，在這齣喜劇裡，我們目擊了死神，也目擊了一個歡天喜地的生命。

不一樣的地方還有很多：沈從文寫的是少女的情竇初開，張萬新說的是光棍的從生到死；沈從文寫的是桃花源裡的安詳歲月，張萬新說的是亂世裡的奇特人生；沈從文寫的是本真生命的憐惜，張萬新說的是活潑生命的震驚；沈從文用的是八十年前的湘西漢語，雅致、舒緩，張萬新用的是酉陽土話，俏皮、野性。

沈從文說自己的寫作是基於鄉土農人不可言說的溫愛之情；張萬新的寫作是出於對一個美國作家史蒂芬·克萊恩的《海上扁舟》的讚賞，他希望用故鄉的一條河流來向這個美國佬做一次遙遠的致敬。它們都表達出了漢語的美與尊嚴，它們有一流文學的美。

吳懷堯 一流文學是否有它的標準？如果有，是什麼？

何三坡 這涉及藝術審美。通常，中國人認為審美可分為豔俗美、含蓄美、矯情美、病態美；西方人認為可分為自然美、人生美、理智美、詩意美。這都是一些古典的說法，我更喜歡海德格的說法：藝術是比喻和象徵。這應該是一切文學的最高標準。

吳懷堯 在您的閱讀經歷中，有沒有一開始不以為然，但過了數年再看，如逢故交知己的作品？請舉兩個實例，並說一說這種轉變發生的原因。

何三坡 我三十歲前讀梭羅的《湖濱散記》昏昏欲睡，四十歲重讀卻驚喜連連。木心先生的情況更是一個奇蹟，半個世紀以來，沒有人知道這個人，也幾乎看不見他的隻言片語，因為陳丹青不遺餘力地舉薦，我們才有機會看見他。《新唐書》中說的滄海遺珠，就是這個意思了吧。陳丹青實在是做了一件功德無量的事情，這是文學史上動人的一幕。

人生顧問 CF00438

傾聽．我說：穿透躁動不安、孤獨迷茫的空谷回音

作　　者—吳懷堯
內文插圖—馬文靜
特約編輯—劉素芬
執行企劃—張瑋之
美術設計—FE 設計
內頁排版—藍天圖物宣字社

編輯總監—蘇清霖
董 事 長—趙政岷
出 版 者—時報文化出版企業股份有限公司
地　　址—108019 臺北市和平西路三段 240 號 4 樓
發行專線—(02)2306-6842
讀者服務專線—0800-231-705．(02)2304-7103
讀者服務傳真—(02)2304-6858
郵　　撥—19344724 時報文化出版公司
信　　箱—10899 臺北華江橋郵局第 99 信箱
時報悅讀網—http://www.readingtimes.com.tw
法律顧問—理律法律事務所　陳長文律師、李念祖律師
印　　刷—勁達印刷有限公司
初版一刷—2022 年 01 月 07 日
定　　價—新臺幣 380 元

時報文化出版公司成立於一九七五年，並於一九九九年股票上櫃公開發行，
於二〇〇八年脫離中時集團非屬旺中，以「尊重智慧與創意的文化事業」為信念。

作家榜经典文库®

Printed in Taiwan
ISBN 978-957-13-9705-4

傾聽的藝術：／吳懷堯 著. -- 初版. -- 臺北市：時報文化,
2022.01 336面；14.8x21公分. --（人生顧問叢書；CF438）

ISBN 978-957-13-9705-4（平裝）

1. 人物志　2. 訪談

782.18　　110018958